［1］ローレライ（▶31話）
カール・ヨーゼフ・ベガス画、1835年、ベガス・ハウス（ハインスベルク）蔵

▲［2］ジークフリートの亡骸から血が滴るのを見て
ハーゲンの罪を告発するクリエムヒルト（▶14 話）
エミール・ラウファー画、1879 年、プラハ国立美術館蔵

◀［3］森の孤独の中のゲノフェーファ（▶38 話）
ルートヴィヒ・リヒター画、1841 年、ハンブルク美術館蔵

［4］ローランツボーゲン、ドラッヘンフェルス、中洲のノンネンウェルト修道院（▶41 話）
J. J. ディーツラー画、1848年頃、ボン市立博物館蔵
［5］シュトルツェンフェルス城（▶36 話）　Th. アルベルト画、1867 年、ケルン市立博物館蔵

[6] グーテンフェルス城、カウプの岸辺、そしてファルツ砦（▶27/28話）
D. ロバーツ画、1832 年、ザムルンク・ラインロマンティーク（ボン）蔵

［7］父なるライン
モーリッツ・フォン・シュヴィント画、1848年、ポズナン国立博物館（ポーランド）蔵

[8] ラインの船遊び
（背景にドラッヘンフェルスとジーベンゲビルゲの峰々）
カスパー・ショイレン画、1839 年、ボン市立博物館蔵

RHEINISCHES SAGENBUCH

ラインの伝説

ヨーロッパの父なる河
騎士と古城の綺譚集成

吾孫子豊

八坂書房

【扉図版】
ハーマン・サフトレーフェン（1609-1685）
《ライン風の景観》（部分）
マインツ州立博物館蔵

序

「昔、むかし、あるところに……」(Es war einmal ...)という表題のドイツの童話集を、わたしは今でもたいせつに保存している。かつては美しかった表紙も今ではすっかり黄ばんで色あせたものになってしまった。

しかし、この本に書かれている「おとぎ話」の一つ一つは、それぞれの銅版画の挿絵とともに、わたしにとっては忘れることのできないものとなっている。それはわたしがまだほんとうに幼なかったころ、時おり父が飜訳しながら話を聞かせてくれた大事な書物であったからである。わたしはそのゴチックの文字でつづられた童話集を開いて、その挿絵を見ながら一人で想像をたくましくしたこともあったし、その堅い洋書の紙でまだ柔らかかった指の皮に怪我をしたこともまた忘れられない思い出となっている。

一九〇三年から一九〇七年まで、青年時代をボンの大学に留学していた父は、ほんとうにドイツが好きであった。子どものわたしにドイツの童話を聞かせ、また自分がドイツに留学していたころのいろいろな思い出を聞かせてくれた。

ボンの町に沿うて流れているライン河、またその対岸のジーベンゲビルゲ(七つの峰々)のことなど、いつのまにか、それらの自然はわたしの心の中で美しい絵となっていた。

ドイツ語もわからず、ドイツに行ったこともないうちから、わたしは理窟抜きのドイツ好きになっていた。わたしが心の中に勝手に描いていたドイツは、あるいは現実のドイツとはまったく別物であったかもしれないのに。

父は生前に、今度ドイツへ行く時は、おまえといっしょに行こうとよく言っていた。しかし、それはついに不可能なことになってしまったので、わたしは父の遺骨の一部を保存しておいて、わたし自身がドイツに初めて行けるようになった時、それを持参して、一部をライン河に流し、一部をジーベンゲビルゲのドラッヘンフェルスの土に埋めて来た。それももう十数年前のことになってしまった。

父は大正十二年（一九二三年）にふたたびドイツへ旅行した。そして、かなり多くの文学書を買ってきた。それらの書物の中に、ウィルヘルム・ルーラント（Wilhelm Ruland）が集めたライン河の伝説集があった。

この本も、わたしはずいぶん長い間書架の一隅に塵埃をかぶせたまま放置していた。しかし、読もうという気持だけは失わなかったのである。両三年前ふとした機会からこれを読み始めたところ、おもしろくてたまらず、知らず知らずの間に三百数十頁を読み通してしまった。そしてこの伝説集を読んでいる間に、いろいろな思い出や空想によってその楽しさはますます深さを加えるのであった。目まぐるしく、時には息苦しくさえある現実世界の生活に疲れた人々に、しばらくの間でもこのような清純な浪漫的な物語によって、少年時代の夢をもう一度思い起こしていただけたらとも思ったので、それらの物語の飜訳を中心に、わかりにくいかと思われる点にはある程度説明を加えてまとめたものを、国鉄のレクリエーション機関誌に連続読物として掲載させていただいたところ、意外の好評で、有志の皆さんがこれを出版できるように運んで下さった。

ルーラントの本は一九二二年に出版されたものが既に第四十版だったのだからずいぶん古いものである。この中には日本で誰もが知っている「ローレライ」の話とか、ジークフリートやクリエムヒルト姫が登場する「ニーベルンゲン物語」、あるいは「白鳥の騎士」の話など、ライン河の最上流であるアルプスの山中から、河口のオランダのザイデル海に至るまで、ライン河流域のほとんどすべての伝説が集められている。

一つ一つの話の中には面白いものもあれば、つまらないものもある。またドイツの中世以前の歴史的背景を良く知っていなければ理解しにくいようなものもある。しかし、ともかくも河の流れに沿って下って行くように配列された昔の物語を一つ一つ、いろいろと想像をたくましくしながら読んで行くことは、少なくともわたしにとってはたいへん楽しいことであった。

ともあれ、およそ実益とはかけ離れたこんな物語を書物として出版できるようにお骨折り下さった国鉄厚生局の方々、ならびにいろいろ激励を賜わった鉄道ペンクラブの方々に厚い感謝の言葉を捧げるしだいである。

一九六四年十月一日

著者記

○本書は、昭和四十年二月に刊行された吾孫子豊著『ラインの伝説』（知性アイデアセンター出版部刊）の新版です。版を改めるにあたっては、初版本を底本としました。
○テクストは原則として底本に従い、宛字や変則的な送りがな等も原文のままとしました。ただし、一部の漢字にはふりがなを加え、明らかな誤植と思われる箇所は訂正しました。また人名・地名などの固有名詞表記の一部を、現在一般的と思われるものに改めました。
○図版は大幅に増補しました。
○「序」に語られている通り、本書の叙述はおおむね、当該分野の名著として定評があり、長く読み継がれている Wilhelm Ruland: *Rheinisches Sagenbuch*, Köln, 1896 に拠っており、同書収録の七四話すべてを丁寧に扱っています。この点、他の資料・文献との照合その他の便をはかるべく、各話の末尾に Ruland 本における原題を添えました。
○現在の人権意識からすると不当・不適切と思われる語句や表現が散見されますが、執筆時の時代背景等に鑑み、原文のままとしました。

ラインの伝説

目次

序　3

第Ⅰ部　ライン の源流――サン・ゴタールからボーデン湖まで……13
01 石におおわれた牧場　サン・ゴタール　13
02 最後のホーエンレティエン城主　トゥージス　20
03 マイナウ島　ボーデン湖　23

第Ⅱ部　上部ライン地域――バーゼルからハイデルベルクまで……27
04 一時間進めた時計　バーゼル　31
05 大伽藍の時計　シュトラスブルクⅠ　33
06 永遠に御堂を見上げる小男　シュトラスブルクⅡ　36
07 死刑囚の家　シュトラスブルクⅢ　39
08 町奉行の息子　シュトラスブルクⅣ　41
09 巨人の玩具　ニーデック城　43
10 ケラーと石像　バーデン　45
11 カール伯の休息所　カールスルーエ　48
12 シュパイエルの鐘　シュパイエル　51
13 狼の泉　ハイデルベルク　54

第Ⅲ部　ラインの中流、伝説の山河――ウォルムスからケルンまで……57
14 ニーベルンゲン伝説　ウォルムス　60
15 女性讃美の吟遊詩人ハインリヒ　マインツⅠ　69
16 マインツのウィリギス僧正　マインツⅡ　71
17 利き酒の話　エーベルバッハ　74
18 ヨハニスベルガー酒　ヨハニスベルク　77
19 エギンハルトとエンマ　インゲルハイム　82
20 ブレームゼル城　リューデスハイム　93
21 鼠の砦（モイゼトゥルム）　ビンゲン　99

22 盗賊騎士の討伐 クレメンス礼拝堂 104
23 嫁とり物語 ラインシュタイン城 108
24 盲目の射手 ゾーネック 113
25 ささやき川の水車女 ロルヒ 116
26 シュターレック城 バハラッハ 119
27 グーテンフェルス城 カウプ 124
28 ファルツ砦、恋の冒険 カウプII 130
29 「うるわしの城」の七人の処女 オーベルウェーゼル 135
30 ゲオルクの菩提樹 ラインフェルス 141
31 ローレライ伝説 ローレライ 149
32 仇敵の兄弟 シュテルンベルクとリーベンシュタイン 157
33 マリエンベルク修道院 ボッパールト 167
34 ウェンツェル皇帝 レンゼ 171
35 ラーネックの聖堂騎士 ラーネック城 171
36 侍従の娘 シュトルツェンフェルス 179
37 リーツァ コブレンツ 185
38 ゲノフェーファ アンデルナッハ 188
39 娘たちに恵まれた騎士 ハンメルシュタイン 202
40 利き酒の秘密 ライネック城 208
41 騎士ローラント ローランツエック 216
42 七つの峰々、その成り立ち ジーベンゲビルゲI 230
43 ホンネフの夜鶯の森 ジーベンゲビルゲII 233
44 龍の断崖（ドラッヘンフェルス）ジーベンゲビルゲIII 236
45 龍が城（ドラッヘンブルク）ジーベンゲビルゲIV 243
46 ハイステルバッハの修道僧 ジーベンゲビルゲV 247
47 カシウスの犬 ボン 254
48 アドウフトのリヒモーディス ケルンI 257
49 伽藍を建築した棟梁 ケルンII 263
50 ハインツェルの小人 ケルンIII 276
51 ヤーンとグリート ケルンIV 280
52 アルベルトゥス・マグヌス ケルンV 285

第IV部 周辺の渓谷等および丘陵地帯──タウヌス連山からベルク地方まで …………… 293

53 ベルゲンの悪党 フランクフルト・アム・マインI 294
54 風信旗の九つの弾痕 フランクフルト・アム・マインII 297
55 悪魔の湯治 ウィースバーデン 300
56 長靴で酒を飲んだ話 クロイツナッハ（ナーエ渓谷I） 304
57 シュポーンハイム城の創設 シュポーンハイム（ナーエ渓谷II） 307
58 密猟の獲物と野猪城 エーベルンブルク（ナーエ渓谷III） 312
59 ベルンカステルの薬酒 モーゼル渓谷I 315
60 みすぼらしい酒杯 モーゼル渓谷II 318
61 ワインフェルトの旧火口 アイフェル連山I 322
62 プリュムに届けられた矢 アイフェル連山II 325

63 沈んだ城 ラーハ湖 327
64 アルテンアールの最後の騎士 アール渓谷Ⅰ 330
65 ワルポルツハイムの聖ペテロ アール渓谷Ⅱ 334
66 糸の懸橋 アール渓谷Ⅲ 338
67 ノイエンアールの楽師 アール渓谷Ⅳ 342
68 眠る王様 ジークタール 351
69 伽藍建立 アーヘンⅠ 355
70 ファストラーダの指輪 アーヘンⅡ 363
71 アルテンベルク僧院の建立 ベルク地方 368

第Ⅴ部 ライン下流地域——クサンテンからザイデル海まで …………………… 373

72 ジークフリート クサンテン 374
73 白鳥の騎士 クレーフェ 381
74 スタフォーレン ザイデル海 387

索引 i

わたしに童話《メルヘン》と伝説《ザーゲン》とを読ませて欲しい。その中には、あらゆる美しきもの、偉大なるもの、善きものの芽ばえが含まれているのだから。

フリードリヒ・シラー（最後の病床にて）

ラインはドイツを流るる河なり、ドイツの国境にあらず。

エルンスト・モーリッツ・アルント

第Ⅰ部

ラインの源流

サン・ゴタールから
ボーデン湖まで

Der junge Rhein
vom St. Gotthard bis zum Bodensee

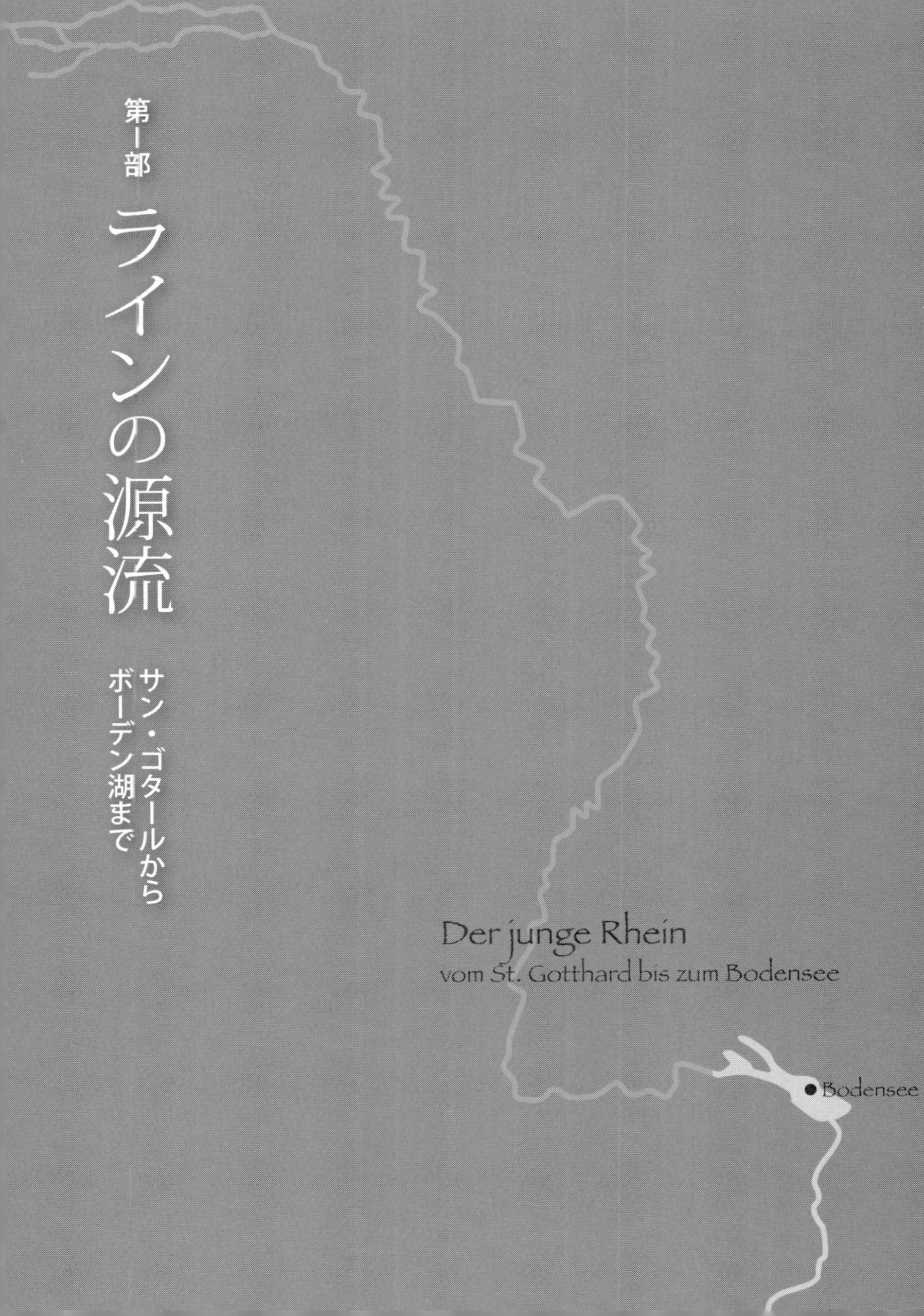

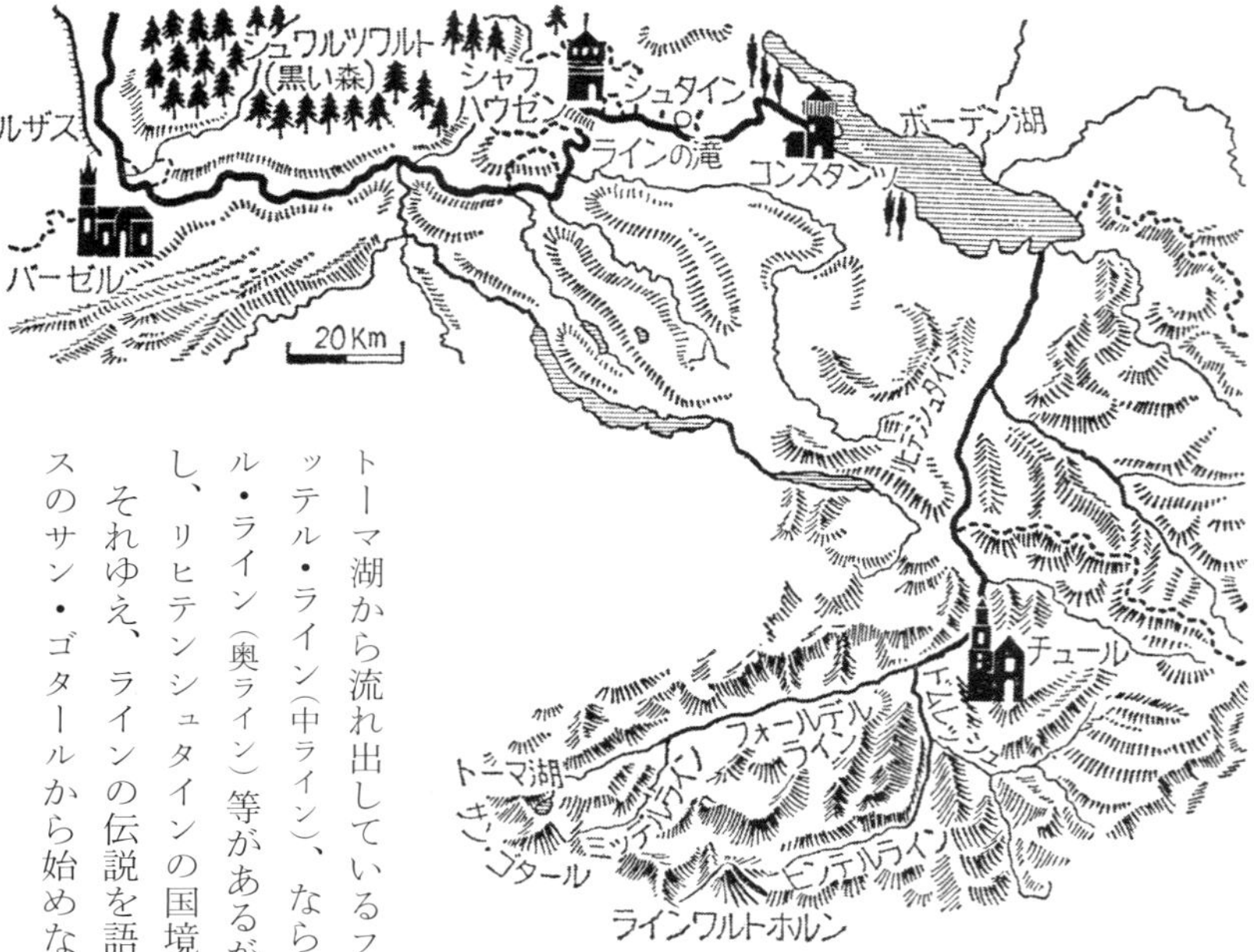

ライン河はその源をアルプス山系の氷河に発している。それはいくつかの細流を集めてボーデン湖に注ぎ、ひとまず落着いたのち、ふたたび湖水の西端コンスタンツの付近から流れ出して西に向かい、シャフハウゼンの近くでは、いわゆるラインの滝（ラインファル）となって低地に下り始めるのである。

そしてバーゼルまで来て、ここで流れを北に転ずるのであるが、ここまでをドイツ人はユンゲ・ライン（若きライン）と呼んでいる。要するにラインの源流地帯である。

ボーデン湖に注ぐ前のいわばほんとうの源流については、サン・ゴタールの山麓にあるトーマ湖から流れ出しているフォールデル・ライン（前ライン）、これに合流するミッテル・ライン（中ライン）、ならびにラインワルトホルンの山麓から発するヒンテル・ライン（奥ライン）等があるが、これらの流れはチュール（クール）の付近で合流し、リヒテンシュタインの国境をかすめてボーデン湖に注いでいるのである。

それゆえ、ラインの伝説を語ろうとするなら、まずこの源流の源流たるアルプスのサン・ゴタールから始めなければならない。

上：前ラインのトーマ湖　J. L. ブロイラー画、1829 年
下：シャフハウゼン付近の「ラインの滝」　C. G. シュッツ画、1761 年

01 石におおわれた牧場

▼サン・ゴタール（ザンクト・ゴットハルト／サン・ゴッタルド）

古い古い昔のこと、緑におおわれたアルプスの山々は青空にくっきりとそびえ立ち、その谷間にはライン河の源泉が清らかな水を沸々とたぎらせていた。そして一人の正直な農夫が、この美しい牧草地の山と谷とを所有していた。山肌はまるで一面に緑の絨緞を敷きつめたように美しく、やさしい家畜の群が幸福そうに草をはんでおり、それ以外に目につくものといっては、山麓の谷間にあるこの農夫の見すぼらしい茅屋があるだけで、まったく文字どおり平和と静寂の世界であった。ところが人間の世界にはいつ不幸が訪れるかもわからないと言われるとおり、この農夫は突然病気のため死んでしまったので、彼の妻と子どもとは、にわかに悲嘆の淵に身を沈めなければならないことになった。

彼女の夫が亡くなってから二、三日ののち思いがけなく一人の男が寡婦をたずねて来た。その男はやはり山の上の方に広い牧場を持っていたのであるが、死んだ農夫の所有物である牧草地が自分の牧場と地続きなので、ずっと前からこれを自分の物にしようと狙っていたのである。手っとり早く言えば、この男は、哀れな頼りもなく気の弱い寡婦をおどかして、その牧草地は自分の持物だと言い張ったのである。彼女の死んだ夫が先年の凶作に際して借金の抵当《かた》に入れていたので、自分のものになったのだと主張したのである。

寡婦が彼を嘘つきだとなじると、彼は借金の証書を取り出し、それを広げて見せ憎々しい薄笑いを浮かべながら、彼女がそんなことを言ったって白い紙の上にこのとおり墨黒々と書いてあるじゃないかとせせら笑うのみであった。せっぱつまった彼女は涙ながらに、彼女の死んだ夫がこんな約束を自分に内緒でするはずはないと言い争った。牧草地は彼女の息子にとってたった一つの遺産であり、この土地がなければ生きてはゆけないのだから、どんなことがあっても手離せないと言い張ったのである。ところがその男は、

「おれは別に金を払う筋はないのだが、長年住みなれた土地を手離すのは気の毒だから、金だけはやろう」とうわべは同情するような態度を見せながら、財布を取り出して彼女に与えようとした。しかし彼女は涙にむせびながら、そんな金は受け取れないと押し返したので、その男はひとまず帰っていった。

ところが三日の後に寡婦は裁判官に呼び出された。そしてここでもまたその男は、古証文を取り出して繰り返し牧草地は自分の物だと主張した。裁判官はあらかじめこの男から賄賂をもらっていたので、この抵当証書は真正のものだから、牧草地は原告の物に相違ないと判決を下した。打ちのめされた寡婦は哀れにも重い足を引きずるようにして、しおしおとわが家へ帰っていった。

それにひきかえ、新しく牧草地の所有者となった男は大急ぎで山へ登っていった。ところがここでは三日ほど前から暴風雨がたえまなく猛り狂っていた。

彼はうまうまと騙りとった牧場を、裁判所で正式に所有権を認められたので、はじめて見にいこうとしたのであるが、不幸にも、もはや自分の意のままにするわけにはいかなかった。滝のように水の流れてくる道を大急ぎで通り抜け、小高いところに彼はよじ登ったのである。

サン・ゴタール付近の渓流　F. シュッツ画、1779 年、アルベルティーナ（ウィーン）蔵

ようやく高いところにたどりついた彼は目を見張って周囲を見渡したが、柔かい緑の草におおわれていた高原の牧場はいつのまにか一面に石塊におおわれてしまっていた。がっかりした彼は地上に打ち倒れてしまった。

不正な裁判官が彼に与えてくれた所有物はもはや彼の前にはなかった。おまけに、すぐ地続きの彼自身の牧場もまた泥土と石塊とで滅茶滅茶になっていた。それなのに他の人々の牧草地は、柔らかい毛氈のような緑草におおわれたまま朝の太陽の光に照らされているのだった。

昼ごろになって、ようやくクタクタになりながらもこの男は谷間の方へ下りていった。こんなひどい目に合わされた不幸を口の中で呪いながら。

しかし他の人たちはお互いにささやき合った。

「雪女のゼルガ様がゆうべお伴の娘たちといっしょに我々の谷をお通りになった。そしてあの欲ばりの金持の家の上におそろいでお泊りになった。だからきっと一年以内にあの男は死ぬに違いない」と。

はたしてそのとおりだった。石塊だらけになったその牧場は今もなおそのままの姿で残り、そこからはラインの源泉が今日もまた滾々と清冽な水音をさわやかに鳴り響かせているのである。

St. Gotthard ▶ Die versteinerte Alpe

02 最後のホーエンレティエン城主

▼トゥージス（奥ライン、ドムレッシュ）

約五百年ほど前、スイスの農民が徒党を組んで幾度か自由のために激しい戦いの血を流したことのあるドムレッシュの谷間には、高い断崖の上にホーエンレティエン城がそびえていた。名門家系の最後の末裔である堕落した城主が、この地に居を構えて付近の住民をおびやかしていたのである。彼は平和なこの地方の人々にとって恐ろしい存在であったばかりでなく、ちょうどこの城の真下を通っている街道を往来する商人や巡礼にとっても、実に恐ろしい略奪者であった。

この極道な悪城主に対する憎悪はしだいに増大していった。ついにある日のこと、彼は大胆至極な悪業をやってのけた。城主は遠乗りの途中、この谷間にイチゴをつみに来ている可憐な乙女に目をとめた。淫蕩な欲望にかられた彼は、いきなり乙女をとらえて馬上にかき乗せ、泣き叫ぶ娘の抵抗を楽しみつつ馬を進めて城の坂道を登っていった。ところがこの所業を見ていた一人の密猟者が急を村人たちに告げたので、知らせはたちまちのうちにドムレッシュのすみずみにまでいき渡ったのである。

圧政に悩まされていた住民たちは、その夜ただちに蜂起し隊伍を組んで城の崖を登っていった。そして堀に大きな木材で造った橋をかけて押し渡り、城廓の中にたいまつを投げこみ、城門や城壁の隙間から城の中庭になだれこんだ。

最後のホーエンレティエン城主　E. シュトュッケルベルク画、1891 年頃
ビュンドナー美術館（クール）蔵

燃えさかる炎に焼き立てられた城主は、馬にまたがって現われて来た。略奪して来た娘をしっかりと鞍の前つぼに押えこみながら、右手にかざした抜身の業物は火の反射できらめいて見えた。目隠しされた馬を駆りつつ重い太刀を左右に打ち下ろしながら彼は城から駆け下りようと試みた。しかし死にものぐるいで娘を助け出そうと押しかけてきた百姓たちの囲みをつき破ることはできなかった。意を決した城主は城の側方の奥ラインの上流にのぞんでいる二百メートルほどの高さの断崖の上に馬を進めた。白泡を嚙んだ馬は深淵を臨んで身をふるわせている。大ぜいの人たちの呼び声が夜の闇にこだました。たくさんの腕が同時に城主に向かって差し伸べられ、間一髪の瀬戸際であやうく彼の獲物を奪い返すことができた。がその瞬間、剣傷と拍車で血だらけになった馬は一跳ねして深淵の中に身をおどらせてしまった。

こうしてホーエンレティエン城主の一族は跡

を絶ってしまった。暗黒の日は昔の思い出となったが、そびえ立つ城は今もなおうち煙る廃墟の中に残っている。付近の百姓たちが長いあいだ待ち望んでいた自由を告げる暁の鐘は鳴り響いた。しかし、この最後のホーエンレティエン城主は、同じくこの地方の暴君であった彼の先祖の城主たちとともに、毎年この出来事のあった「ヨハネの夜」（洗礼者聖ヨハネ祭、六月二十四日夏至——この日には厄病よけに山火をたく風習があるという）には黒鉄《くろがね》の甲冑に身を固め火花を散らしつつ彼の居城の崩れ落ちた城壁の周囲に馬を駆って姿を現わすといい、今でも奥ラインのトゥージスでは毎年その姿が見られるということである。

Thusis am Hinterrhein ▶ Der letzte Hohenrätier

ホーエンレティエン城址

03 マイナウ島

ボーデン湖

「シュワーベンの海」などとも称されるボーデン湖に浮かぶこの美しい小島は、数百年の昔からボードマン家の家名とは切り離せない関係にある。この名門の所領であった島は、十三世紀にはドイツ騎士団の所領となった。どうしてこの島の所有者が変わることになったかについては、つぎのような伝説がある。

当時この島は一人の美しい姫君の持物であった。姫はこのあらゆる大自然の魅力をもって飾られた島を相続したのである。もちろん、このうるわしい姫君と、そのすばらしい財産とを両方とも手に入れようと押しかける求婚者の群は門前市をなすありさまであった。しかし姫の心はすでにきまっていた。この幸福を恵まれた若者はランゲンシュタインの精悍なる若殿《ユンカー》であった。毎夕、太陽が湖のかなたに沈むころ、姫はなぎさに降り立って、たそがれていく潮騒に耳を傾けた。するとまもなく、はるかかなたからしだいしだいに櫂《かい》の音が近づき、やがて岸に着けられた小舟から降りた若者が、姫に近づいて、恥ずかしげに接吻のあいさつをするのであった。はなやかな華燭の典を前にして、若い二人は幸福な未来の夢を描きつつ短い逢瀬を楽しんでいた。

ある夕方のことであった。憂愁に閉ざされた面持で漕ぎつけた貴公子は、涙とともに姫に向かい、痛風に悩む父親にかわり、父が神と皇帝とに対して立てた誓いを果たすために、十字軍の遠征に従軍しなければならなくなったことを告げたのである。
熱い涙は姫のほおを伝わり止めどもなく流れた。彼はやさしく姫を慰めた。「わたしを信じてください。そして、わたしが犠牲を捧げる神を信じてください。わたしはきっと帰って来ます。わたしはそれをかたく信じています」と。
燃えるような瞳で若い十字軍の戦士は嘆き悲しむ姫をじっと見つめたのであった。

毎夕、太陽が湖面に沈むころ、姫は岸辺に降り、熱い希望に燃えつつ夕靄《もや》にとざされたはるかかなたを見つめるのであった。春は去り、夏が来た。やがて渡り鳥の群は湖水をこえて南の方へ飛んでいった。姫はその渡り鳥に希望とことづてを投げかけるのであった。しかし、やがて木枯しが湖面に吹きすさぶころとなると、バラの花のように生き生きとしていた姫のほおの色も、城壁に積もる雪のように白く色あせていくのであった。東の国から帰って来た十字軍の戦士たちは、勇士ランゲンシュタインが捕虜となり、トルコの将軍《パシャ》の城中で苦しんでいるということを告げたのである。気高くしかもしっかりした姫は、涙も枯れ果てて日を送っていた。姫は口数が少なくなり、そして祈りを捧げる時間が多くなった。

遠い東の国の城壁のかげで若い勇士もまた苦しみ悶えた。彼もまたしきりに神に祈り、苛酷な運命によって永遠に仲をさかれてしまった婚約者《いいなづけ》の上を思って、時にはひとり深い苦しみの声を発するのであった。トルコの将軍はこの金髪のフランクの若者に、魅惑的な東洋美人である彼の愛娘《まなむすめ》を慰めに差し向けた。しかし、捕われの身である彼は、前に立った東方の娘を言葉もなくうつろに眺めやるのみであった。彼女がその黒い瞳に燃えるような愛の光をたたえて訴えているにもかかわらず。

その晩のこと、ランゲンシュタインの若者は尋常ならぬ夢を見た。一人の天使が彼の捕われている陣屋に舞い降りて彼を呼ぶように思われた。

「われに誓いを立てよ、されば汝はふたたび故郷を見ることができるであろう」と。

騎士は飛び起き、「あれはきっと神の御声は違いない」と声低くつぶやいた。万感雲のごとく去来して胸はおだやかではない。愛を犠牲にせねばならぬ。しかしまた彼女にも会わなければならない。彼はひぎまづき心をこめて聖なる誓いを立てた。もう一度、ただの一度、愛する婚約者に会うことさえ許されるならば、自分のすべてを神に捧げることを誓い、かつ祈った。

その瞬間、地震が城砦を揺り動かし、彼の捕われていたあなぐらの扉は粉々に砕け散った。かくて不思議にも彼は自由の身となった。将軍の追手に捕われることもなく海岸にたどりついた彼は、ヴェネチアに向かう船に助け乗せられた。しかし故郷に近づくにしたがい、騎士の心中には愛と神に対する誓いとの恐ろしい葛藤が渦巻きはじめた。彼は苦しみに負けそうになった。その時、神はふたたび彼に警告を与えた。島に漕ぎ寄せようとする船は突如暴風雨におそわれ、彼は波に翻弄されて瀕死のうきめにあわされた。恐ろしさにおののきつつ黒雲におおわれた空をあおいで、彼はふたたび高らかに誓いをとなえた。暴風雨は静まり彼の船は最初の目的地から遠い他の岸にたどり着いた。そこはドイツ騎士団首領の所領であった。

たまたま一人の巡礼者が彼のかたわらに歩み寄り、いっしょに乗せてくれと申し出た。この巡礼者は彼の小舟を操って、ふたたび彼を愛する島へと導いたのである。しかし、そこで彼は愛人の清

マイナウ島　J. J. ビーダーマン画、1820年、ローゼンガルテン博物館（コンスタンツ）蔵

らかな額に苦悩の接吻を与えねばならなかった。愛とこの世とに別離を告げるために。

黙々としかし力強く姫は計り難い神のおぼしめしに身をゆだねつつ一部始終を聞きとった。たちまち心を決めた姫は、もはや彼女にとって何の意味もなくなったマイナウ島を、将来ランゲンシュタインの騎士を高齢の首領の後継者とすることを条件として、ドイツ騎士団に譲ることにしたのである。騎士団の首領は喜んで彼女と約束したので、姫は多くの僕婢たちに別れを告げ、ボーデン湖の父祖代々の島を去っていった。彼女は修道院に入った。それがどこであったかについては誰も知らない。

しかし年代記の作者は、フーゴー・フォン・ランゲンシュタインが後にマイナウ島ドイツ騎士団の卓越した首領となったことを伝えている。そして、神の祝福を与えられた歌人は、殉教の聖女マルチナに関する偉大なる詩を今もなお古い文書の中に伝えているのである。

Bodensee ▶ Insel Mainau

第II部

上部ライン地域

バーゼルからハイデルベルクまで

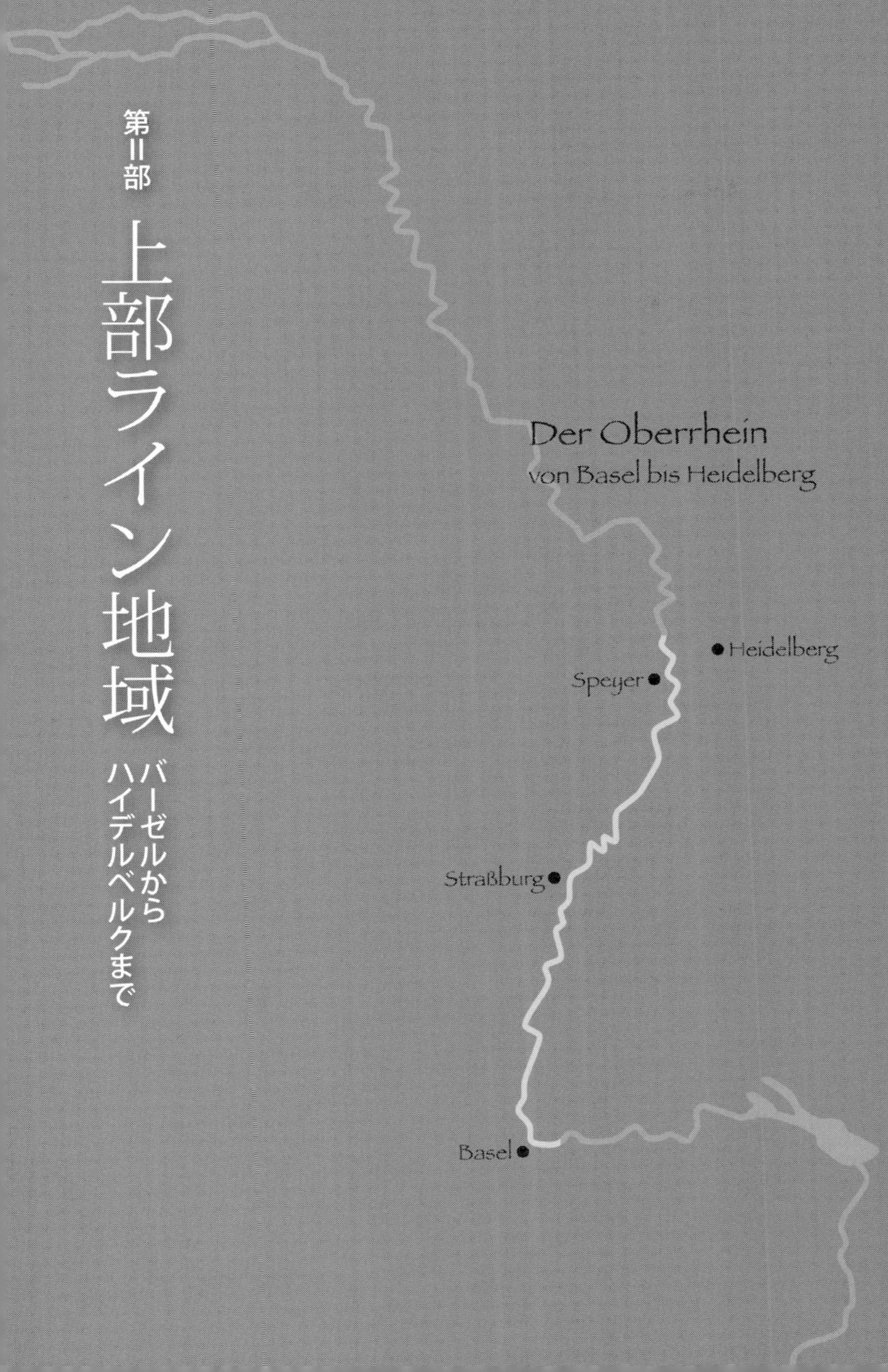

ボーデン湖の出口にあるシュタインからバーゼルに出る道は、往昔のローマに通ずる公道《ハイウェイ》でもあった。したがって当然のことながら沿道には古代、中世の遺跡が少なくない。とくにバーゼルはかつてローマ帝国の自由市であったこともあり、中世以降は美術ならびに学問の町として、また中央ヨーロッパの重要な商業都市として重きをなしていた。

バーゼルを過ぎるとライン河は急角度に北方へ曲がり、いわゆる上部ラインの平野を流れることとなる。バーゼルからカールスルーエまでの間は独・仏国境のフロンティーアである。

さらに下流のマインツまでの間、堤防や運河が長い年代にわたって造られた結果、約百五十マイルにわたる上部ライン流域は、ある意味では世界中で最も治水工事の良く出来た河流であると言ってもよい。

西岸には肥沃なブドウ園が連なっている。シュワルツワルト（黒い森）の南側の斜面は、マルクグラーフ地方として有名なブドウ酒の産地である。黒い森の中部および北側の斜面にも立派なブドウ畑があり、この地方の酒は毎年いちばん早くドイツ人の食卓に上げられるものとして有名である。フライブルクの北西には「皇帝の椅子《カイゼルシュトウール》」といわれる小山があるが、これが昔の火山の跡であることはひと目でわかる。しかし、今日ではこの付近の丘陵地帯はほとんど全部といってもよいくらいブドウ畑になっている。このあたりはたいへん温かく、遙か南方のイタリア海岸の地中海的気候にも劣らない恵まれた地方である。

こういう地方であるから、ずいぶん古くから開けていて、史跡も少なくない。それらの中で特に代表的なゴチック建築として有名なのはフライブルクとシュトラスブルクの大伽藍である。

ライン河とムルク河とが合流するあたりでシュワルツワルトは終わっている。この辺で流域の平野はさらに広くなる。そして西の方にはハルト連山が、東にはオーデンの森が現われてくる。この

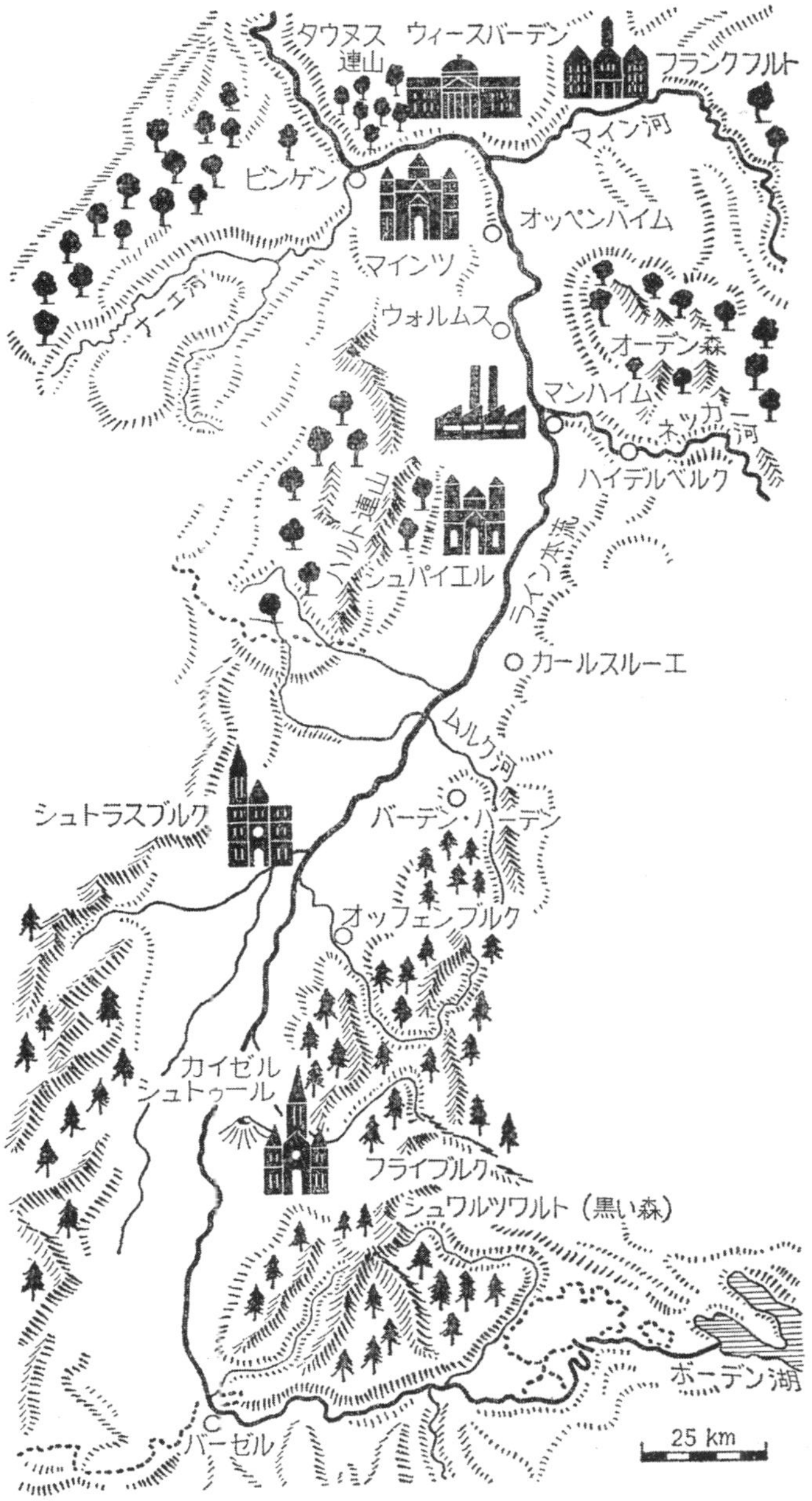

付近も陽光に恵まれていて、亜熱帯を思わせるほどなので、ドイツのリビエラ（南仏海岸の町）などともいわれるくらいである。文化の発達もしたがって古く、史跡の多いことはもちろんであるが、それらの中でまず注目に値するものはシュパイエルの伽藍であり、ドイツ帝国の歴史とは切り離し得ない。ここは八人以上のドイツ皇帝が都としたところであり、ドイツ帝国の諸侯の議会が開かれたこともしばしばである。

支流ネッカーの河岸にあるハイデルベルクもこの時代の文化の中心のひとつであり、上部ラインの史跡として見のがすことのできないところである。しかし、日本ではむしろマイエル・フェルステルの名作『アルト・ハイデルベルヒ』で大学の町として有名である。若い王子カール・ハインツとケーテとの純真な恋愛は明治・大正時代の学生の夢をそそったものである。

それではまずバーゼルから、その昔の伝説を繙くことにしよう。

シュパイエル遠望　M. メリアンによる銅版画、1646 年

04　一時間進めた時計　▼バーゼル

昔バーゼルの市民が敵に攻囲されたことがあった。この町の危急はきわめて切迫していたのみならず、市民の中にも一群の謀反人ができ、彼らは攻囲軍と謀《はかりごと》を通ずるに至った。すなわち裏切者たちは敵軍と内外呼応して町を占領する計画を立てたのである。月のない夜を選び十二時の時鐘を期して内外一度に襲撃を開始しようというのであった。何も知らぬ衛兵たちは、数日来攻撃軍の活動が不活発になったのに気を許していた。しかしその計画の準備は隠密のうちに進められ、城壁のかげではひそかに突撃の用意が整えられていたのである。

丑満《うしみつ》時は近づいた。町は悲しい運命の犠牲になるかと思われた。しかし最後の瞬間に鐘楼の番人がこの襲撃計画があることに気がついたのである。だが防衛軍の司令官にこれを報告している暇はもはやない。

ただ沈着機敏の決断によってのみ町は救われるのである。即座に決意した番人は、十二時の時鐘の報ぜられる直前に時計の針を一時間進めた。時鐘は高らかに午前一時を報じたのである。

城壁の内側では裏切者どもが、外では敵兵が耳を澄まして鐘の音を聞いていたが、やがてそちこちに不安と当惑の動揺が起こってきた。どうも予定の時間を逸したらしかったからである。一方機転のきく番人はこのことを防衛軍の司令官や市参事会に知らせた。非常呼集のラッパの音に市民軍

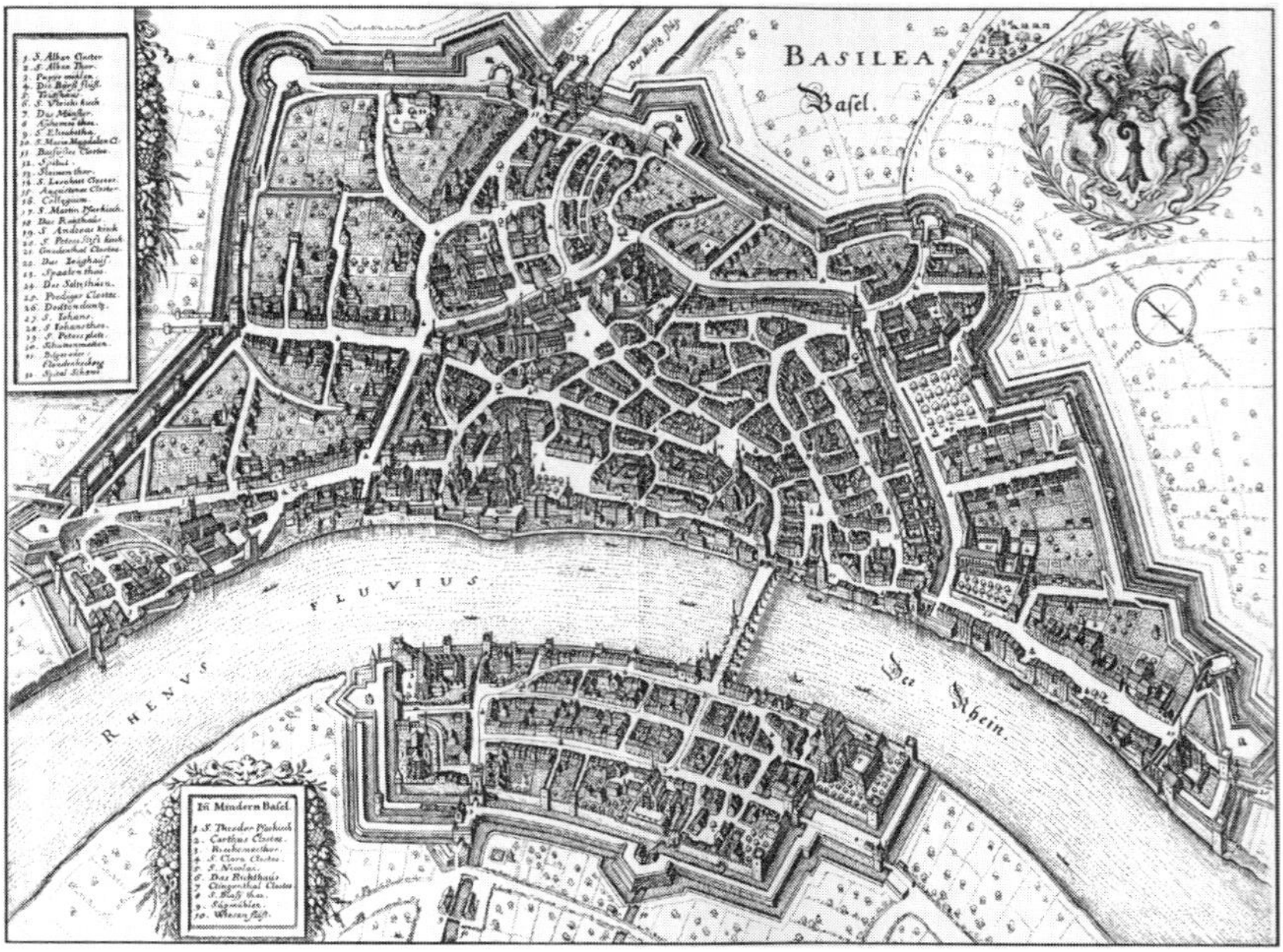

17世紀のバーゼル　M. メリアンによる銅版画

は目ざめた。裏切りの計画は水泡に帰し、遂に無為の攻囲に疲れた敵軍は包囲をといて潰走したのであった。

　市参事会は、この記憶すべき夜の出来事と大胆な番人の機智とを永遠に記念するため、その晩とちょうど同じように時計の針を一時間だけ進めておくことを決議した。

　その後長い間、言い伝えによれば一七八九年ごろまで、純朴なバーゼルの市民たちは相変わらず鐘楼の時計を一時間進めていたということであり、つい二百年ほど前までは市民たちの間では一時間進めた時計を使っていたということである。

Basel ▶ Eine Stunde vor

05 大伽藍の時計 ▼シュトラスブルク I

シュトラスブルクの御堂が完成した。市の参事会はその塔の上に最も美術的な時計を備えつけようと決議した。そこであちこち時計師を捜し求めている間にようやく一人の職人が現われた。彼自身の言うところによれば、自分ほど立派な美術品を作り得る職人はどこを捜してもいないというのである。市の賢い人たちの集まりである参事会もすっかりこの話に満足し、時計師はその仕事にとりかかることになった。

幾月か経った。そして時計師が仕事を仕上げた時には、誰も彼もその不思議な出来ばえに驚かずにはいられなかった。なぜかといえば、その美術時計はまだ誰も見たこともないようなものだったからである。その時計は時間はもちろんのこと、日付や月をも示すようになっていた。そしてその傍には地球が置いてあり、日の出、日の入りが形で示されるようになっていたのみでなく、太陽や月やたくさんの星の運行までわかるようになっていた。またあらゆる天体の運行を、メルクリウス神が杖でさし示すような仕掛になっており、この神の支配のもとにいろいろな星座が次々と現われてくるようになっていた。時の鐘が鳴るちょっと前には死神が現われて来て毎時の鐘を打つ。また十五分および三十分ごとに救世主の姿が現われてその死神を追い払うようになっている。これだけ複雑をきわめた美術的傑作にかてて加えて、時の鐘が鳴る時にはいつもいっしょに敬虔な讃美歌の声まで流れてくるようになっていた。

こうしてシュトラスブルク大伽藍の時計は出来上がったのである。しかし伝説はさらに次のような呪わるべき罪業がシュトラスブルク市当局者によって行なわれたことを伝えている。市当局はこういうどこにもないような立派な芸術品を備えつけ得たことを大いに誇りとした反面、もしやこの職人がどこかよその町にもこれと同じような物をつくるようになりはせぬかということを心配し始めた。無慈悲な市参事会員は、ちょうどこのころ町に流布されていた噂話、すなわちこんな不思議な傑作は人間業ではない、悪魔でなければ出来るはずがないという噂を種にして、時計師が悪魔と交際しているということを理由に彼を捕えた上に、実に残酷な刑罰であるが、彼を盲目にするという判決を下した。不幸なこの芸術家はまったく前代未聞の悲運に泣かねばならぬことになってしまった。

シュトラスブルクの天文時計
（大伽藍南側廊）
ハプレヒト兄弟の作品（1571 年製作開始）の外装を遺しつつ、1838 年から 43 年にかけて改修されたもの。これ以前にも 14 世紀半ば完成のものがあったという。

しかし彼は黙々としてこの判決に服従しながらも、まだこの時計には二、三手を入れなければならぬところもあるし、とうてい他の人ではできないのだから、もう一度この時計のところへ連れていって欲しいと申し述べた。市参事会員たちは早くこの時計を完成させたいと思っていたので、すぐにその職人をもう一度塔に上らせることにした。彼はさらにあちらこちらとヤスリをかけたり、ネジを調節したり、機械のぐあいを調べた上、悠然として処刑を受け両眼をつぶされてしまった。

しかし彼らは残酷な判決の執行を終わるや否や愕然とせざるを得なかった。伽藍の時計が止まってしまったのである。職人は自分の手で彼の作品を破壊してしまったのである。彼が忿怒に燃えつつ呪ったとおり、この時計は永久に動かなくなってしまった。それは今日までそのままである。一度動かなくなった時計は、その後誰も直すことはできなかった。現在ではやはり立派な美術時計が伽藍にとりつけられているが、それは後に新しく作られたものであって、最初の時計が組立てられた時の機械は別に今もなお保存されている。しかしまだ誰もその修復に成功した例はないのである。

Straßburg ▶ Die Münsteruhr

06 永遠に御堂を見上げる小男

▼シュトラスブルクII

長年にわたり独仏両国の争いの種になってきたライン国境のエルザス・ロートリンゲン（アルザス・ロレーヌ）の首都がシュトラスブルクである。この古い街には破風造りの昔風の屋根の家々がいっぱい立ち並んでいるのだが、その屋根の波の中からひときわ高くそびえて見えるのが、有名なシュトラスブルクの御堂（大伽藍）である。この御堂の境内に石に刻まれた小男の像があることは誰でも知っている。それは聖ニコラスの礼拝堂《カペーレ》の欄干にもたれて、そそり立つ御堂の「天使の柱《エンゲルゾイレ》」をじっと見上げているのである。何年前のことであったかは、もう誰にもハッキリしたことはわからないけれども、いつの時代かはこの小男の石の五体には温かい血が通い、その皮膚は健康な百姓らしく、太陽に恵まれたこげ茶色を誇っていたことは間違いない事実である。そしてこのままの姿でいかにも感にたえない顔つきでその金壺眼を光らせながら塔の礎石から尖塔の頂きへ、そしてまた尖塔の先端から下方へと「天使の柱」を見上げ見下ろしていたのである。そしてその度ごとにいかにも危ないものでも見ているように不安げに頭を振りふりしては、またそのか細くそそり立つ柱列を仰ぎ見ていたのである。

そこへたまたま御堂の中から、この御堂の建築を引き受けた工匠の棟梁が出て来て、この小柄な親爺がいかにも心配そうに、まるでこの御堂の普請のぐあいを品さだめでもするかのような顔つきで眺めまわしている姿を見とがめたのである。

「おい、おじさんどうしたね。何かこの柱に飾り付けでもしようというのかね」と、工匠は百姓に呼びかけた。自信満々の彼はいかにも満足そうに自分も出来上がった御堂を仰ぎながら、

「何んでも気のついたことがあるなら言って見るがいいぜ」と、上機嫌で彼の肩を叩くのであった。

「いや、この柱はまったく大したもんだ」と、正直そうな小男は返事をした。「お坊様のお姿と言い、天使様のお姿と言い、それにまた上のあの神様の御座と言い、まったく素晴らしいもんだ。だけんどこの『天使の柱』の細さじゃあ、あの重たい丸屋根の目方にゃあこたえられめいよ。そう言っちゃ何だが、おらあ、きっとこの柱がそのうちに折っぺしょれて、せっかくの御堂が滅茶滅茶にぶっつぶれてしまうんじゃねえかと、それが心配でなんねえだよ」

町の南方よりシュトラスブルクの御堂を望む

「おまえさんほんとうに心配だと思うのかい」と、棟梁は正直そうな百姓の顔をもう一度見直した。

「よかろう！　そいじゃおまえはそこでいつまでもじっとして、いつ

「天使の柱」の彫刻

になったら屋根が落ちて来て、御堂がぶっつぶれるか見張っていたらよいだろう」と、工匠の棟梁はわざと真面目くさった返事をした。

そして石工小屋に入りこんだ棟梁は、すぐに石ノミとカナヅチを持って出て来た。そしてその小男の不安げな、かつまた正直そうな顔つきと姿とを生き写しに、石に彫り上げたのである。これがこの小男の石像にまつわる伝説である。

つまりこの小男は聖ニコラスの礼拝堂の欄干にもたれたまま、いつになったらこの御堂の屋根が崩れ落ちるか、その時を待ちながら、生きていた時の姿そのままに、いつまでも天使の柱を見上げているわけなのである。おそらく今後もまだ何百年もじっと同じところをふり仰いでいることであろう。

Straßburg ▶ Das Männlein bei der Engelsäule

07 死刑囚の家

▼シュトラスブルクⅢ

シュトラスブルクの町には数世紀来不思議な一つの風習がある。それは罪人が死刑の宣告を受けて、いよいよ刑の執行をする日が確定すると、必ずその人を有名な「死刑囚の家《アルムシュンデルハウス》」に連れて行って刑の執行される日まで二、三日の間思う存分に御馳走の饗応をするという慣例《しきたり》なのである。この家はレンの大通りが聖ヨハネ運河通りに出るあたりにある、堂々とした見るからに古めかしい建物なのである。

この家の窓は現在はいかめしい鉄格子がはめられていて、いかにも陰気な感じがするけれども、かつてはこの町でも有名な由緒ある貴族の持家であったので、幸福な人たちが明るい生活を楽しんでいたのである。この家の主人はシュトラスブルク自由市の高い地位についており、長年の間、美しい夫人とともに他人にもうらやまれるような円満なしかも豊かな暮らしをしていたのであった。ただ一つ欠けていたことといえば子どもがないことであったのだが、それもまた天の恵みによって、そろそろ夫婦が老人の仲間入りをしようというころになって、ほんとうに玉のような男の子をさずかったのである。老夫婦がこの一人息子をなめるように可愛がって育てたことはいうまでもない。しかしあまりに可愛がりすぎた当然の報いであったのかもしれないが、息子は成長するにしたがってしょうのない我儘《わがまま》な怠け者になってしまった。

悪い友だちばかりがしだいにふえて行く。そしてとうとう幸福であったレン通りの角のこの貴族の家にも不幸の訪れる日が来たのである。裁判所の役人がやって来て、両親の嘆きもよそに、このドラ息子に手錠をかけて連れて行ってしまったのである。

彼は悪い仲間と遊び歩いている間にしだいに荒《すさ》んだ人間となり、遂にある日のこと、泥酔したあげくに人殺しをやってしまったのである。当然のことであるが裁判所は死刑の宣告を下した。両親は八方手を尽して助命の嘆願をしたけれどもどうしても許されなかった。しかし両親の人柄に免じて、この親不幸息子も処刑の前二、三日だけは両親の家で暮らすことを許されたので、ここで親たちは最後の悲しい愛撫の機会を与えられたのである。

息子が処刑されるとまもなく気の毒な両親は、あまりにも大きかった精神的打撃に打ちのめされて相ついで亡くなってしまった。そしてこの由緒深い古い家も所有者がなくなったので市有建物ということになったのである。

それ以来シュトラスブルクの町では、死刑を宣告された罪人が出ると、その刑の執行前一両日を必ずこの家の一室で過ごさせ、その間だけ十分に御馳走をしてやることになったのであるという。そしてこの家は、何時とはなく「死刑囚の家」と呼ばれるようになり、死刑囚は必ずこの家から処刑場に連れて行かれることになったのである。

08 町奉行の息子

▼シュトラスブルクⅣ

今は昔、シュトラスブルクの町にその智恵とその公正な裁判とで深く人々の信頼を受けていた一人の町奉行《アムマイステル》があった。ところが皮肉なことに、この人の息子はまたきわめて軽はずみであり、始終血気にはやっては乱暴なまねばかりして、人々に眉をひそめられていたのである。この若者は一頭のものすごく狂暴な悍馬を持っていたのであって、父親の町奉行からは常に厳重に戒められているのにもかかわらず、たびたびこの馬に乗って、せまい町の通りを思い切り走らせるのであった。すると町を歩いている人たちは、老いも若きもあわてふためいて逃げまわる。若い娘などはこの大胆不敵といおうか乱暴至極な若者の疾駆する姿を窓のかげから驚きの目を見張って眺めている。そういうようすを見ると彼はますます有頂天になるのであった。

ある日のこと彼はまたこの馬に乗って狭い街路を思い切り全速力で疾駆していた。ところがちょうどその時、敷石道で無邪気に遊んでいた頑是ない一人の子どもをついに馬の蹄にかけてしまった。ぐったりと血に染まってたおれた幼児を両親が抱き上げて家の中に運び込んだ。

それを見るとさすがの彼もすっかり胆を奪われてしまって、まっさおになって父親のもとに帰って来た。まもなく子どもを殺された両親は奉行所にやって来て彼を訴えたのである。大ぜいの町の人たちが奉行所に詰めかけて来た。町奉行はおごそかに席について白洲に立たされた彼自身の息子を裁くことになった。
彼がいかに苦しくまた悲しい気持にとざされているかはその目の色にもありありとうかがわれるのであった。しかし法の定めは峻厳である。人を殺した者は死刑に処されなければならない。町奉行はおごそかに自分の息子に死刑を言い渡した。法廷に集まっていた人々は、ほとんど異口同音に助命の嘆願をした。彼らが平素尊敬している町奉行の心中を思いやったからである。子どもを殺された両親さえもが減刑を嘆願した。息子自身もまたお慈悲にすがりたいということを胸いっぱいになりながらも嘆願したのであった。

しかし正義の権化の如きこの父親の決断は変えられなかった。あの昔の有名なローマの執政官であったブルトゥスのように、彼は厳粛に死刑の宣告をしたのである。今でもシュトラスブルクの町の僧正門《ビショフブルクトール》には、この町奉行が裁判席に座っている姿が刻まれている。そしてその傍には殺された子どもの姿もやはり石に彫られているのである。それからまた税関門《ツォルトール》にはあの不幸な若者が馬に乗って疾駆しているありさまがやはり石に刻まれているのを見ることができるのである。

「税関門」の彫刻

Straßburg ▶ Des Ammeisters Sohn

09 巨人の玩具

▼ニーデック城

昔、昔、大昔、エルザス（アルザス）には巨人が住んでいた。今ではもうまったく跡かたもなく消えうせてしまってはいるけれども、ブロイシュタール（シュトラスブルク西方約四五キロの山中）にあるニーデック城こそは、この巨人たちの住家であったということである。普通、巨人といえば何か怪物のような恐ろしいもののように思われるのだけれども、このエルザスの巨人たちは伝説によればきわめて柔和な性質で、人間たちに対してもたいへん優しかったようである。

ある日のこと、このお城のお姫様が一人で散歩に出かけ、まるで人間が芝生の上でも歩くように森を踏み越えながら人里近いところへ出かけて来た。そしてまったく偶然だったが、一人の百姓が野良仕事にはげんでいるところを見つけた。小さな人間がこれもまた小さな動物に犂《すき》をひかせて畑を耕しているようすを見て、この巨人の娘はすっかり喜んでしまった。こんなものを見るのは初めてだったからである。あんまり可愛いしかも珍しい玩具《おもちゃ》だったので、彼女は思わずうれしさのあまり一人で手を叩いて喜んだのである。ところがその手の音は付近の山々にこだまして、人間たちにはおそろしい雷鳴のように聞こえたらしく、今まで一心に畑を耕していた百姓は顔色を変えて空を見上げた。しかし無邪気な巨人の娘にはこんな小っぽけな人間の気持なんか想像もつかなかったし、ましてその人間が恐れおののいて顔色を変えていることなどがわかろう道理もない。

巨人の玩具　ヘルマン・クノップフ画、1900年頃、水晶宮（ミュンヘン）旧在

まったく無雑作にその百姓を馬や犂といっしょに拾い上げて、彼女の大きな前掛の中に包んで森のお城に帰り、お父さんに得意になってこの珍しい可愛い生きた玩具を見せたのである。

ところがお父さんは思いのほかに御機嫌が悪く、その大きな頭をふりながら、真面目な顔つきで娘に向かって次のように言った。「おまえは、玩具だと思って拾って来たそのものがいてい る動物や人間がどんなものかまだ知らないんだね。下の世界にはそういう小さな者がたくさん住んでいるのだけれども、その中でもおまえが拾って来たものはいちばん大切なしかも役に立つものなんだよ。この人間は大切な食物を作るために、雨が降っても風が吹いても、終始一生懸命働いているのです。ですから、こういう人間をいじめたり馬鹿にしたりすれば必ず天の罰が当たります。さあ早くこれを元の場所へ持って行って、いためないようにそっと置いて来るんですよ」

そうお父さんに優しくとがめられて、この巨人のお姫様はすっかり恥ずかしくなって顔をまっ赤にした。そして父親に言われたように、ちゃんと元のとおりに百姓や馬や犂を山の下のブロイシュタールに返して来たということである。

Burg Niedeck ▶ Das Riesenspielzeug

10　ケラーと石像

▼バーデン（バーデン・バーデン）

クリストフ伯の一門にケラーという若い騎士があった。彼は主家の居城であるバーデンの古い本城に住んでいたのである。ところが同じく主家の所領であるクッペンハイムの代官の娘に恋をした彼は、毎日のように狩猟に出るとか、なんとかかんとか口実を設けては、古いバーデンの城から森を通り抜けてクッペンハイムへ通うのであった。クッペンハイムはその当時（十五世紀の終わりごろ）は堀や城壁に取り囲まれ、そちこちに物見櫓がそびえている城廓であり、バーデンとの間には比較的良い道路が森を通じて開けていたのであって、その痕跡は今でもなお残っているのである。

ある晩のこと、彼は月光を浴びながらこの通いなれた森の細道を歩んでいた。クッペンハイムからの帰り道だったのである。遠くの方から聞こえて来る城の番兵が吹く角笛《ホルン》の音はちょうど真夜中の子《ね》の刻（夜の十二時）を知らせていた。その時である、若武者は道の傍に何か白い覆面を被ったような女の姿が見えるのに気がついた。不審を抱きながらも大胆にその方へ近づいて行ったが、不思議なことに近寄れば近寄るほど、その輪廓がぼやけてくるのである。何だか良くわからないが触れて見ようと腕を差しのべた瞬間に、その姿は月光の中に溶け去ってしまった。どうも不思議だ、確かにだいぶ離れたところから見た時は人間の、しかもうら若い女の姿に違いなかったのだが、と頭をかしげながらケラーは居城に帰ったのである。

その翌晩、同じ時刻に彼は森の小道を通って見た。するとまた同じ場所にベールをまとった若い婦人の姿が見える。しかし今夜は頭のベールを後にはねのけているので捲き髪がすこし乱れかかっている女の顔つきがはっきりと見えるのである。彼女はうずくまりほおづえをついたまま若者の姿を黙って見つめているのである。つかつかと歩み寄った彼はそれでも騎士らしく礼儀正しく会釈をした。とその途端にまた女の姿は霧のように消え失せてしまった。

翌日ケラーはこの不思議な出来事について、年老いた城主のクリストフ伯に詳しく報告をした。老年の城主はさすがにその場所のことを聞き知っていた。そこは何年か前に異教徒の寺院のあった場所であって、土地の人たちも不吉な場所として決して真夜中などには近づこうとしないところだったのである。

この老人の言葉は若い騎士の好奇心をかえって刺激する結果となった。彼は早速その場所を掘りかえさせた。するとそこからローマ風の犠牲壇《オップフェル・シュタイン》が出て来た。そしてそこに刻まれた文字によって、その祭壇はこの森の主である妖精《ニムフ》に捧げられたものであることがわかった。さらに数尺掘り下げてみると、下から大理石の像が現われた。美しい婦人の像である。しかし哀れにも下半身は欠けてなくなっている。だが誰の手によって彫られたものか胸から上の半身は実に神々しいほどの美しさである。若武者は直ちにその場所に祭壇を元どおりに築き、その胸像を、「ケラーの像」と呼ばせることにした。

彼はこの大理石の妖精の像に不思議な恋を感じたのである。月光の夜を待ちかねていた彼は、夜になると早速森へ出かけた。しかし今度はもはや代官の娘に対する愛のためにではなく、二度までも見た不思議な女人の姿を見るためであった。胸をおどらせながら森の小道をたどって行く若武者の後からは、大胆な郎党が一人城主の命令によって見えかくれについて行った。そしてケラーが、その大理石の像を抱擁し、その石の唇に接吻するところを見た。すると不思議なことにはその石像が生きた人のように動き、そして何事かを囁くのが聞こえた。

物かげの郎党は身動きもせず聞き耳を立てていたが、何事も聞き分けられないうちに重い石のような眠りが彼を虜にしてしまった。やがて朝が来た。そしてローマ風のその石の犠牲壇の上に不幸な若者の死体が見いだされた。大理石の像は消えてなくなっていた。

人々はその石をこなごなに打ち砕いて、その跡に十字架を立てた。それは今でもバーデン城からクッペンハイムに通ずる古い小道に立っているということである。

Baden ▼ Kellers Bild

ケラーと石像　飲泉館（バーデン・バーデン）のフレスコ画、1844 年

11 カール伯の休息所

▼カールスルーエ

バーデンの辺疆伯《マルク・グラーフ》カールは、輝く征戦の勝利に意気揚々と居城に引きあげて来た。危険な戦いであった。しかしこのいくさに勝った彼の、この地方における勢力は押しも押されもせぬ確固たるものになったのである。彼の心はおのずと大らかなゆったりしたものとなり、いろいろとこれからの将来について楽しい空想が湧いてくるのであった。そうだ、これからのおれは古今の名将としてふさわしい生き方をしなければならない。

そのためにはまず臣下の者どものために、カールに仕える者にふさわしいだけの生活をさせてやらなくてはならない。それにはまず自分の居城の所在地であるドゥルラッハの町を拡張して立派な美しいものにしなければならないと考えた。

しかし城下の商人どもは皆けちけちした欲の皮の突張った連中が多いのだから、お前たちの町を立派にしてやるのだから金を出せといっても、なかなか簡単には承知しそうもない。それにしても、なんとかしてこのせっかくの計画を実行に移したいものだと思った。カールがここに都を造ってやるということは、決して現在のあの簿汚ない連中のためばかりではないので、子々孫々までその恩沢を受けることになるのだから、となかばは名誉心から、なかばは天性の建設的な精神から、たえず彼はそのことばかりを考えるようになった。

カールスルーエ鳥瞰図　H. シュワルツによる銅版画、1721 年
バーデン・ドゥルラッハ辺彊伯カール 3 世（在位 1709-1738）は、1715 年に居城をハルトの森に移し、
バロック都市カールスルーエ発展の礎を築いたという。

ある日のこと彼はハルトの森に狩りをした。むし暑い夏の日であった。散々に馬を駆って森の獣を狩りたてている間に、いつとはなしに部下を見失い、一人森の奥深く入り込んだ。そして涼しげな樫の木かげに駒を繋いで腰を下ろした。遠くの方から人馬の狩りをする物音が時おり木々の梢をわたる風に運ばれてくるのであるが、あたりはまったく静かで樫の根を枕に一息入れている間に、いつのまにか寝込んでしまった。

そして不思議な夢を見たのである。彼の頭上はるか高いところに何か光り輝くものがある。何だろうと思って目を据えて見ると、それは眩しいほどの宝石で飾られた王冠である。しかもそれが宙に浮いているのである。不思議なこともあるもんだなあと思いながらその冠の内側を見上げていると、いつのまにかそれは大きな円天井に変わっている。そしてふと下を見ると、どうだろう、今度はその大きな円天井の下にたくさんの櫓が立ち並び城壁に囲まれた立派な王城が見えるではないか。何とはなしに、これがおれの都なんだなと、ボンヤリ眺めている間に目がさめた。

目がさめてみると彼は主人を追いかけて来た供の臣下どもに取りまかれていた。

「自分は今不思議な夢を見た」とカールは部下の者に向かって言った。「自分が夢の中で見たような王城をここに築かなくてはならぬ。自分は空に浮かぶ王冠を見た。この土地をほんとうの王城にふさぬしいような都にしなければならない。そして、いつか自分が死んだ時には、遺骸はこの樫の木の根元に埋めてもらいたい」

まもなくハルトの森は開かれて、ほんとうにそこに都会が造られた。そしてその中央には堂々たる王城が築かれたのである。それ以来カールスルーエ（カールの休息所の意）はバーデンの領主の居城とされるに至ったのである。

Karlsruhe ▶ Karls Ruhe

12 シュパイエルの鐘

▼シュパイエル

ハインリヒ四世は帝王として紫錦の外套をまとう人であったが、その陰には無限の不幸を包んだような人であった。ドイツ皇帝として輝かしい帝冠を戴いてはいたが、その冠は荊棘《いばら》の冠であり、不幸の影はその家庭の中にまでつきまとっていたのである。

彼にとって強力な敵手であったローマ法皇によって破門されてから後は、部下の諸侯が次々に反乱を起こし、ついには肉親の息子たちからもそむかれるようなことになってしまったのである。まず最初に長男のコンラートが公然と父に対する叛旗を揚げたのであるが、この皇子が急死を遂げた後には、狡猾な次

シュパイエルの大伽藍、東正面

男のハインリヒ（後のハインリヒ五世）が兄にかわって奸計を用いて父を陥れたのである。次男のために退位を余儀なくされた敗残の帝王は、たった一人の忠実な家来を頼りとしてリエージュまで逃れたが、ここでついにたおれ、彼の死体は五年間もこの他国に放置されることになってしまったのである。

しかし忠実な部下が法皇に嘆願を重ねたおかげで死後五年にしてようやく破門を取り消されたのである。年老いた家来のクォンラートは亡き皇帝の屍を埋めた粗末な墳墓の傍で、遠く故郷のシュパイエルを望みつつ、夜となく昼となく嘆きかつ祈っていたが、やがて数日の後、彼自身もまた息たえてしまった。しかしあたかもその同じ時刻に、シュパイエルの町中の鐘が誰も手を触れる者もないのに一斉に鳴り始めた。シュパイエルでは皇帝が葬られる時は町中の鐘をつくことがならわしとなっていたのである。

それから何年かが過ぎ去った。

破門された国王の亡骸の傍らで祈る修道僧　アルフレート・レーテル画、1844 年

シュパイエルの宮殿の豪華な寝台の上に横たわったハインリヒ五世は死と激しい闘いを続けていたのである。彼はその罪深い手で父の帝冠を奪い、その冠をおのれの頭に飾った男であるが、それ以来彼の頭の中は常に荒々しい悩みに満たされていたのである。いま近づきつつある死の一歩手前で、彼のどんよりと曇った目の前に今は亡き父王の姿が現われ、激しい叱責の言葉とともにモーゼの第五の戒めの言葉が告げられた。父を裏切ったハインリヒ五世はそれからまもなく悶え死んだのであるが、あたかもその時に死刑囚の獄舎の鐘が、また誰も手を触れる人もないのに、罪人が白洲に引き出される時と同じように、鳴りわたったのであった。

このようにシュパイエルの鐘は、かつて聖なる賢者モーゼがシナイ山の頂きで教え戒めたように「汝の父母をうやまえ」ということを今も教えているのである。

Speyer ▶ Die Glocken von Speyer

13　狼の泉

▼ハイデルベルク

有名なハイデルベルクのお城の露台《テラス》から東の方遙かに森が見える。この森はイェッテンビュールと呼ばれ、昔は鬱蒼とした森林が広大な広がりを持っていたのである。この森に一人の巫女《みこ》が住んでいたのであるが、その巫女は素晴らしい美人であるとともに、またまれに見る予言の才によって国中で有名な存在となっていたのであった。フランク族の一人の若者はこの世にも不思議な才と美とに恵まれた女性のことを耳にして、自分の運命を彼女に占ってもらう決心をしたのである。

この若い勇士の前に立った予言する巫女の姿はワルキューレ（ゲルマン族のいくさの女神）の如くに美しくも神々しいものであった。彼女の優しい手を自分の掌中に握った若者は、たちまち彼女の虜となってしまった。

「あなたは未来を知る力を備えておられるそうです。どうかわたしの運命を占って下さい」と彼は静かに申し述べた。

くいいるような眼差しで彼の手のひらのすじに見入っていた彼女の顔は、見る見るうちに蒼白になって行った。

「明日もう一度来て下さい」と彼女は弱々しく答えた。「ルーネン（ゲルマン人の古代文字――神秘的な文字といわれている）を良く調べてみましょう」

ハイデルベルク近傍の「狼の泉」 J. J. マイアー画、1820年頃

翌朝、暁の明星がネッカーの河に沈むころ若者はふたたび聖なる森を訪れた。予言者の巫女は何か思い悩んだような悲しげな面持をしていた。ものうげな微笑とともに彼女はこの質問者に挨拶を返した。

「ルーネンにはどんなことが現われたのでしょう？」と彼は気づかわしそうにたずね、そして真剣な眼差しで彼女の顔をのぞき込むのであった。

彼女は物思わしげにその美しい頭をたれた。

「暗い影がさしているのです。あなたの心に自由はないのです」と不思議な巫女は苦しげに大きな目を見開いて彼を見つめながら言った。「わたくしたちの運命の星がお互いに触れ合っているのです。あなんと恐ろしいことでしょう」と。

そして優しい腕が若い勇士の首にまといついた。歓喜のささやきが森の静寂の中に聞こえるのである。

「あなたの運命をわたしに下さるでしょうね？」と彼女は媚《こび》るように尋ねた。彼は即座に彼女のために生命を捧げても悔いないことを神々に誓うのであった。

「わたくしたちの幸福は、人間の目に見られてはならないのです」と彼女は真剣な面持で言う。「わたくしたちの幸福を窺うことができるものはただ森の泉があるだけなのです」

森の泉はささやかなせせらぎの音をたてていた。そのせせらぎは二人の愛人のささやきに伴奏し、そしてまた何かを警告するようにも聞こえるのであった。

ある夜のことであった。静寂そのもののような森の暗闇の中を歩いている時、突然彼は絹を裂くような悲鳴を耳にしたのである。魂も消し飛ぶような思いで駆けつけた時、彼女はすでに悲しい亡《なき》骸《がら》となって泉のそばにたおれていた。憎い狼がその美しい体に残忍な牙をたて、見るも無惨にひき裂いていたのである。怒りの雄叫びものすごく、勇士はこの獰猛な狼を一撃のもとに打ち倒した。しかし彼の慟哭も涙も彼女をよみがえらせることは出来なかった。ただ森の賢い小鳥たちだけが木々の枝の間で、あの古いそして永遠に新しい歌を繰り返すのであった。

「愛の最後の賜物は悲しみである。そして罪悪の沼に生じる愛の根元には常に涙が注がれなければならないのである」と。

この若者は森に入る前に他の乙女と既に愛の誓いをかわしていたのである。それでこの棄てられた乙女の願いを聞き届けたフレイヤの女神が、ウォータン（ゲルマンの最高神）の聖なる獣の狼を送って彼女の恋がたきをかみ殺させたのであった。

この悲しい殺人の行なわれた森の泉は、今日もなお「狼の泉」と呼ばれているのである。

Heidelberg ▶ Der Wolfsbrunnen

第III部

ラインの中流、伝説の山河

ウォルムスから
ケルンまで

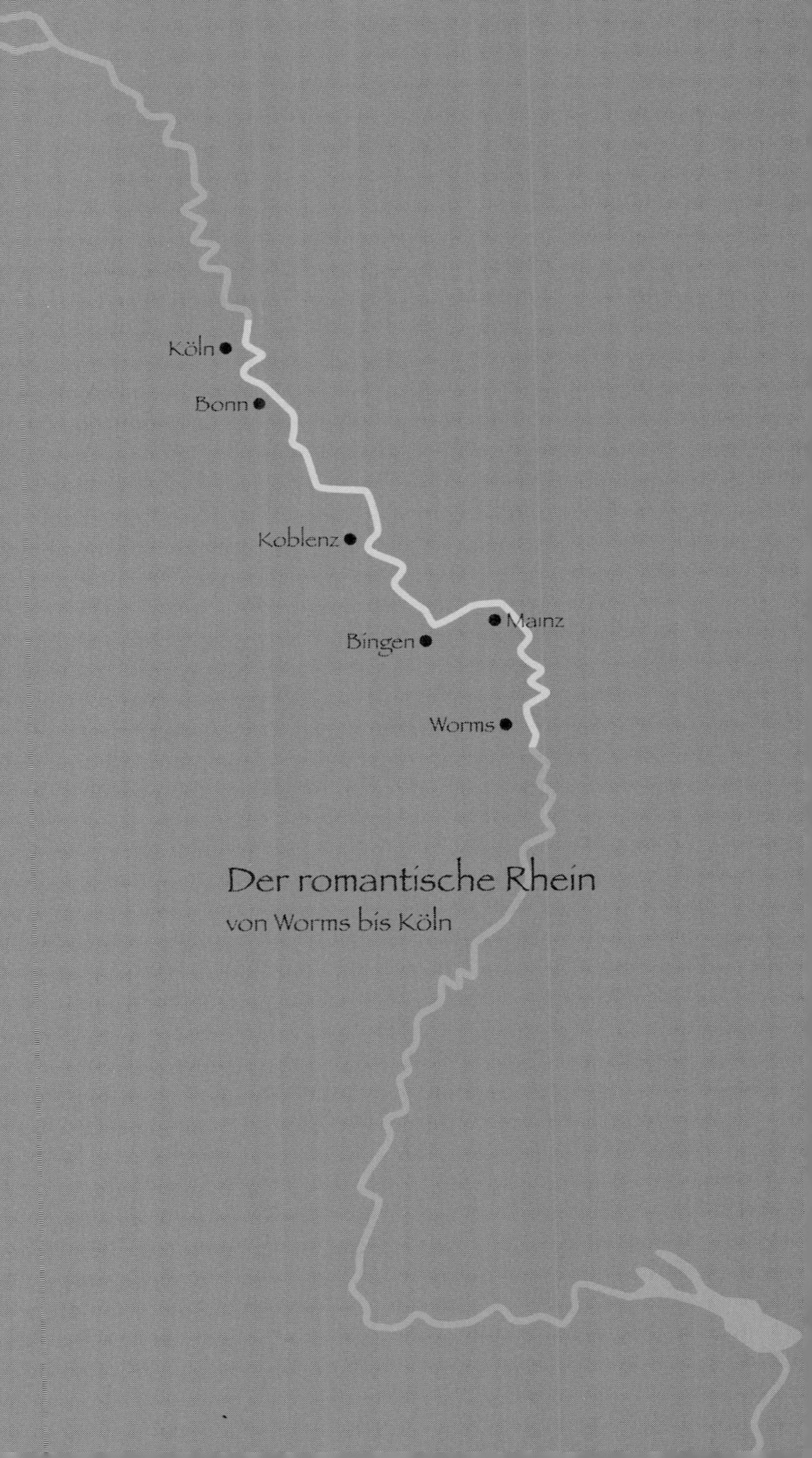

Der romantische Rhein
von Worms bis Köln

ライン河の最もライン河らしい景色はこの区間に集中しているといってもよい。遊覧船でこの区間を通ると南岸の至るところにほとんど応接にいとまがないほど次から次へと中世の古城址が現われてくる。だからドイツ人は、この区間を特にロマンティッシェ・ライン（伝奇のラインあるいは浪漫的ライン）と呼んでいるくらいである。

シュパイエルのやや下流で、ハイデルベルクから下って来たネッカー河がラインと合流するが、そのさらに下流の左岸にウォルムスが、そしてつづいてマインツがある（二九頁の地図も参照）。シュパイエル、ウォルムス、マインツとこの三つの都市は切り離しては考えられない。しかし、その中でも特にウォルムスは昔のブルグント王国の都としてニーベルンゲン伝説で有名であり、またローマ法皇とドイツ皇帝との間で締結されたウォルムスの和親条約《コンコルダート》、あるいは後にマルチン・ルターが獅子吼したウォルムスの国会など、ドイツの中世史を彩る歴史的事件の中心をなしている。

マインツはまた「黄金のマインツ」ともいわれ、ここの大寺院はロマネスク建築の代表であり、およそラインに旅する者にとっては見落すことのできない名所の一つになっている。

マインツの対岸にはタウヌス連山の丘陵が連なっており、ライン河はマインツからやや向きを変えて西流しビンゲンに至るのであるが、この間の右岸はタウヌスの南麓に当たり、ブドウの名産地であり、ほとんど至るところが銘酒の産地として知られている。ヨハニスベルクとか、リューデスハイムとか、アースマンスハウゼンとか、いずれもその自慢の銘酒にからむ伝説を誇っている。

ライン河はビンゲンでふたたび北西に向きを変え、ブドウ山と城址の間を縫って流れて行く。途中急流あり暗礁あり、ローレライの岩もこの間にある。そしてコブレンツでモーゼル河と合流して、さらに北西に進むのである。

ノイウィート、アンデルナッハを過ぎれば右岸にジーベンゲビルゲ（七つの峰々）が見え始める。左岸にはレマーゲン、ゴデスベルク、ボンが連なり、そしてついにジーク河の合流点近くのケルンに達するのである。

ではライン中流の伝説の世界を歩むこととしよう。

14 ニーベルンゲン伝説

ウォルムス

ウォルムスは、ライン諸都市の中でも最古の都市であり、その歴史はローマ帝国の全盛時代より遙かに古い。ここの大伽藍の円屋根は、ドイツのいわゆるロマニッシュ（あるいはロマネスク）建築の記念物として名高い。ここはまたフランクあるいはドイツの昔の諸王がしばしば都を置いたところとしても有名であるが、民族大移動の時代に東ゲルマンの部族ブルグント王国の首都とされて以来、幾多のドイツ古代の英雄物語の中心地であるといってもよいのである。

ワイクゼル（ウィスワ）河の流域からこの中部ラインに進出して来てこの地方に勢力を占めたブルグントの諸王は、当時四方にその勇名を讃えられたものである。しかしその後、征服欲に燃えたローマ人にけしかけられた好戦的なフン族の襲うところとなり、この栄華を誇った王国もついに空しく亡び去ってしまったのであった。

ブルグントの最後の王であったグンディカール王はその大部分の部下の戦士たちとともに血なまぐさい戦場に討ち死をとげ、討ちもらされた敗残の部族はローマ人によって南方のガリアに移住させられた。ブルグント人の去ったあとには代わってフランク人がラインの岸に移住して来たのである。

ブルグントの諸王がマイン河および中部ラインの流域を支配したのはわずか百五十年にも満たな

い間にすぎなかったのであるが、彼らがライン、フランクの諸部族民の心の中に残した遺産は偉大なものであり、彼らの悲劇的な運命はドイツ民族の伝説となり詩となって世界文学の上にも大きな影響を及ぼしたのである。

ウォルムスの土地にまつわる英雄物語はずいぶんたくさんあるけれども、それらはいずれもドイツ人一流の一徹な忠誠心（Treue）によって貫ぬかれた男性と貞淑な婦徳を誇りとする高貴な女性とを主人公とするものであって、数世紀にわたりドイツ民族の心の中に生きているのである。千年の歴史を有すると伝えられているワルターリの詩、それは大胆不敵な勇士アキタニヤのワルターが、アッチラ王の宮廷からヒルデグンデ姫を連れて帰る途中、ワスゲンの森でフランクの王グンターリと彼の手勢とに襲われながら勇猛果敢な防戦をとげ、無事に脱出して故郷に凱旋する物語を歌ったものであるが、これもまた数多き英雄伝説の一つなのである。

しかし最も民衆に親しまれているものは、なんといってもあのジークフリートの雄々しい姿

ウォルムス、大伽藍西正面

が織り込まれているニーベルンゲンの伝説である。

いったいこの伝説の根源はどこから来たものであろうか？　このジークフリートという人物（その青年期の功名話については本書の第72話、クサンテンに関する伝説を参照）は、古代北方民族のシグルズ、すなわち神話的英雄であって、世界いずれの民族の神話にも出てくるところの暗黒を征服して光をもたらした半神的英雄の一つの型を示したにすぎないものなのか、それとも金髪の、すらっとしたおとぎ話の英雄なのか、あるいは実在の歴史上の人物であったのだろうか？

まあこういう問題の詮索は学者にまかせることにしておこう。われわれにとっては太陽のようなジークフリートはドイツ英雄伝説の中でも最も好ましい若き勇者なのである。

東方の好戦的な民族との血なまぐさい戦いに出陣するラインの英雄たちの間で、いつも戦いの先頭に立つ者はジークフリートである。父親のビーテロルフを捜しに出かけるディートライプの騎士物語の中で武名をほしいままにしている者も同名の英雄である。また『ウォルムスのバラ園』という歌の中でも彼の名誉はたたえられているが、ただこの歌の作者は上部ドイツ地方の人であったせいか多少ラインの英雄に対する嫉妬心めいた気持があったものらしく、ゴート・フンネンの英雄たちとの十二の一騎討ちの話で彼に絶対的勝者としての栄誉を与えることを拒んでいる。

民族的英雄ジークフリートの最後の運命をめぐる登場人物であるブルグントの諸王、すなわちグンター、ゲルノートおよびギゼルハー等の物語についても、きわめて多様の伝承や変形された話が伝えられているのであるが、これらは昔ライン地方から出かけた吟遊詩人たちが、低地ドイツあるいは上部ドイツの各部族や遠くはドナウ河の流域まで足跡を印しつつ、城から城へと語り伝え、歌い歩いている間にしだいにそのゲルマン的精神に満ちた物語の原型が、変形されてしまったのではないかと思われるのである。
今日ではもはや誰にもわからないことになってしまったのであるが、十二世紀の初めごろ誰か伝説に詳しい音楽家が、いくつかのバラバラの伝説を一つの英雄詩にとりまとめ、これを歌の型式に書き下ろしたものと思われる。その歌がニーベルンゲンの苦悩の歌であり、ゲルマン民族詩の貴重な遺産として今日まで伝えられているのである。このニーベルンゲンの詩に接する者は、かつてドイツ人の祖先たちがこの歌の吟誦されるのを聞いた時に覚えたのと同じように感激の戦慄を禁じ得ないのである。それは偉大でありかつ不羈奔放な男女の激しい熱情と、また罪悪と贖罪との織りなす生命の交響楽ともいうべきものだからである。

人の心をゆり動かすような罪と罰との力強い叙事詩こそは、民族魂の奥底からおのずと湧き出したものであり、かつまたドイツ民族がその黎明期に抱いていたたくましい創造力にふさわしいものであった。おそろしい悲劇に終わるこの物語は、うるわしい田園詩によって幕を開けられるのである。

ウォルムスに都を有するブルグント王グンターには、クリエムヒルト姫と呼ばれる世にも麗わしい妹があった。若き金髪の英雄ジークフリートの心はこの姫の清楚な美しさにとらわれたのである。ジークフリートは、ラインの遥か下流にあったと伝えられるクサンテンの国王ジークムントの王子であった。

グンター王は、この丈高くしかも衆にすぐれた力を持つ勇者ジークフリートを彼の臣下に加え得たことを、大いに誇りとしたのであった。この物語に現われてくる多くの勇士たちは、いずれも忠誠をもって聞こえる人々であるが、中でも純真無垢というべき若竹のようなこの英雄は一度臣下の誓いをたてたからには水火も辞せぬ心意気で、遠く北方の島国に遠征し、はからずも怪力と美貌をもって有名なその国の女王ブリュンヒルデをとりことし、彼女をグンター王の妃にすることができたのである。その武功をめでたグンター王は、妹のクリエムヒルトを彼に与えた。喜びに胸おどらせたジークフリートは、彼がかつてニーベルンゲンの国でその国の王子たちと戦い、番人のアルベリッヒから奪いとった「ニーベルンゲンの宝」を花嫁に対する贈物としたのである。

ウォルムスの宮廷ははなやかな歓喜に満たされた。しかしすべての者が喜んだわけではなかったのである。英雄ジークフリートを愛する者はクリエムヒルト姫のみではなく、王妃ブリュンヒルデもまたひそかに彼を恋していたのである。

花嫁クリエムヒルト姫の幸福そうな姿は、しだいに王妃の嫉妬心を深める結果になっていった。二人の女性はしだいに疎遠になり、互いに口をきくこともまれになっていったが、ついにある日、ふとしたことから破局に陥ってしまったのである。

ウォルムスの城内の伽藍に参拝の途上、二人の女性は偶然に同じ階段で出会い、一人は王妃として、一人は王妹として互いに自分の方が先に入る権利があると言い争い始めた。そして互いに争っている間に、感情に激したクリエムヒルトはつい言うべからざる秘密を暴露して兄嫁ブリュンヒルデをはずかしめる過失を犯してしまったのである。グンター王結婚の初夜、怪力のブリュンヒルデは自分を力でもって征服し得なければ妻となることを承知しないと言ったために、力の足りない王は、ひそかにジークフリートに頼んだので、魔法の隠れ頭布で変装したジークフリートが王にかわって彼女の処女を奪ったのだ、と。

大伽藍の前での王妃と王妹の諍い
Sch. v. カロルスフェルト画、1845 年

このことはもちろん秘中の秘であるべき筈であったが、激怒にとらわれたクリエムヒルトがこのことを暴露したのに対し、これを否定しようとするブリュンヒルデに向かって、証拠の品としてジークフリートがその夜彼女から奪ってクリエムヒルトに与えた指輪と帯とを示したのである。

その場はそれでクリエムヒルトの勝に帰したわけであるが、おさまらないのは王妃ブリュンヒルデであった。この重大な侮辱を王妃はグンター王に対し涙とともに訴えた。さすがにたまりかねた王は、ついに部下の将軍ハーゲンにジークフリートの殺害を命じたのである。奸智にたけた王は、おもてむきはこのことを王妃のために復讐するのであると告げたが、実は内心は彼を殺してニーベルンゲンの宝を手に入れようと考えていたのである。

やがてオーデンの森で狩りの催しが行なわれた。この日、なにも知らずに泉の水を飲もうとして身をかがめているジークフリートの背中を後からハーゲンが槍で突いて殺したのである。これを目撃した武士たちに対しては、ジークフリートが単身で山奥深く獲物を追ってさまよっている間に、はからずも山賊のだまし討ちに会ったのだと言いふらすように命じた。王とその従者たちはなにくわぬ顔で翌日ライン河を伝ってウォルムスに帰

ハーゲンの罪を告発するクリエムヒルト　E. ラウファー画、1879 年（▶口絵 2）

城した。

ハーゲンは夜中こっそりと彼の死体をクリエムヒルトの部屋の傍に運ばせておいた。早朝城内の寺院のミサに行こうとして部屋を出たクリエムヒルトとその侍女たちは彼の亡骸《なきがら》を発見した。夫の死体の上に泣き伏したクリエムヒルトは、やがて涙とともに叫ぶのであった。「ああ、なんということでしょう。あなたの楯はどんな太刀によっても破られるようなことはない筈です。また龍の血を浴びて角質の皮膚となったあなたをたおすことのできる方法は、卑怯なだまし討ち以外には考えられません。わたくしは必ずかたきを捜し出して、あなたのために仇を討ちます」と。

英雄の死体は鄭重に柩の中に飾られた。これにつき従う彼女は心の中できっとこの死体の傍で神の裁きが行なわれるに違いないと信じていた。というのは、古くからの言い伝えに、殺人を犯した者が死体の傍に近寄ると、死体の傷口から新たに血が流れ出すという奇蹟が現われると伝えられていたからである。

そして事実はそのとおり現われたのである。ブルグントの貴族、武士たちは、次々に死体の傍を通り過ぎて行った。その中に黒い甲冑に身を固めた色の黒いハーゲンの姿もあったが、あたかも彼が死体の傍に近づこうとした時、見よ、ジークフリートの死体の傷口からタラタラと真紅の鮮血が流れ出したのである。居並ぶ大ぜいの男たちや恐怖に青ざめている女たちの前で、クリエムヒルトはハーゲンを指さし、彼こそは夫を殺した罪人であると宣言したのであった。

この恐るべき大罪の贖《あがな》いは当然容易なことではすまなかった。いろいろ不吉な事件の原因となり人々の間に禍いをもたらすと思われたニーベルンゲンの宝は、ふたたび人間の手に触れることのないようにライン河の底深く沈められた。しかしクリエムヒルトの悲しみはいやされる由もなく、彼女の復讐の一念はいよいよ根深いものになっていったのである。

ジークフリートの父王ジークムントは、息子の嫁であるクリエムヒルトに対し、葬儀がすんだらクザンテンの彼の居城に来るようにとすすめてみたがむだであった。彼女はウォルムスにとどまり、熱愛した夫の墓所の傍に十三年間も一人で暮らしていた。しかしやがて彼女の母のウーテ公妃がつくらせたロルヒの僧院に移り住むこととなったが、この時にも彼女はジークフリートの死体をいっしょに運んで行った。

その後、フン族のニッツェルが、クリエムヒルトの変わらぬ美しさに心をひかれて結婚を申し入れて来た時、クリエムヒルトは彼の望みに従う決心をした。しかしこれは愛のためではなく、フン族の王の力をかりて彼女の復讐をとげようという企みがそうさせたのである。彼女はエッツェル王に従ってハンガリーにおもむき、やがて計略を設けてジークフリートの殺害者であるハーゲンはもちろんのこと、彼女の兄弟であったブルグントの王族、武士たちを招待したのである。ここで彼らは、フン族の王の部下にとりまかれての無残な討ち死によって、ジークフリート殺害の罪を償わされたのであった。

すでに復讐の鬼と化していたクリエムヒルトは、血を分けた自分の兄弟に対してもいささかの情容赦も示さなかった。ジークフリートの残した彼の愛剣をふるって彼女はみずからハーゲンの首を切り落した。しかし、あまりにも冷酷執拗な彼女の態度に憤激したエッツェル王は、彼女の味方であったにもかかわらずついには彼女を殺し、ここにニーベルンゲンの宝に呪われた人々は、ことごとく亡び去ったのである。

これでこの物語は終わりである。ニーベルンゲンの叙事詩はドイツの最も有名な英雄伝説となった。他の諸国民の間における民族的伝説の中で、これに匹敵するのはホメロスのトロヤ戦争の物語くらいのものではないかと思われる。

ウォルムスに都をおいていたブルグント王国の没落の歴史は、この民族的叙事詩によって、永遠に詩化されることとなったのである。

ニーベルンゲンの宝をライン河に沈めるハーゲン
K. ザットラー画、1904 年

Worms ▶ Die Nibelungen

15　女性讃美の吟遊詩人ハインリヒ　▼マインツ―

マインツはマイン河がラインの本流と合するところに開けた古い町である。そしてここには数百年の歴史を誇る旧教の大寺院《ドーム》がある。ハインリヒはこの寺院の僧正であると同時にまた天才的な音楽家でもあり、あらゆる女性の中の最も純潔なる女性すなわち聖母マリアを讃美する数多の敬虔な歌曲を作曲した人として有名であった。しかし彼は宗教的な讃美歌ばかりではなく世俗的な抒情詩曲、すなわち、そのころ吟遊詩人によって愛唱されたような竪琴の曲もたくさん作曲した。彼が作曲したこれらの多くの曲は、当時の他の芸術家の作品に比較して、いずれも非常に優美であり、また敬虔な宗教心に満ちたものが多く、それらの歌曲の中にはまた婦人の美徳をたたえたものが少なくなかったので、後世の人々は彼を婦人讃美者《フラウエンローブ》のハインリヒと呼び、このあだ名の方がハインリヒ・フォン・マイセンという彼の本名よりもむしろ有名になっているのである。

当時マインツの婦人たちが彼に対して抱いていた尊敬あるいは憧憬の気持というものは、ほんとうに大したものであったらしい。この婦人たちの気持は彼の生きている間にも、もちろん十分にうかがわれたのであろうと思われるのであるが、特に彼が死んだ時のことが後の世までも語り伝えられているのである。

この吟遊詩人が永遠に息を引き取ったという噂が町中に広がった時、平素から彼に対して感謝と

詩人ハインリヒ・フラウエンロープの葬儀　R. ベンネマン画、1879 年

尊敬の念を抱いていた婦人たちの悲しみ方はたいへんなものだった。彼ほどに多くの婦人たちから愛されもし尊敬もされた芸術家は後にも先にも類例がないのである。ハインリヒの葬式の列には喪服をまとったおびただしい婦人の群がつき従い、ほとんど町中の婦人が彼の冥福を祈ったのである。香り高い花でおおわれた彼のひつぎは八人の美しい婦人によってになわれた。墓穴に納められたひつぎの傍では婦人たちによって葬送曲の合唱が行なわれ、優しい彼女らの手によって生前彼が愛飲したラインのブドウ酒が注ぎかけられた。しかしこのラインのブドウ酒よりももっと尊いものは、当日大ぜいの婦人によって注がれた涙の雨であったのである。

今日でもマインツの寺院内には、この巨匠の墓碑がある。そしてその傍には、雪白の大理石に刻まれた花環をささげる婦人の像が飾られているのである。

16 マインツのウィリギス僧正

▼マインツII

西暦紀元一千年ごろマインツ寺領の領主にウィリギス僧正と呼ばれる人がいた。この人は身分の低い車大工の息子に生まれたのであるが、鉄のような強い意思とたゆみない努力とにより実力で大僧正の位に上ったのである。マインツの善良な市民たちは、この神のような高潔な人格者に対して率直に心からの敬意を払っていた。しかし高慢な僧侶たちやがんこな貴族連中は、この人が若いころ粗末な車大工の工場で働いていたということだけで、一般の市民たちがこの人を尊敬することを心良く思わなかったのである。

ある日のことであった。こういう不遜な連中の二、三の者が、自分たちの先祖のことについてあまりに自慢話をするので、僧正は静かにそれを戒めたのであった。ところがこの僧正の訓戒は高慢な連中をいやが上にも刺激する結果となり、この連中は夜中ひそかに白墨でもって寺院のあらゆる扉に車の絵をかいて、僧正を侮辱しようと試みたのである。

朝早く目を覚ました僧正は勤行をするために部屋を出て本堂に行く途中、たちまちこの悪意の落書を目にしたのである。

ウィリギス僧正（16世紀の木版画）

マインツの大伽藍（左下にマインツ市の紋章）

彼はじっとその車の絵を見つめた。お供の侍僧は今にも雷が落ちはしないかとこわごわ僧正のようすを見ていたが、僧正はいっこう怒るようすもなく、むしろ微笑さえ浮かべてその前を通り過ぎ、いつものとおりにお勤めをすませた。

さてその後で彼は画家を呼んで来させ、落書のあったすべての扉に、はっきりと赤い地色を塗らせその上にまっ白な車輪の絵をかかせ、そして誰にでも読めるようにその下に次のような文句を書かせた。それは「ウィリギスよ、ウィリギスよ、おまえがどんな生まれの者であるかを忘れてはいけない」という文句であった。

そればかりではなく、彼はさらに車大工に命じて、農耕に使われる犂車を作らせ、その車を自分のすまいの入口にかけさせて、自分が卑しい身分の出であることを忘れないように心がけたのであった。

それ以来彼を嘲る者はいなくなってしまった。マインツの人たちは、この素朴でしかも学識の高い僧正をなおいっそう敬愛するようになった。そして「赤地に白の車輪」の絵は、その後歴代のマインツの僧正の紋章として用いられるようになったのである。

Mainz ▶ Bischof Willigis

マインツ市の紋章
「ウィリギスの車輪」2つと十字の組み合わせ

17 利き酒の話 ▼エーベルバッハ

晴れ渡った天気の良い日にライン下りをやるのは素晴らしいものだが、マインツの下流にあるエルトヴィレの付近は特に広々とした感じで、誰しもまことにのどかな気分に誘われるのである。この町はかつてマインツの僧正の寺領であったところであるが、この付近まで下ってくると河の右岸の小高い丘の森かげに中世風の寺院建築が見えてくる。これが昔から有名なシトー派僧院のエーベルバッハである。風光明媚なウィスバーデンのすぐ近くでもあるので、この付近を見物に来る人は必ず訪れる場所になっている。それというのも、八百年以上前の古い建物が今なお残っており、その昔、多数の修道士たちが生活していた跡をしのぶことができるからでもある。

この地にはまた現在でも、往時の石垣で囲まれた寺院所属のブドウ畑があり、修道士、すなわち僧侶たちによってつくられる酒はラインワインの中でも特にすぐれたものとして名声を博しているのである。ここの醸造場は、最初マインツの大僧正アダルベルトが創設したという言い伝えがあるが、ここの修道士たちは単に良い酒を作る技能を備えていたというばかりでなく、いわゆる利き酒の名人でもあったので、次のような話が伝えられている。

ある日のこと二人の修道士がいっぱいにブドウ酒が詰められている樽の前で利き酒を始めた。こういう情景はドイツに良くある画材でもあるのだが、でっぷり肥った赤ら顔の老修道士がいかにも

エーベルバッハ修道院、大寝室（ドミトリウム） 1270-1345年頃

満足げな顔つきで杯を傾けている図を眺めていると、いかにものどかな気持に誘われるものである。

いずれ劣らぬ利き酒の名人のことであるから、一口一口慎重に味わっていたに違いない。ところで杯を傾けつくした二人が顔を見合わせて、異口同音に言い出したことは、どうもこの酒は真に上物には違いないが、ちょっと妙な混じり物の味がするというのであった。

その混じり物について二人の意見が一致すればよかったのであるが、一人は何か金気があると言い、一人はどうもなめし革の味が混ざっていると言うので意見が一致せず、もう一度飲んで見ようということになった。

ところが二度目もまた同じことで、一方は依然として何か鉄分でも含まれているような金気があると言うし、他方はいや確かになめし革の味だと言う。

どうもおかしい、もういっぺん飲んでみようということで、また杯を乾す。依然として二人の主張は変わらぬので、さらにもう一度確かめようというようなことになり、とうとう一樽完全に飲みほし二人ともベロベロになってしまった。飲みほされた時の底を見たところ革紐でくくった小さな鍵束が現われたので、二人とも自分たちの味覚の確かなことに大いに満足し、実に好い気持になってお互いに自慢し合ったというのである。

この話はこれだけのことなのであるが、エーベルバッハの修道院の酒は、いわばラインワインの代表であり、ブドウ酒の名産地にふさわしい小話として今日まで語り伝えられているのである。

B. ヴェーニヒ画、1908 年

Kloster Eberbach ▶ Die Weinzungen

18 ヨハニスベルガー酒

▼ヨハニスベルク

ドイツ人の舌と味覚が健在である限り、ヨハニスベルガー酒の名は最高の栄誉あるものとして、あらゆるラインワインの王者として、いついつまでもたたえられることであろう。いやしくもラインブドウ酒を知っているという人ならば、このヨハニスベルガーの名は知っているはずである。しかし、ほんとうに王侯の酒とたたえられるその醍醐味を理解している人となると存外少ないのではないかと思う。「王侯の酒」といわれるわけは、何もヨハニスベルクの城門の鍵が王侯の手に握られていたからというわけではない。そうではなくて、この恵まれたラインガウ地方に、この素晴らしいブドウの種を植えつけた人が王侯であったからに他ならない。その王侯とは、かのフランク王国の偉大なる支配者、カール大帝その人である。

ある早春の朝まだき、大帝はインゲルハイム城のバルコニーに出て、彼の足下に広がっている素晴らしい景色をうっとりと眺めていた。前の晩に降った雪におおわれて、リューデスハイムの丘陵は純白の衣に輝いていた。

大帝がこのまっ白な雪景色に見とれている間に、ふと気がついたことは、ヨハニスベルクの背後の雪だけが朝日を受けて周囲の他の山々よりも早くとけて行くことであった。

帝国全土を統べる皇帝として広い見聞を有していたカールは、真に思慮深い智恵者でもあったので、この景色から考えて、あの太陽の熱に恵まれた場所には、必ず他の場所よりもすぐれたブドウが出来るに違いないと考えたのであった。

直ちに腹心の部下であったクォンラートを呼び寄せ、即刻馬に鞍をつけてオルレアンへ——かの名高い銘酒の都へ——赴くように命令した。主君である皇帝が何を考えていられるのかということをよく理解していた家来は、早速オルレアンの第一流のブドウ栽培者をラインガウに迎えるために出発した。

かくてこの心きいたる皇帝の使者は、急ぎに急いだ結果、一カ月も経たない間に、ふたたびインゲルハイムの皇帝の城に戻ってきた。城中は歓呼をもってこの使者の帰りを迎えた。カール大帝みずから舟に乗ってリューデスハイムに赴き、手ずから、ライン地方に初めてガリアのブドウを植えられたのであった。

皇帝が行なったこのブドウの移植は、もちろんただの気まぐれから出たことではなかった。彼はたえずリューデスハイムおよびヨハニスベルクの斜面に植えられたブドウの生育状態を報告させ注意を与えていたが、それから三年目の秋の収穫に際して彼はその居城であったアーヘンの町からラインガウに乗り込んできたのであった。この時リューデスハイムおよびヨハニスベルクのブドウ山は、収穫にいそしむ人々の歓呼の声に満たされていたのである。

むろん、ここのブドウで醸造された最初の酒は大帝に献上された。文字どおり黄金の液体がたたえられたのである。これこそまさに王侯の酒であった。カール大帝はゆっくりと味わいつつ飲み、かつその飲み物の美しい色あいを鑑賞した。その火のようにあたたかく、しかもやわらかなヨハニスベルガー酒が彼の愛好おくあたわざる座右の銘酒とされたことは言うまでもない。この酒は人の

ヨハニスベルク、ブドウ畑の上にそびえる城館（18世紀）と旧修道院聖堂（12世紀）

年齢をも若返らせるものであった。このカール大帝が味わい感じたことは、今日といえども、およそこの地の素晴らしいブドウ酒を口にするならば、誰しも同じように味わうことができるであろう。ドイツ人の舌と味覚が健在である限り、ヨハニスベルガー酒の名は、最高の栄誉あるものとして、あらゆるラインワインの王者として、いついつまでも、ほめたたえられることであろう。

かのブドウ酒を祝福したカール皇帝については、さらにいろいろな伝説が残されている。詩人はこれらの伝説を詩歌にし、その歌は今もなおブドウ酒の広がっているラインの岸で歌われているのである。

毎年、春未だ浅くライン河の岸の斜面にブドウの花が開き、その甘い香りが漂い始めるころ、夜ともなれば、いずこからともなく背の高い人影が現われてブドウ棚の間をさまよう姿が見られるというのである。その装いはいかにも王者のごとく、紫色のマントが肩にひるがえり、頭には皇帝の冠が輝いている。この姿こそは、かつてのフランク王国の皇帝カールその人であり、千年以上も前に、この太陽に恵まれたリューデスハイムとヨハニスベルクの斜面にブドウを移植した恩人である。この土地のブドウの花の甘い香りが、アーヘンにある彼の墓所に吹き送られると、必ず彼は自分が植えたブドウを祝福するために墓から出てここへやってくるというのである。

柔らかな満月の光が皇帝の夜の道を照らし、リューデスハイムの河畔では月光が金色の橋をラインの流れの上にかけるのである。この橋を渡って皇帝は、さらに丘陵に沿うてさまよいつつ、そのあたり一帯のブドウの木に祝福を与えるのである。

一番鶏の鳴く声とともに彼はアーヘンの墓地に帰り、ふたたび春が来てブドウの花の香気が彼の眠りをさまし、ラインガウへの祝福の夜の散歩を促すまで、また永い眠りに入るのである。

さてそこで、さらに第三の話として、ヨハニスベルクの修道僧について、まこと愉快な伝説がある。昔、フルダの高僧が突然ヨハニスベルクの修道院を訪問したことがあったが、ちょうど収穫直前のブドウが枝もたわわに実っている時であった。この身分の高い僧正は修道僧たちにいろいろと尋ねられたが、修道僧のいかにも質実倹約な生活ぶりにすっかり満足し、ついにその満足の意を示すしるしとして、ここの修道僧たちとともに、一夕の歓を尽すこととなった。

「酒は人の心を喜ばすものである」と高僧は、敬虔なダビデ王の言葉を引用しつつ話し始めた。「神のやさしき御手が、汝らのブドウの木に、また来る秋にも御恵みを賜わりますように。兄弟たちよ、まず数杯のブドウ酒を神様に捧げよう。このブドウ酒はまことによく醸《かも》されている。この貴重な神の贈物をいただく前に、まず皆さん日課の祈禱書を持っていらっしゃい。そしていっしょにお祈りをしましょう」

「なに？　日課の祈禱書だって！」と修道僧の間にささやきが流れ、もっともらしい顔つきをしながら、その目にはありありと当惑の表情がうかがわれた。

「さよう！　日課の祈禱書です」と、高僧は黙りこくっている修道僧たちの顔を静かに見わたした。彼らは右往左往して祈禱書を捜し始めた。高僧の顔のシワがしだいにほぐれて来た。この当惑している僧侶たちのようすを思慮深げに眺めていた老僧はやがて不可解な微笑を浮かべたが、やがて「さあ、もうよろしい。皆さん、いっしょにいただきましょう」と言って、高僧は酒倉の番人である修道僧からほこりにまみれた罎を受けとった。「やあ！　これはしたり、コルクの栓抜きを持ってくるのを忘れていた」と、この心の優しい高僧は、わざとおどけたような格好で、ポケットの中を捜し始めた。

「コルクの栓抜きですって？」と並みいる修道僧たちがいっせいにめいめいのポケットに手を入れた。そして高僧たちがびっくりするほどたくさんの栓抜きがたちどころに目の前に置かれた。修道僧たちは彼の周囲に輪のように並んでいたのである。

高僧のシワだらけの顔の表面に、この時さっと陽気な優しい表情がかすめ、「ブラボー、信心深い皆さん方、このたくさんの栓抜きは何と祝福されていることでしょう。さあ、皆さん、今日は楽しく心ゆくまで頂戴しましょう。しかし、明日からは……かつてわれらのダビデ王がいろいろと考えられたように、わたしたちも修道にはげみましょう」と言われた。初めて栓を抜かれた罎のコルクが、威勢の良い音を立てたことは言うまでもない。

19 エギンハルトとエンマ ▼インゲルハイム

ここに物語られる古い感激に満ちた出来事は、歴史上の事実に基づいたものであるという点において、他の諸伝説とはいささか趣を異にするものである。

ブドウの産地として恵まれているラインガウ地方の小ぎれいな街の一つであるインゲルハイムには、かつて素晴らしい大理石の王宮がそびえていた。これは、かの有名なカロリング王朝の皇帝の居城だったのである。ある日のこと、この俗界からかけ離れた、いわば幸福な孤独の中に息づいているような王城に、フランク王国の皇帝カールは、ごく少数の腹心の部下と家族とを引き連れて帰って来たのである。この選ばれた少数の群の中に、皇帝お気に入りの秘書エギンハルトが含まれていたことはもちろんである。まだ若年であるにもかかわらず、彼の該博な知識は早くからカール大帝の認めるところとなり、特別の寵愛を受けていたのである。もの静かでまじめで、しかも見ようによっては婦人のようにさえ見える優しくしかも若い彼の容貌は、ゴツゴツと武張った戦士の群の中で、いつでも目立つ存在であったことは申すまでもないことであり、宮廷の婦人たちの間でもひそかに思いをこがす者も少なくなかったのである。

カール大帝は、このいかなる秘密もまかせられる信頼に値いする若者を家族の中に入れることを許したのみならず、当時絶世の美人の評をほしいままにしていた彼の愛娘エンマの教育をもまかせた。彼女はギスモンダの娘であった。彼女の瞳は、烏の翼のように黒く輝いていたが、これは激しい感受性とともにイタリア系の母親から受けついだものであった。まもなく、彼女の南国的な瞳は若い教師の胸に火をつけることとなった。読み書きを教える授業は、毎日熱心につづけられたのである。

彼らは別に言葉に出して愛を語ったわけではなかったが、目は口ほどに物を言うのたとえにもれず、お互いに深く愛し合うようになった。

彼らにとっては、これが初恋となったのである。

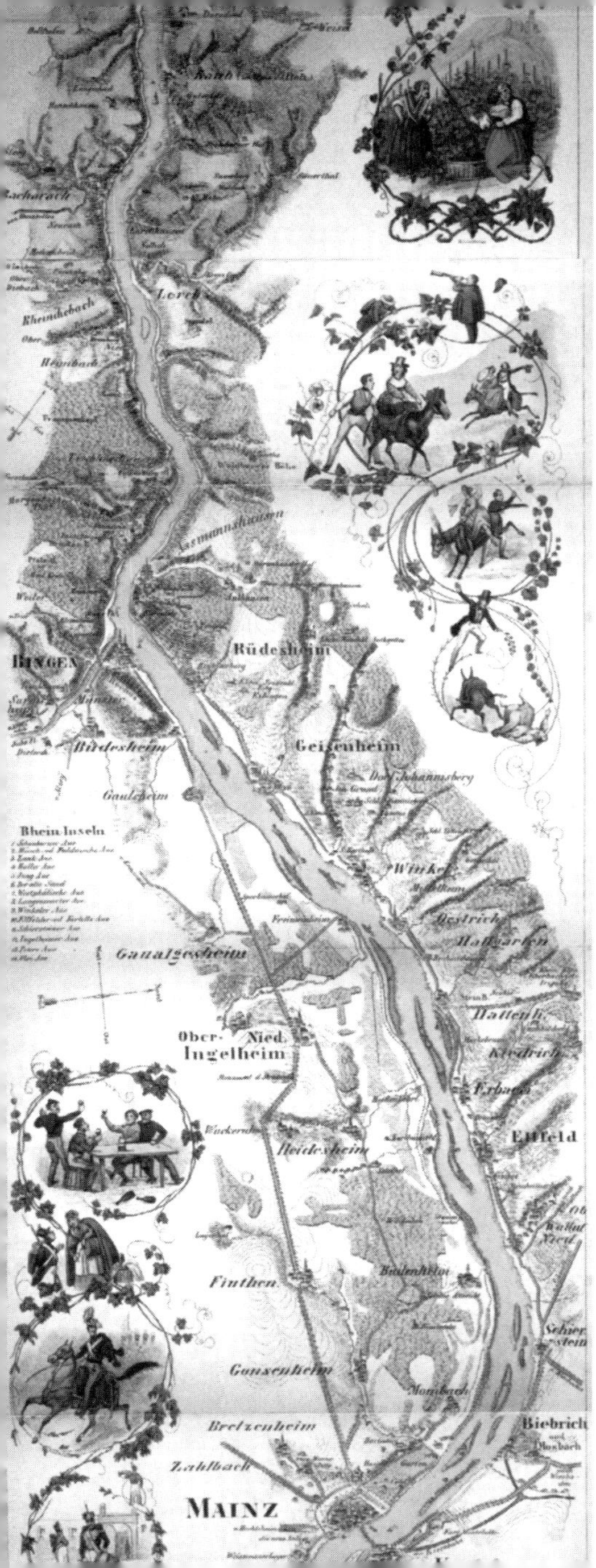

◀ライン中流（カウプからマインツまで）の絵地図
1845年、ケルン市立博物館蔵

こういう結果になるであろうということは、女のように優しいこの若者を、情熱に燃える黒い瞳の乙女の教師として選んだ時、カール大帝は、当然予想しなければならなかったはずである。

静かな夜、城内の人々もすっかり寝静まった頃、エギンハルトは愛するエンマの部屋へ忍んで行った。昼間の若い学者は夜の詩人となった。カール大帝の娘は、この詩人の優しい言葉に聞き惚れるのであった。彼らは狂喜して花咲くバラの園に迷いこんだ。そして若気の無思慮は、花のかげにひそんでいる鋭いトゲには気がつかなかったのである。エギンハルトは、優しい心の持主であった。高貴な主君の娘に対する彼の愛情の炎は、星の光のように清純なものであった。彼らの清浄な愛の輝きが、卑しい低劣な欲情で汚されるようなことはまったくなかったのである。

しかし、彼らにとっては真に不運なことが起こった。

ある夜ふけエギンハルトはふたたび愛する女生徒のもとで過ごした。広大な宮殿は夜闇の中に静まり、空の星は姿をかくしていた。静かな憧憬の中に時は矢のように過ぎて行った。エギンハルトが、王女の部屋を去ろうと思って気がついた時には、窓の下の王宮の庭はまっ白な新雪におおわれていた。

足跡を残さずに、この庭を通り過ぎることは不可能であった。しかし、彼は向こう側の自分の部屋に戻らなければならない。いったいどうすれば良いのか?

恋はつねに抜け道を見いだすものである。

しばらく考えたあげくに二人は決心をした。このことを後世多くの詩人は歌い讃えている。やさしい乙女は愛する若者を背に負うて、彼といっしょに王宮の庭を通り抜けたのである。輝く新雪の上に、彼女は可愛らしい足跡を残したのである。

カール大帝は、なおこの時間になっても目をさましていた。彼の巨大な王国をどうして守っていくかということをいろいろと思い煩い、なかなか眠れなかったのである。窓にもたれて何ということなしに庭を見おろしていた。そして庭を過ぎて行く人影に気がついた。彼が身を乗りだして瞳をこらして見ると、それは他でもない愛娘のエンマである。しかも男を背負っている。その男は、彼が信頼し寵愛しているエギンハルトではないか。低い叫び声が彼の口から漏れた。皇帝の胸の中では憤怒と苦痛とが争った。彼は下に降りて行って、この義務を忘れた男を殺そうとさえ思った。しかし、彼はやっと自分をおさえることができた。皇帝の娘と書記、この屈辱にはたえられない。ただちに部下に命じて彼らを逮捕させようかとも思ったが、じっとこらえて深い溜息をもらした。静かに部屋に戻った彼の

エギンハルトとエンマ　M. v. シュヴィント画、1856年
エギンハルト（アインハルト）は『カール大帝伝』の著者としても名高く、エンマとの逸話はロルシュ修道院の古文書にも記されるところという。

苦痛にゆがめられた顔は、やがて窓にさしそめた暁の光に照らし出されるのであった。

翌朝カール大帝は相談相手の臣下たちを呼び集めた。年老いた重臣たちは大帝のようすを見て愕然とした。彼の額には深いシワがきざまれ、一睡もしなかったその顔には深い苦痛の跡がうかがわれた。特にエギンハルトは主君のようすを見ておさえつけられるような恐怖に襲われた。

カールは立ち上がり、そして語った。「王女が夜中に自分の部屋に男を招き入れるようなことをしたら、いったいどうしたらよいだろうか？」

重臣たちは言葉もなく、お互いに顔を見合わせるばかりであった。エギンハルトの顔はまるで死人のように蒼白になってしまった。老臣たちはすぐ、大帝の言われる王女とは誰をさしてのことかを理解した。彼らは困惑しながらもしばらく相談した結果、その中の一人がやがて口を開いた。

「陛下！　愛によって犯された過失については、弱い女性に対してはできるだけ寛大なお取りはからいこそあって然るべきかと考えます」

「それでは、夜中ひそかに王女の部屋に忍び入った皇帝の寵臣は、いったい、いかがすべきものと思うか？」

鋼鉄のようなカール皇帝の燃える目は彼の秘書に注がれた。エギンハルトはかすかに身を震わせた。女のような彼の顔はさらにいっそう青白くなったように見えた。万事休す！　と口の中でつぶやいた彼は、やがて姿勢を正して奉答した。

「死を賜うべきものと存じます。陛下」と。カール大帝は、心中ひそかに讃嘆の念をもって若者を眺めた。この死をも恐れない自白の言葉は皇帝の心をやわらげ、やがて落着いた気持にさせたのである。秘書の返答につづいて誰も何も言う者はいなかった。やがて皇帝は顧問官たちに対し、その部屋を出て行くように指図をし、エギンハルトに対しては、彼の後についてくるように命じた。沈黙したままカールは、彼を自分の書斎へ連れて行った。二番目の扉が中から開かれ、そこには父親に呼びつけられたエンマ姫が姿を現わした。皇帝の暗いまなざしと愛人の苦痛に満ちた顔を認めた彼女の顔色も、さっと変わった。ただちにすべてのことを理解した彼女は、悲しみの叫び声をあげて父親の足下に身を投げた。

「お慈悲でございます。お父様！　わたくしたちは、心の底からお互いに愛し合っていたのです」と、彼女の大きな目は哀願に満ち満ちていた。

「お慈悲でございます！」と、エギンハルトもつぶやきつつひざまづいた。

皇帝はしばらく黙って立っていたが、やがておごそかにきびしい態度で口を開いた。しかし、愛する娘のすすり泣きの声を聞くうち、口調はしだいに優しいものへと変わっていった。

「おまえたちはお互いにほんとうに愛し合っているのだから――」と、めずらしく力をこめた言葉つきで

「二人を別れさせることはできない。僧侶がおまえたち二人を結んでくれるであろう。しかし、明早朝にはおまえたち二人は、ここを出て行かなければならないのだ」

やがて皇帝は、閉ざされた扉のかなたへ去って行った。苦しみに沈みつつ、父の言葉の意味は半分も良くわからなかったが、この美しい乙女はひざまづいたままであった。父王の優しい言葉に二人はうちふるえるのみであったが、やがてエギンハルトはやさしく彼女を胸に抱いた。

「泣かないで。わが愛する人よ！」と彼は囁いた。

「あなたのお父様、わたくしの御主君は、ご自分からあなたを遠ざけることで、わたしたちの結びつきを永遠ものとしてくださったのです」

彼女はなお止めどもなく涙を流した。

「さあ！」と感動に満ちて彼はつづけた。「あらゆるものに耐える力を持っている愛がわたしたちとともにあるのです」と。

翌朝早く二人の若い追放者は、インゲルハイムの城を出て、マインツの方に向かって旅に出たのである。


幾年か経った。

カール大帝はザクセンの森の戦いに勝利をおさめた。彼はローマ皇帝の王冠を戴くようになり、その名声は天下にとどろくようになった。

しかし、彼の頭髪は早くも色あせ心も老人のようになっていた。数年来、彼はいつも悲しく美しい思い出に悩まされており、いかにそれを忘れようとつとめても無駄であった。

日が暮れ、夕陽の光が王城の大理石の壁に反射し、フランク王国の支配者の居室を金色に染めるころ、彼はしばしば荘重な彫刻をほどこした立派な椅子に身を埋め、頭をかかえたまま身動きもせずに暁の星の光を迎えるまで、そのまま夜を明かすようなこともしばしばあった。

皇帝は悲しい夢にとざされていたのである。

彼はすでに過ぎ去った日々のことを考えていた。あの若い青年のことを、優しい人柄の、婦人にもせまほしい容姿のために武骨な戦士たちの間で特にきわ立って見えた彼のことを思い出していた。

なんという激しい情熱でもって古い英雄の詩を朗吟してくれたことか。皇帝自身が特に愛唱し蒐集した素朴な民謡や伝説をいかに真情をこめて歌ってくれたことであったろう。また彼が自分で美しく書き上げた灰色の羊皮紙の書物を、いかに巧みに朗読してくかたことであったろう。またその場所にはカールの愛娘が、黒い瞳を輝かせていっしょに座っていたことも幾度あったことだろう。父のひざにもたれて、彼女は朗吟する人の優しい声に聞き惚れていたし、また若者の澄んだ目にはしばしば感動の涙が光ることもあったのである。

カール大帝　A. デューラー画、1511-13 年

狩猟を告げるファンファーレは、オーデンの森の静寂を破って響きわたった。カール大帝は忠実な部下を従えて清遊を試みたのである。だんだん老境にはいって森の薬草などを求めることもあった老王も、この日は槍をつかんで森の牡鹿を狩り出しにかかった。

　彼はいつのまにか従者たちと離れて、ただ一人で大きな牡鹿を追って行った。太陽はすでに深く沈み、追われた動物はマイン河に向かって逃げて行ったが、マインの流れが森の木の枝の間からきらめいているのが見えた。鹿は河の流れを見て一瞬立ち止まったが、追手の接近するのを感づいてたちまち水流の中に飛びこみ、泳ぎ逃れて行った。皇帝はようやくそこまで追いついたものの、疲れ果てて岸辺にたたずんだ。今になってはじめて、彼はいつのまにか日が暮れ、しかも見も知らない土地に迷いこんでしまったことに気がついた。

前には河が流れており、後には森が静まっている。早くも空には宵の明星がまたたいていた。カールは河の流れに沿って歩きながら、道を見つけようとしたが無駄であった。いま通ってきたばかりの森なのだが、どうにも抜けられそうには思えなかった。闇は刻一刻と深まるばかりである。

ふと気がつくと遠方に小さな灯が見えた。皇帝はそれを見て驚喜しつつ光に近づいて行った。小さな小屋が河岸にのぞんで建っており、その小屋の石の階段の上に光が流れていた。明るい窓からは貧しげな部屋のようすがうかがわれた。

たぶん、これは、敬虔な隠者か何かの隠れ家であろうと彼は思った。扉をたたいた。すると、金髪のほおひげの男が現われた。皇帝は、自分の名も明かさず、ただ道に迷った者であるから一夜の宿を頼むということを告げた。彼の声を聞いてその男は小さく身ぶるいをしたようであったが、皇帝をそのまま招じ入れた。若い女が腰掛の上で小さな子どもをひざにかかえてあやしていた。皇帝を一目見た黒い瞳の彼女の顔は、パッと輝いて見えた。彼女はすぐに隣の部屋に駆け込み、そこで声を忍ばせてすすり泣きを始めた。カールはその場に座り込んだが、せっかく主人が出してくれた飲物にもほとんど手をつけず、疲れきって頭を両腕の間に埋めてしまった。

何分かが過ぎていった。

彼は眠ってしまったのであろうか?

いや決して眠っていたのではなかった。彼は、またもやあの若い青年のことを、優しい人柄の、婦人にもせまほしい容姿のために武骨な戦士たちの間で特にきわ立って見えた彼のことを思い出していたのである。なんという激しい情熱でもって古い英雄の詩を朗吟してくれたことか。また、皇帝自身が特に愛唱し蒐集した素朴な民謡や伝説をいかに真情をこめて歌ってくれたことであったろう。また彼が美しい筆跡で書き上げた灰色の羊皮紙の書物を、いかに巧みに朗読してくれたことであったろう。またその場所には彼の愛する一人娘が、黒い瞳を輝かせていっしょに座っていたことも幾度あったことだろう。父のひざにもたれて、彼女は朗吟する人の優しい声に聞き惚れていたし、また著者の澄んだ目にしばしば感動の涙が光っていたこともなつかしく思い出されるのであった。

皇帝は深い溜息をついた。二人の追放者はいったいどうなったことであろう。まったく消息も知れないのだが。

突然銀鈴のような子どもの声が、彼の物思いの夢を破った。人間というよりはむしろ天使のような、五歳ばかりの小さい女の子が、おずおずと近づいて来たが、見知らぬお客様に夜のおやすみの挨拶を告げに来たのである。皇帝はすっかり感動して少女の顔をのぞきこみ、その可愛らしい小さな手にそっとさわった。まわりの荒涼とした寂莫の中だけに、彼女の無邪気な可憐さはいっそう深く感じられた。それはあたかも黒い額ぶちに飾られた美しい絵のようであった。

「お名前は？　なんていうの？」と、皇帝は尋ねた。

「エンマよ！」と子どもは答えた。

「エンマだって！」と、カールは繰り返し、彼のほおに涙が伝わった。彼はこの天使のような子どもを引き寄せ、その巻毛の可愛らしい小さい額に接吻《キス》をしてやった。

なんともいえない感動であった。皇帝の足下に、金髪のほおひげの男と彼の若い妻とは身を投げて許しを求めた。「エンマよ、エギンハルトよ」と、カールは声をふるわせながら、深い感動とともに彼らを抱きしめた。「今日、おまえたちにめぐり合ったこの土地に祝福あれ！」

この静かな山小屋の上に平和の天使が舞っていたのである。

エンマとエギンハルトは、お祭りさわぎで皇帝の居城に呼び返された。カールは彼らにインゲルハイムの城をゆずった。そしてふたたび見つかった子どもたちのおかげで、彼はまた若返るのであった。淋しい森の中の追放者の隠れ家の跡に、皇帝はかわりに修道院を建てさせた。そして、後にはそこに町もできたのである。その町は今日にいたるまで「祝福の町《ゼーリゲンシュタット》」と言われている。

ゼーリゲンシュタットの寺院には、今でもエギンハルトとエンマとの墓所がある。彼らの遺骨は、その遺言によって、一つの大理石の棺の中にいっしょに納められているということである。

ゼーリゲンシュタット　F. バンベルガー画、1847 年

20 ブレームゼル城

リューデスハイム

シュパイエルの高く大きい御堂の中に、数千人の武装した騎士たちが集まって静粛に耳を傾けていた。ひときわ高い祭壇のかたわらにはシュタウフェン家のコンラートが立派な彫刻をほどこした王の椅子に腰掛け、剣の束の上に手を重ねて大ぜいの騎士たちといっしょに静かにクレルヴォーのベルナールの火のような弁舌に聞き入っていた。彼は約束の国にある聖地の荒廃がいかに痛ましい状態になっているかということを力説していたのである。キリスト教信仰者の勇気をふるいたたせるこの聖修道僧の演説が終わると同時に、まるで岸に激する大波の音のように御堂の高い円天井いっぱいに大ぜいの武士たちの異口同音の呼び声がとどろきわたった。「立て、エレサレムへ行こう！」と。数えきれないほど大ぜいのライン地方の騎士たちが、異教徒を討つべく武器を持って立ち上がることを信仰深き皇帝に申し出た。彼らの中に、リューデスハイムのニーデルブルクの領主一族最後の末裔であるハンス・ブレームゼルが含まれていた。彼の妻であったお城の奥方はすでに亡くなって墓石の下に眠る身となっており、また彼ら夫妻のただ一人の愛娘メヒティルディスは、父親の手もとを離れ隣国のファルケンシュタイン家の保護のもとに預けられ、あたかもシリア砂漠に開いた貴重な花のように大切にされていた。

かくて後顧の憂いを断った信仰厚き騎士は、あの遠方の国すなわち我らの救世主がかつて受難の生活をされた聖なる国へ向かって苦しい旅に出たのである。大ぜいの高貴な人々がサラセン人との戦争で命を失った。さらにまた多くの人々は生きながらの死、すなわち異教徒の虜囚となって悲惨な運命のもとに呻吟することとなったのである。騎士ブレームゼルも不幸にして戦いに破れトルコ人の捕虜とされ、みじめな土牢の中で不名誉な虜囚の生活を送らねばならなかった。トルコの貴族は、名誉ある騎士たちもまるで動物同様に虐待し、彼らを粉ひき場の石臼をまわす仕事にこき使った。騎士は、日一日と加わる苦痛に、敵人のほしいままなる嘲笑にじっと我慢していなければならなかった。しかし重なる苦痛に責められ、耐えきれなくなった騎士は、ついに救世主に祈りをささげ神に誓ったのである。「どうぞ、わたくしにもう一度自由をお与え下さい。もしこの苦しみから解放されたなら、わたくしは一人娘のメヒティルディスを神にささげ、修道女の生活にはいらせることを誓います」と。この聖なる宣誓を、彼は二度も三度も繰り返したのである。

ところが、ここに従軍した人々が予想もしなかったようなことが起こったのである。突如十字軍の騎士たちがシリア砂漠の中のトルコ軍の城になだれの如くに突入し、牢獄の屈辱の中に呻吟していた仲間の戦士たちを救い出すことに成功したのである。神に対する感謝の念でいっぱいのハンス・ブレームゼルは、ここに改めて、ふたたび騎士として神に仕える身となったのであった。

故郷では、隣国の城砦に客人として預けられていた彼の愛娘が、喜びに胸をふくらませて父の帰国を待っていた。彼女はしばしば花の香と太陽の光にうずもれつつ、城砦の高処にある露台に登り、そこから遠くに青々と見える景色を眺めながら、ひとり自分の胸の鼓動に耳を傾けるのであった。彼女の胸には、初恋の蕾が花を開こうとしていたのである。

やがて騎士は夜を徹する旅をつづけて、ラインラントに帰ってきた。

聖ベルナールを抱きかかえる皇帝コンラート 3 世（在位 1138-52） E. v. シュタインレ画、1880 年頃

青々とした城内の庭で、娘のメヒティルディスは父の首にとりすがって長い間ものも言わずに喜びにふるえていた。十七歳の乙女のかたわらにはファルケンシュタインの若武者が寄り添っていたが、彼もまた深く身をかがめて帰還した領主に挨拶をし、小さな声で「御帰還おめでとうございました。お父上様！」と述べた。これを聞いて歓迎の喜びに酔っていたブレームゼルは突然思い出したのである。

美しく飾られた広間で、大ぜいの親しい人々に取り囲まれつつ、ハンス・ブレームゼルは祝福された帰国のお祝いを受けていた。十字軍に参加した人々の間では、声高に歓談がくりひろげられていた。各人各様に従軍した人たちの手柄話に耳を傾けていた。神の戦士としていかによく戦ったか、また異教徒のもとに捕虜となっていかに苦しい思いをしたか、などについて生々とした会話が騎士たちの間にひろがっていった。しかし、やがていちだんと声を落として、ハンス・ブレームゼルは

ブレームゼル城のメヒティルディス
W. メンツラー（1846-1926）画

そこに集まっている人たちに向かい、彼が聖地で非常に苦しめられていた時に神に対して行なった宣誓のことを告げた。

その時突然、低い叫び声が広間に響いた。見ると騎士の愛娘が、テーブルの白布よりも色青ざめて床にたおれていた。ファルケンシュタインの若武者は、燃えるようなまなざしでほおを紅潮させながら立ち上がり、か細い姫の身体を抱き上げるとともに、断固たる口調で「メヒティルディスはわたしのものです、彼女はわたしと結婚することを厳粛に誓っていたのです」と語った。

客たちのつぶやきに、城主は額にシワをきざんだまましばらく沈黙していた。しかし、ややあって「メヒティルディスのことについては天に向かって、決して変えないことを誓ったのだ。若い騎士よ！　おまえに対してではなく。ブレームゼルの最後の領主として、たてた誓いを守るまでだ」と、老騎士は気持ちを抑えてぶっきらぼうにそう答え、ひそひそと互いに囁きをかわしていた客人たちもやがて散り散りに帰って行った。

メヒティルディスは自分の部屋に戻って悲しみに沈んだ。十字架のかたわらに置かれた小さな御燈明の灯に、悲しみに打ちくだかれ泣き伏している乙女の姿をまばゆいばかりに照らしていた。薄暗い部屋の壁かけも、悲しみに沈んでいる乙女には、牢獄の壁さながらに押しかぶさってくるように思われた。彼女はふるえる手に燭台を持って幾重にも連なっているらせん階段を登って高処の広間に行き、ひとり夜の闇の中で悲しみをやわらげようとつとめたのである。

城壁の銃眼のあるところによりかかり、青ざめた面持で向こう側の崖の上の砦を見上げるのであった。そこには、彼女と永遠の愛を誓ったけだかい若者が住んでいるのである。

「わたくしの恋しい人！」と闇の中で彼女は呼んでみた。空には星も見えなかった。冷たい秋風は乙女の心の中を吹き荒れ、その強い羽ばたきは彼女の心の灯をも吹き消したようであった。

やがて鋭く叫び声が聞こえた。

それが風の声であったか、それとも人間の声であったかはわからない。夜の闇は、その叫びを押し流してしまったのである。ブレームゼル砦の高楼からおそろしい深みへ向かって落ちていく女の姿が見られた。ライン河の暗い流れを目ざして。

あらしの夜は明けて、輝くばかりの秋の朝がおとずれた。ブレームゼルの城中には、もはや城主の娘メヒティルディスの姿は見られなかった。しかし朝まだき、下方のラインの流れから乙女はかかえ上げられたが、その美しい瞳は永遠に閉ざされてしまっていた。悲しみに包まれた行列はやがて城砦へ登って行った。ブレームゼル一族の最後の花ともいうべき姫の夭逝をいたむ大ぜいの人々の嘆きの声は、むなしく城の壁にこだまするばかりであった。ブレームゼルはその死体の上に身を投げ、亡くなった娘の白いドレスのひだにそのひげづらを埋めて声もなく嘆き悲しんだ。彼は涙さえも枯れ果ててしまった。

修道女の生活にはいることをがえんじなかった亡き娘の冥福を祈るため、彼い深い悩みの中からふたたび新たな誓いをたてた。それは、城砦の向こう側の丘に小さな寺院を建立するということであった。彼は自分の部屋に閉じこもり、悲しい思いに沈んだまま毎日を送るようになった。不幸な娘の墓の上には新しい土が盛られた。

　何カ月かがむなしく経過した。しかし、約束の贖罪のための寺院の建設には、ただの一鍬も着手されなかった。ハンス・ブレームゼルは相変わらず世間から隔離されたままの状態で一人淋しくもの思いに沈んでばかりいたのである。ところがある日のこと、家来の一人が聖母マリアの画像を持ってやってきた。それは家来が城砦の向こう側の丘で牡牛をひいて農耕に従事していたところ、犂にひっかかって畑の中から出て来たというのである。しかもその際、彼は三度までも「神の苦難《ノート・ゴッテス》」という声を聞いたというのである。そこで、ハンス・ブレームゼルはふたたび誓いを思い起こし、亡き娘メヒティルディスの冥福を祈るために、主に約束した小寺院をさっそく建立させることにしたのである。この小寺院は「神の苦難《ノート・ゴッテス》」と名付けられ、今日もなおその同じ名前のままである。

ブレームゼル城址（現在はワイン博物館）

21 鼠の砦《モイゼトゥルム》

▼ビンゲン

ビンゲンのすこし下流の河のまん中に小さな島があり、そこに塔のような砦があるが、これがモイゼトゥルムすなわち鼠の砦である。この小さな砦にまつわる陰惨な物語は、数百年前のマインツの大僧正であった悪名高きハットーの名前と切り離せない関係にある。というわけは、彼の空恐ろしい罪悪についての伝説は、ライン河の全流域はもちろんのこと、遠く内陸のかなたまで広がっていたからである。

彼は非常な野心家であり親切とか誠実とはおよそ縁のない人物であったし、臣下にとっては残酷無慈悲な領主であった。彼は人民に対して苛酷な税金を課し、税関を設け、あらゆる種類の負担を強い、ひたすら彼の支配欲とぜいたくな欲望を満たすことばかり考えていた。ビンゲンとリューデスハイムの間のライン河の途中に堅固な城砦を築かせ、そのかたわらを通過するすべての船舶に対して重税を課し、遠慮会釈なしに取り上げたのである。

ところが、まもなくマインツ周辺の地方に大変な凶作が訪れることとなった。雨は少しも降らず、時に激しい雹《あられ》が降るというような不順な天候のために畑の作物はすっかりやられてしまい、はっきりと物価騰貴の徴候が現われてきたので、大僧正のハットーはさっそく穀物の大々的な買い占めを行ない、それを全部自分の穀倉の中にしまいこんでしまった。恐ろしい飢饉が起こってきた。哀れな人々はこの残酷な領主に対し、彼がしこたまかき集め、しまいこんでいる倉の穀物を安く売って欲しいということを歎願したけれども、まったくむだであった。彼の顧問たちも不幸な人々の救済をするようにと説いたが、ハットーは全然耳を傾けないばかりでなく、飢餓に苦しめられている人民たちの間でしだいに苛酷な領主に対する怨嗟の声が起こってくるのを聞いて、なおいっそう残酷な圧政を加えたのであった。

ついにある日のこと、大ぜいの群衆が大僧正の宮廷に押しかけ、おりから酒宴のテーブルについていた大僧正に対し、食物を与えて欲しいということを嘆願した。しかし、彼はその饗宴に居合わせた客人たちに対し、こんなきたならしい乞食どもはどこかよその世界へ行ってしまえば良い、そうすれば、あらゆる面倒なこともなくなるし、彼もまた迫害者だなどと言われる煩わしさをまぬかれることができるのだ、などと語っていた。そうしている間に、ほおがこけ色青ざめた顔つきのボロに包まれた男たちや女たち、それに子どもたちまでが大ぜいその部屋になだれこんできて、口々にパンをよこせとわめきながら彼に迫ってきた。これを見た大僧正は、とたんにつくり笑いをしながら彼らに向かって、それならお前たちに穀物をわけてあげよう。ただそれは市外の倉庫に置いてあるから、そこへ行ってめいめい好きなだけ持って帰ってもよろしいと約束をした。これを聞いて、この哀れな人たちは大喜びでお礼を述べて出て行った。しかし、彼らが全部倉庫の中へ入ったようすを見定めるや否や、ハットーは倉庫の扉を閉じさせ外から火をつけさせたのである。

哀れな人々の悲しみの叫び声は天をもつんざくかと思われた。彼らの泣き声は大僧正の宮廷まで聞こえて来るほどであった。しかし残忍なハットーは彼の側近に対して、罪深い嘲りをもって「あの穀物倉の泥棒鼠どもの泣き声をよく聞くがよい。これであの乞食どももすっかり厄介払いするこ

エーレンフェルス城砦、鼠の砦、ビンゲンの町並み　W. O. v. ホルンの著書（1881 年）より

とができたというものだ。もしそうでないというなら、鼠どもはわたしにかみつくがよい」と話したのである。

しかし、天罰ほど恐ろしいものはないということがよくわかった。燃えさかる穀物倉の中からそれこそ何千匹ものほんとうの鼠の群が出てきて、まっすぐに大僧正の宮廷に押しよせてきてあらゆる部屋をあらしまわったばかりでなく、大僧正その人にも襲いかかってきた。数えきれないくらい多数の鼠が夜の部屋に押しかけて来るので、召使たちも、それこそ数えきれないくらいたくさんの鼠をたたき殺した。けれども鼠の群は増えるばかりで、どうすることもできなくなってしまった。さすがの大僧正もこれは神様の罰ではないかと恐ろしくなって、町から逃げ出し、船に乗って鼠どもの追跡の牙をまぬがれようとした。しかし、後から後からと続いてくる灰色の鼠の大群

鼠の砦　B.ヴェーニヒ画、1908年

は、大きな塊りとなって流れの中を泳ぎながら彼を追いかけてきた。河の流れのまん中にある島の城砦に逃げこめば安全であろうと考えて、ビンゲンの砦にたどりつき城門の掛橋をはね上げて鼠群の追跡を断とうとしたのであるが、鼠の大群は流れを泳ぎ渡り、鋭い歯でもってこの砦にももぐり込む道をつくってなおも追いかけてくるのであった。

　さすがに残忍をもって聞こえた彼も、この鼠群の襲撃には参ってしまった。ついに彼は絶望のあまり、彼の肉体を助けてもらうことを条件に、悪魔に魂を売り渡すことを約束したのである。地獄の入口まで悪魔は彼のびくびくする肉体を運んで行ったが、ついに三日目に彼の魂だけは取り上げてしまった。

　これが伝説のあらましである。しかし、伝説の姉妹ともいうべき歴史は、この評判の悪かったマインツの大僧正ハットーについて、それほどひどくは言っていない。もっとおだやかな表現をとっている。歴史は、ただ彼が非常に権力欲の強い男であったということだけを非難しているにすぎない。この彼のあくことを知らぬ権力欲のおかげで、マインツ大僧正の俗界における権力は当時の神聖ローマ帝国内の大僧正の地位の中でも一番高いものとされるにいたったのである。この点はマインツの市民にとっても、決して不愉快なことではなかったはずである。しかし、彼がこの地位を築き上げた原因であった彼の酷薄な圧政的な精神だけは何としても怨嗟の的《まと》にされずには済まなかったのである。ライン河のまん中に城砦を造らせ、上り下りの通過する船から遠慮会釈もなしに税金を取り立てさせたのであって、それはまるで鼠がどんなに堅い壁をも食い破って中のものを盗み出すのにも似ていた。それゆえ誰言うともなしに鼠砦という名前が生まれ、その名は圧政に苦しんでいた人民たちの憎悪とも結びついて、今日に至るまでライン地方に恐ろしい伝説となって残っているのである。これは、やはり年代記作者としては書きもらすわけにはいかないことである。

Bingen ▶ Der Mauseturm

22 盗賊騎士の討伐

▼クレメンス礼拝堂《カペレ》

ラインシュタイン城の下方の河岸にあるクレメンス寺院の創設については、まことに陰惨な伝説が結びついている。もっとも、現在の礼拝堂は、その後ラインシュタインの領主の夫人の寄進によって復活されたものである。

話の時代は、あたかもハプスブルク王家のルドルフが、その征服の力強い手を差しのべて、当時ライン地方に羽根をのばしていた強盗騎士の討伐をやったころのことである。皇帝の事前の警告を公然と無視し嘲笑した強盗騎士たちは、その後もなお頻繁にライン上流の崖と河流に沿って蛇のように曲がりくねっている軍用道路に出没し、相変わらず盗賊稼業をつづけていた。

そこで激怒した皇帝は、ついにみずから有力な軍隊を率いて出動し、これらの無頼の貴族たちに対し仮借のない裁判を行なうこととなった。皇帝は彼らをまるで疥癬をわずらっている犬かなにかのように撲殺し、彼らの巣窟を根絶やしにしようとした。かくて皇帝は、神聖ローマ帝国領土内の平和を軽蔑する者たちに対し容赦なき弾圧を行なったのである。

ライン河上流に沿い炎を上げて燃える城廓は、皇帝の進軍の好個の目印となった。下流の谷間に連なっているラインヘンシュタイン、ゾーネック、ハイムブルクおよびその他の城砦に蟠踞《ばんきょ》して怖れられていた盗賊武士たちも、この燃え上がる城の火の手を見ては恐怖に震えずにはいられなかった。

そして貴族の血をひいていたこれらの無頼の武士たちの多くの者は捕えられ、恥ずべき絞首刑に処されることとなったのである。多数の捕虜となった盗賊武士たちは、皇帝の騎兵に看視されてマインツの城門を通過した。彼らが大ぜいの共犯者たちといっしょに鎖につながれて法廷に引き立てられて行く姿を、老いも若きも、貧しい者も富める者も、ことごとく狭い街路に集まって見物し、これらの無頼貴族に対し呪咀の罵声をあびせたのである。家々の窓は好奇心にかられた人々で鈴なりになり、彼らはいずれも鉄のごとき意志をもって正義を守り抜く皇帝の力強さを讃美した。しかし、一方、諸所の峰々に築かれた城砦の中では青ざめた美しい婦人たちが悲嘆の声を上げていたのである。

盗賊騎士を裁くルドルフ 1 世（在位 1273-91）

河の流れに沿う樹木にさらし首としてかけ並べられた仲間たちの死体は、生き残った者にとっては恐ろしい警告であった。獄門にかけられたこれらの忌まわしい死体は、それらの人たちの近親者の手によって夜の闇に乗じてこっそりと持ち去られ、それぞれ悲しみのうちに埋葬されたのであった。しかし、不名誉な死刑を受けた遺族は、自分たちの一族の中から家門の名誉を汚すような者を出したことを深く恥じると同時に、死後の世界においても地獄の責苦に悩むであろうということをひたすら恐れるのであった。

そこでは彼らはある信仰の深い僧侶の忠告に従って、彼らの死体がかけられた樹木を材料として、ライン河畔の淋しい刑場の跡に贖罪のための小さな礼拝堂を建てたのである。そしてまた焼けこわれた城砦の跡の石塊を集めて、かのアースマンスハウゼンの小寺院「贖罪の家」を造り、かつまたよるべのない隠者たちのための小屋をも造ったのである。

礼拝堂が建立されて、坊さんたちの手で法要ができるようになった時、ラインの上流からも下流からも弔いの人たちを乗せた小舟がたくさん集まって来た。寺院の持ち船にはたくさんの棺桶が積まれており、マインツの大僧正はおごそかに死者の冥福を祈禱した。そこではじめて人々は、祈禱によって浄められた死体をあらためて共同の墓地に埋葬したのである。新しく建立された礼拝堂の中は、さぞや遺族たちの悲しみの泣き声でいっぱいにされたことであったろう。

この話はちょうど十三世紀の終わりごろのことである。それから何百年もの間、信仰深い人たちや僧侶たちは、かのアースマンスハウゼンの小寺院で皇帝の審判を受けて死刑に処された哀れな魂のために祈りを捧げたのである。それ以来山上の数多くの氏族は絶滅し、かつては誇らしげにそびえていた城砦もくずれ去り、また山下の谷間の姿も時の流れとともにどんどん変わっていった。高

クレメンス寺院とライヘンシュタイン城　W. O. v. ホルンの著書（1881 年）より

所の城砦をかみこわした「時」の強力な歯は、低地の小寺院をも同じようにかみくだき、しだいに屋根もなくなり、壁もくずれ落ちてしまったのである。

　しかし、今日においては、あの廃墟の跡にふたたびクレメンス寺院が建立されており、七百年前と同じように祭壇のかたわらでは僧侶の祈りの声が聞かれるようになっている。

▼Die Klemenskapelle

23 嫁とり物語

▼ラインシュタイン城

　昔、ラインシュタインの丘の上に、世にもまれなる乱暴者、けんか好きで有名なディートヘルムと呼ばれる騎士が住んでいた。彼は略奪旅行に出かけて美しい乙女を捕えてきた。乙女らの中の一人はユッタという名であった。あたかもこぶだらけのごつごつした樫の木に柔らかに木蔦がまといついて、そのざらざらした樹皮を輝くビロードの葉がおおいかくすのと同じように、この乙女のやさしい心は、乱暴者で知られた勇士を月日とともに、いつしかものわかりのよい立派な騎士に変えてしまった。もはや彼は、かつてのように略奪や強盗をしないようになったばかりでなく、美しいユッタの婦徳と柔和な心に魅せられて正式に彼女と結婚することになったのであった。

　そして、二人の間に生まれたゲルダは、やがて母親の若い時にそっくりな美しい娘になってきた。近隣諸方の貴族の若者たちは、ようやく老境に入ったディートヘルムの跡とり娘をぜひ自分の嫁に欲しいということを申し入れてきた。しかし、ラインシュタインの領主は、これらの求婚者たちに対し、まことに手きびしい選び方をしたので、多くの若者は拒絶のうきめを見たのであった。

　しかし、シュテルンベルク家の長男ヘルムブレヒトだけは、ゲルダからもまたその父親からも目がねにかなったものとされるに至った。若者には乙女の心がおのずと通じた。ある日ラインシュタイン城で催された騎馬試合に際して、観覧席の椅子から身を乗り出した彼女は、その前に馬を寄せ

ラインシュタイン城とクレメンス礼拝堂　C.ショイレン画、1865年

てきた若い騎士に対し、優しくその白魚のような美しい両手を差し出したので、これを受けたヘルムブレヒトは彼女にその愛をささげる決心をしたのであった。数日の後、この若い貴族は当時の宮廷の慣習に従い、自分の叔父であるライヘンシュタインのグンツェリンに求婚の意思を伝えて欲しいということを依頼した。しかし、グンツェリンは年がいもなく狡猾な欺瞞行為をやったのである。彼は自分の甥から求婚することを依頼されていたにもかかわらず、自分自身のこととしてゲルダの父親に求婚の意を伝えた。ゲルダの父は、ともかく、立派な家柄のしかも相当に広い領地をも有する裕福な騎士から申し込みを受けたことであったので、躊躇なく快諾の返事を与えたのであった。

ところが、娘のゲルダにとっては、この物持の領主のことなどは知りたくもないことであった。彼女の心は若い甥のものであり、その叔父のものではなかったのである。これを知ったディートヘルム伯が激怒したことはもちろんであるが、怒りのあまり古くからの友人であったこの裕福な騎士に自分の娘を必ず与えるということと同時に、シュテルンベルクの貧乏雀にすぎないヘルムブレヒトのような者を家に入れるようなことはしないということを約束してしまった。

哀れな娘は、一人静かな部屋にとじこもってただ泣くばかりであった。しかし、彼女の熱い涙を以てしても父親の心をおおっている氷の壁を溶かすことはできなかった。心ひそかに彼女を慕っていた若者も、娘の老父に自分の訴えを聞いてもらいたいと願い出たがむだであった。彼女の父はすでにライヘンシュタインの領主に娘を嫁にやるということを、騎士の名誉にかけて約束をしたのであるから、それを今さら変えるというようなことはできない相談であった。

そうこうするうちに、やがてライン河畔の最も美しい姫君が年老いた放蕩者のグンツェリンの城に嫁入りする日が近づいてきた。彼にとってはまるで霜枯れの晩秋に突如としてふたたび春がおとずれてきたようなもので、笑いがとまらないほどの喜びであったことはいうまでもない。若くして亡くなった母親から優しい気質を受けついだゲルダは、悩みながらも避けがたい運命の定めに従うほかはなかったのである。

ある快晴の夏の朝、ラインシュタインの城からすぐ隣りの丘にあるクレメンスの礼拝堂へ向かって花嫁の行列が進んで行った。ファンファーレの歓呼と角笛の音は高々と響きわたった。色青ざめた花嫁はまっ白な馬の上で、悲しげに頭をたれたまま遠く離れている恋人のことを考えていた。その若者もまた同じころ、同様に悲しみにくれていたのである。ところが突然、道ばたの茂みの中から虻《あぶ》の大群がぶんぶんうなり声を上げて花嫁の行列を襲ってきた。そして、その中の何匹かが花嫁の乗っていた馬の胴腹を刺したのである。たちまち馬は棒立ちになったかと思うと、行列から離れて駆け去って行った。美しくかざられた馬に乗っていた花婿は、勇敢に逃げ去って行く馬を追いかけた。しかし、ついに狭いがけの道を踏みはずして、馬もろとも深い流れの中に落ちてしまった。結婚式はめちゃめちゃになり、彼は屍骸となって城中に運びこまれたのであった。

年老いたディートヘルムも娘の馬を取りおさえようと試みたのであるが、彼もまた運が悪かった。荒れ狂う馬に蹴られて脛骨を折ってしまい、御者の侍童は呻き苦しんでいる彼をやっとの思いで城にかつぎこむという始末であった。

翌週になってようやく侍医も傷の処置をどうにかすることができるようになったとはいうものの、彼のけがは相当ひどいものであった。一方、行列から飛び出した花嫁の馬の方は次の道の曲がりか

花嫁行列　L. v. ヘルテリヒ（1856-1932）画

どまで来た時、ちょうど反対側からやって来た青年によって取り抑えられ、気絶状態にあった花嫁は、彼の力強い腕に救われたのである。若者は彼女の恋人であった。彼は悲しみで胸をいっぱいにしながら、ひそかに木の間がくれに花嫁の行列を見送っていたのであるが、偶然にも彼女の命の恩人となることができたのである。このことの成り行きを聞いたラインシュタインの領主は、初めて気をとり直し、あらためてこの恋人に祝福を与えたのであった。数週間の後、ふたたび花嫁の行列がクレメンスの礼拝堂から美々しく装われたラインシュタインの城に向かって進んで行った。ファンファーレが歓呼し角笛は鳴り響いた。しかも行列の先頭には、楽師たちがにぎやかに奏楽していた。まっ白な馬の上には前と同じように雪のように白い衣裳をまとった花嫁が乗っていた。しかし今度は、彼女のかたわらに寄り添うように馬を進めている若い騎士に優しく恥ずかしげに顔を向けながら何か彼のささやく言葉に耳を傾けつつ馬を進めるのであった。

彼らの後には、尼僧院の院長である彼の姉のノートブルガと、花嫁の父の物思いに沈んだ姿が続いていた。彼らの結婚はまったくしあわせなものであった。神もこの高貴な夫妻に対しては、長い喜びに満ちた生活を恵まれたのである。彼らは、アースマンスハウゼンの対岸にあたるクレメンス礼拝堂の祭壇の前面に葬られている。そしてラインシュタインの城は今も昔のままに、険しい崖の上から彼らに挨拶を送っているのである。

Burg Rheinstein ▶ Die Brautwerbung

24 盲目の射手

▼ゾーネック

断崖の上にそびえているゾーネックの砦では、ライン河畔の強盗騎士の中でもずばぬけて乱暴者として悪名の高いジーボルトが、相も変わらず無礼講の酒宴を開いていた。飾り立てられた広間の安楽椅子の褥《しとね》には、髪の毛をちぢらせ化粧に身をやつした自堕落な女たちが、飲んだくれの男たちの腕に抱かれてふざけ散らしているのであった。音楽師たちは絶えまなくヴァイオリンをかなでているし、ぜいたくな料理を前にブドウ酒の大杯が次から次へと飲みほされるのであった。まっ赤な顔をし酔っぱらってとろんとしたような目つきのまま、この砦の主人は突然大きな声でしゃべり始めた。

「高貴なる御婦人がたよ！（淫蕩な浪費者どもは奇声を上げてはやしたてた）ならびに御婦人の貴族がたよ！（恥知らずな娼婦たちは皆クックックッとふざけて笑っていた）。お食事がおすみになられたところで、主人として一つお慰みをお目にかけたい。この城の地下牢に飼っている恐ろしいけだものを御覧にいれることといたします」

女たちは何となく気味悪げにクッションに身を沈め、男たちは好奇心に駆られた目を演説している主人に注いでいる間に、広間の扉がさっと開かれた。そしてその敷居の上に二人の奴隷に引き立てられて、蓬《よもぎ》のような頭髪のひげぼうぼうの男がきたない毛織りの囚人服をまとって引きずられてきた。とたんに食卓の周辺の人々は声を飲む思いで、その恐ろしい囚人の姿に見入るのであった。顔の目のあるべき場所には、くずれたような眼瞼《まぶた》のかげにうつろな眼窩が大きく穴になっているのみであった。ふたたび主人はわれ鐘のような声で演説を始めた。「愛らしき御婦人がたならびに騎士諸君！　フェルステネックのハンス・ファイトは、かつてはライン地方随一の名射手であり、諸君やわがはいと同様、近隣におそれられた荒鷲であった。わがはいはこの男と生死をかけて戦ったのである。そして彼は敗れたのである」

「かぶともなく、楯は打ちくだかれ、剣は折れ、全身十三ヵ所の傷口から血を流しながら、おれは男らしく、とどめの槍の一刺を待っていたのだ」と、この囚人は、まるで墓の中からでもしゃべっているようなくぐもり声でつぶやいた。天井の高い広間には無気味な沈黙が広がるのであった。

「きさまをただ殺してしまうのは惜しいと思ったから」と、ゾーネックのジーボルトはやや青ざめた面持で言葉をつづけた。「ただ両方の眼玉をくり抜くだけにして、ライン地方随一の射手をおれの持物である見世物の仲間に加えてやったのさ」

B. ヴェーニヒ画、1908年

「おれのうずもれたこの両眼には、きさまの嘲笑は良く見えるぞ！」と囚人は声高く叫んだ。

「うむ！　だが、このゾーネックの騎士道魂はまだすたれてはおらぬわ！」と主人は宣言した。

「よく聞け。おれの家来どもの言うところによれば、きさまは目が見えなくなったというのに、まだ的に矢を射当てることができるという話だぞ。それがほんとうかどうか、きょうここでためして見ろ。みごとその通りであることが証明できれば、きさまを放免して自由を返してやろう！」この言葉が終わった時、酔っぱらいの仲間たちの間から期せずして歓声がわき起こった。

「死ぬより生きているほうがいくらかましかも知れぬわ」と、盲目の囚人は口の中でつぶやいた。何かいなづまのようなひらめきが彼の顔を過ぎた。そして彼は弩弓《いしゆみ》を貸してくれと頼んだ。客人たちは広間の一方のすみに集まって、ことの成り行きを見つめていた。ゾーネックの領主は酒杯をとり上げて囚人に向かってそれを示し、今この酒杯に音をたてさせるからその音をたよりに射当てて見よと言った。するとたちまちにその酒杯は、鋭い銀のような響きとともに床に射落とされたのであった。

「おお、みごと射当ておったわ！」とジーボルトの声が聞こえた。と、その瞬間もう一本の矢が彼の開いた口の中に深々と射込まれていたのであった。まるで傷つけられた獣のようなうめき声をたてて彼は床の上に倒れ、息をひきとったのである。盲目の囚人は、見えない目の穴で凝視するかのように、荒々しく肩で呼吸をしつつ、そのもじゃもじゃの頭を低くたれて沈黙の中につっ立っていた。やがてその場の客人たちに、男も女もまるで鳥の群がいっせいに飛び立つように後をも見ずに去って行った。後にはゾーネックのジーボルトの冷たくなった死体をとりかこんで、彼の家来や奴隷が驚愕の中にも静かな祈りをささげるばかりであった。

Sooneck ▶ Der blinde Schütz

25 ささやき川の水車女

▼ロルヒ

ロルヒのすぐうしろ側にある谷間には、ささやき川《ウィスペル》と呼ばれる小川が流れており、昔ここに水車小屋が一軒建っていた。この水車小屋のおかみさんはまだ年も若く興奮しやすい性質の女であったが、ある日のこと仕事をしている最中に耳の中にささやくような声を聞いたのであった。その声は彼女に、カムメルベルクの砦へ登って、そこの塔の中に隠されている宝物をとって来なさい。そこにおいてある鞄の中に鍵があるから、と告げるのであった。粉ひきのおかみさんはびっくりして周囲を見まわしたが、誰も見えなかったので、たぶんどこかに隠れているいたずら者が彼女をからかっているにちがいないと思った。しかし、その翌日、彼女が小川のほとりで洗濯をしているとふたたび同じような声が耳に聞こえてくるのであった。「カムメルベルクの塔へ行って宝物をとってこい。鍵は黒いトランクの中にある」というのである。そこで彼女はやりかけの洗濯を切り上げ、いま聞いた魔法の呪文のような言葉のことを夫に告げた。しかし、彼は何を馬鹿なことを言うのかと女房をたしなめた上に、そんな黒いトランクの中なんかよりも自分たちの白い麦粉の箱の中の方がよっぽど宝物が入っているぞと冗談をとばすのであった。

しかし、この粉ひきのおかみさんは、どうしてもその言葉を頭からぬぐい去ることができなかった。それどころか、この言葉の誘惑はだんだんと強くなるばかりであり、ついに彼女は誘惑に打ち負かされてしまった。翌日の朝、夫が出来上がった麦粉をロルヒまで持って行くため出かけた留守に、彼女は小さな子どもを腕に抱いたまま小屋を出てカムメルベルクに登って行った。山上の廃墟にたどりついて、あたりを見まわしている間に何となく恐ろしくなって、よっぽどすぐに帰ろうかとさえ思った。しかし、ふたたびそこであのささやくような声が耳に聞こえ始め、決して悪いことなど起こりはしない、考える暇もなにもいらないのだ、もう宝物はすぐおまえのものになるのだといざなうのであった。

そこで勇気を出したおかみさんは、まず幼児を入口のところへ座らせておいてから、薄暗い塔の中へ入って行き、黒いトランクを捜してみた。トランクはすぐに見つかり、その中の鍵を手に入れることができた。その鍵でもって彼女は、穴倉の床に置いてあったかなり大きな木の箱を開きにかかった。その木箱の重たい樫の木の蓋を持ち上げた時、きらきらした黄金のかたまりがまるで目を射るかのようにうず高く積まれているのが見えた。欲にわななく腕を差し伸べて、彼女はその宝をつかんだ。その瞬間に彼女の子どもが何かにおびえたように「母

ロルヒ遠望　J.C. シュナイダー画、1831 年
マインツ州立博物館蔵

ちゃん！　母ちゃん！」と泣いているのに気がついた、それは一匹の蛇が子どものすぐかたわらの花の咲いている草むらの中でざわざわと音をたてていたからであった。彼女はふりかえって見はしたものの、「いったいどうしたのよ！　坊や」と不機嫌に尋ねるのであった。その時、すさまじい雷鳴がして彼女は床の上にほうり出された。そして穴倉の中からおそろしい声で「おまえがものを言うとは何ということだ。災いなる哉！　おかげでおれは、またもう百年間ここに閉じこめられていなければならないことになってしまったのだぞ！　おれにとっても、そしておまえにとっても災いなる哉！」と叫ぶのが聞こえた。

昼ごろになって粉ひきの男は家に帰ってきたが、水車小屋がガランとして人けのないのに気がついた。彼の使っていた下男が、今朝早く、おかみさんが子どもを抱いてカムメルベルクに登って行ったということを告げた。不吉な予感に胸をしめつけられながら粉ひき男は大急ぎでカムメルベルクへ登って行った。古城の廃墟はしいーんとして物音ひとつしなかった。草の中に座って遊んでいた坊やは、喜びの声を上げて小さな手を父親に向かって差し出した。子どものいる場所に駆け寄った時、彼は塔の穴倉の中からうめき声が漏れてくるのを耳にしたので、急いで入って見ると、彼の妻が床に倒れたままになっているのを発見したのであった。

ささやき川のほとりの水車小屋に、色青ざめた彼はやっとの思いで帰って来た。それから三日の後、水車はぱったりと動かなくなってしまったのである。人々はこの水車小屋の女房の死体をロルヒの寺院の庭に運びこみ、そこに墓を建てて葬ってやった。それ以来誰も、二度とふたたび宝物をとろうと試みるものはなかったということである。

Lorch ▶ Die Wispermüllerin

26 シュターレック城

▼バハラッハ

今はさびれた古い小さな町にすぎないバハラッハにも、かつては繁栄した時代があった。それはもうずうっと昔の話で、遠い先祖のおじいさんがおばあさんと結婚した時代のことではあるが、火のようなバハラッハのブドウ酒は外国のブドウ酒通の間でも大変に珍重され、あのローマ風の大杯やエトルリヤの台付きの杯でその豊醇さをめでつつ飲まれたものである。そのころ、酒の神に感謝をささげる意味であの愛すべき神バッカスの祭壇が、ライン河の右岸と島との中間にある岩山の上に建立された。ローマ人はこの神の名前をとってこのライン河岸の部落の名前としたのであって、それが今日まで続いているバハラッハ（バッカスの町）のいわれである。書き残されているようなものはとうの昔になくなってしまってはいるが、バハラッハの人たちは今でも遠い昔に築かれた「祭壇」の歴史的な意義を良く知っており、この河を上下する船頭は、ブドウの収穫を祝う祭りには必ずバッカスの神のわら人形を飾り――メックレンブルク付近の農民たちが収穫のときにゲルマンのウォータンの神のわら人形を祭るのと同じである――それを祭壇の上に置いて周囲を歌いながらまわるのである。

バハラッハより少し上流にシュターレック城の廃墟がある。シュタウフェン家の初代皇帝であるコンラート（三世）の時代に、この城には若くてしかも野心満々の騎士、ファルツ伯（ライン宮中伯）

ヘルマンが居をかまえていた。彼は皇帝の甥であり、まことに傲慢な男であったが高貴な家柄の出であることを笠に着て、自分の領地を広げることばかり考えていた。彼の欲望にはきりがなかったのであるが、まず自分の領地と境を接していたマインツおよびトリールの大僧正の寺領を削りとって自分の領地に加えようと考えたのである。もちろん彼は、この場合自分には当然それを所有する権利があるということを主張した。ところが当時たまたま宗教界と俗界と双方の権力者たちの間に互いに勢力を競い合う敵対関係が深まっているときであったために、近隣の一群の騎士たちは彼を仲間に入れて軍事同盟を結成した。そこで勢いを得たファルツ伯は、トリール大僧正の教区に属していたトリールのモーゼル砦を攻略すべく戦端を開いたのである。

ライン河畔のバハラッハ　C. G. カルス画、1836年
ゲオルク・シェーファー美術館（シュヴァインフルト）蔵

当時豪勇をもって知られたモントルイユのアダルベロが、トリールおよびメッツの僧正の職を握っていた。彼はただちに部下を呼び集めて、この違法な侵略をあえて犯した盗賊どもを追い出しにかかった。しかし、ファルツ伯の無鉄砲な勇敢さにはさすがの彼も困惑し、敵の優勢を挫くために策略を用いる以外に手はないと考えるに至った。アダルベロ大僧正はなかなか頭の良い男であった。ある朝のこと、どうしても敵のシュターレック城を攻略しなければならないと考えた彼は、十字架にかけられたキリストの像を手にしつつ、部下である味方の騎馬武者たちに向かい火を吐くような熱弁を振ったのである。真夜中にミカエル大天使が現われてこの十字架の像を自分に渡し、すべての戦士たちが目に見えない神の冥助があるということを堅く信じて敵を攻撃するならば、このたびの戦闘はもはや勝利の疑いないことを約束された、と。

この大僧正の演説に熱狂した戦士たちは、まったく当たる敵もないほどの勇敢さを発揮した。十字架像を高々と掲げてまっ先に突進して行く大将に率いられた戦士たちは、たちまち城内に突入し、さすがのファルツ伯の仲間もこの襲撃の前にはひとたまりもなくついえてしまった。命からがら城から逃げ出した彼らはちりぢりばらばらになってしまい、さしも野心満々であったシュターレックの城主もすっかりへこたれてしまい、ふたたびトリールの大僧正に敵対することはまったくあきらめざるをえなくなったのである。

惨憺たる敗北を喫した彼は思い悩んだ。しかしそれ以来、ますます深い怒りをもって何とかして宗教界に君臨する隣人を見返してやりたいと考えるようになった。そこで今度は古い文書を調べ上げた結果、隣接のマインツの大僧正が占有している豊沃な地帯は本来彼が所有すべき権利があると

シュターレック城（20世紀に修復・再建）

いうことを立証できるものと考え、さっそくマインツの僧正職に対しその土地の所有権を確認しろという請求を出した。しかし彼の申し出は、マインツ僧正領の領主アルノルト・フォン・ゾルンホーフェンにより嘲笑とともに一蹴されてしまった。

「いやしくもマインツの僧正たる領主に対して反抗を企てるようなわからず屋は、たちどころに後悔せざるをえない仕儀となることを、ファルツの馬鹿伯爵に思い知らせてやるぞ！」と、脅かすようにアルノルトは叫ぶと同時に、シュターレック城主の要求書を引き裂いてしまった。このことを伝え聞いて、騎士の若い妻は夫に向かい二度とふたたび神様に仕える高僧に戦い挑むようなことはぜひやめてくれと泣いて頼んだのである。しかし、彼は妻の哀願などには耳を借さず彼の正しい要求書を傲慢無礼にも引き裂いた僧正に対し、必ず復讐をしてやると誓ったのである。彼はマインツの市民の中にも、ゾルンホーフェンの指揮下にある鉄のごとく冷酷な僧兵部隊のしわざに対しては、恨みを抱いている者がたくさんいることを知っていたので、彼らをたくみに利用すれば、敵手から領地も僧位も奪いとることができるにちがいないと考えた。

それで、シュターレックの城主はふたたび近隣の向こう見ずな騎士たちと組んで、この優勢な敵手に戦いを挑むこととした。マインツの城内では一部の激昂した市民が決起し、城外からはファルツ伯が攻め寄せた。これに激怒して元来腹黒い男であった大僧正は、恥ずべき奸計を用い、二人の農奴を使ってファルツ伯を暗殺してしまった。いろいろと夫を責めてはいたが、この不幸に会った彼の妻の嘆きがいかに大きかったかは言うまでもないことであった。

反乱を起こしたマインツの市民たちも苛酷な領主のためにたちまち城門の外に追い出されてしまい、僧正はみごとに勝利をおさめたのである。彼の友人や、ビンゲン近傍、ルペルトゥスベルク僧院の有名な女予言者ヒルデガルトなどは、「汝の忘れ去っている主のもとへ、今こそ帰るべきときである。汝の最後のときは迫っているぞ」と、忠告を与えたが、それに耳を傾けるような彼ではなかった。意気揚々と凱旋の途についた彼が町のすぐ近くのヤコブスベルクの僧院まで来て休息しようとしていた時、敗残の謀反人に襲撃されて彼もまた殺されてしまった。まことに天網恢々粗にして漏らさず、とはまさにこのことと言わねばなるまい。ライン河岸の豊沃な土地をめぐって、僧俗両界の領主たちの間で、激しい領主争いが繰り返されていたころの物語である。

Bacharach ▶ Burg Stahleck

27 グーテンフェルス城

▼カウプー

カウプの島のすぐ近くの崖の上に、中世紀にはファルケンシュタイン一族の居城があった。十三世紀のなかばごろ、この城にはフィリップ伯と彼の妹のグータとが住んでいた。若いグータは素晴らしく魅力のある女性であったので、彼女に求婚しようとする騎士たちは数限りなくいた。しかし、いまだかつて首尾よく求婚に成功したものはいなかった。この令嬢は、愛する兄を淋しい家庭に置き去りにして、他人に嫁ぐことなどは夢にも考えようとはしなかったからである。

ある日のこと、下流のケルンで盛大な騎馬試合が開催されることになった。帝国内の各地からはもちろんのこと、遠く海を隔てたイギリスやフランス、イタリアなどからもぞくぞくと騎士たちが集まってきた。見物にやって来た人の数などもおびただしいものであったが、麗人の手から与えられる賞品を獲得しようと武器を手に戦いに参加してくる者も少なくなかった。それら多数の騎士たちの中でも、堂々たる容姿とすばらしくみごとな装具のために、いちだんと目立つ一人のイギリスから来た騎士がいた。彼は顔をおおう面甲をかぶったままで戦った。試合の進行係は彼を獅子騎士と呼んだ。彼の楯に金色の獅子の彫刻が飾られていたからである。

まもなくこの背の高いブリトン人は、そのいちだんとすぐれた戦技によって皆の注目を集めるようになったが、彼が特に皆から恐れられていた決闘の名人を相手にしてその男を長槍で馬の鞍から

ファルツ砦（28話参照）を見下ろすグーテンフェルス城　W. O. v. ホルンの著書（1881年）より

突き落としたときには場内は歓呼の声で埋められてしまった。喝采をあびせている観衆の中には、ファルケンシュタインの領主と彼の妹も含まれていた。グータ姫も競技が続けられている間、異様な興奮をもってこの外国人騎士のみごとな武者振りに見とれていたが、彼がその顔を面甲でかくしたままで、すこしも見せないことを残念に思っていた。

しかし、やがてこのブリトン人が決闘の勝利者であることが明らかになったので、顔を見る機会に恵まれることになった。この外国人が、その男らしくしかも美しい顔を面甲をぬいで現わすのを見たとき、彼女はいままで一度も経験したこともない一種異様な感情にとらわれたのである。彼女はこの勝利者に賞品として黄金の冠を授けることになったが、彼女はなおいっそう狼狽をかくすことができなかった。

彼女はできるだけ平静を装ってはいたが、この愛らしい婦人の顔つきにうかがわれた表情に、果たしてこの騎士は気がついていたであろうか？　彼が優しい婦人の前にひざまづいたとき、そして彼女が震える手で冠を彼の頭上にのせたその瞬間に、炎のひらめきのように彼女の心の中のものが彼の心に燃えうつらなかったであろうか？

やがて彼らが静かに言葉をかわしたとき、彼は彼女の典雅な魅力に心を奪われ、また彼女もその激する感情をほとんど抑えることができなくなって、ここに恋が生まれたことは自然であった。

日が暮れて城内の宴会場で輪舞の音楽が始められたとき以来、この若い金髪のブリトン人はグータ姫のかたわらを離れなかった。愛情は静かに忍びよってきた。はじめは恥ずかしげに足踏みしながら、しかし、ついに触れ合った二人の唇からは、すでに目と目で互いに理解していた愛の告白の言葉が交わされたのである。

この他国者の騎士は、はっきりとグータ姫に愛の告白をした。また彼女も、彼にその変わらぬ心の約束をしたのであった。いまは差し迫った用事があるのでいったん祖国に帰らねばならないが、三カ月以内にきっとふたたびここへ戻ってくると、彼は約束した。そして、いまはどうしても名前をあかすわけにはいかない事情があるのだが、ふたたびここに戻って来た時には必ず、姫の兄君に正式に結婚の申し込みをするとともに姓名もその時には申し上げるつもりであるということを語った。

愛はいかなる場合にも、喜び勇んでどんな犠牲をもいとわないものである。グータもまた喜んで愛する彼の告白を受け入れ、幸福な二人は互いに変わらぬ心を誓い合って別れたのである。

それから五カ月が過ぎた。孤立したドイツ帝国では皇帝の空位というおそろしい時代が始まった。シュタウフェン家の最後の帝王であったコンラート（四世）は、南方のイタリアで客死してしまった。

北方のフリースランドでは、彼に対抗して国王を僭称していたホラントのウィレムが、百姓一揆の襲撃にあって殺されてしまった。かくてふたたび、皇帝選出のための戦争の脅威が叫ばれ始めた。ここではウェルフェ（法皇党）が、またかしこではワイプリンゲル（皇帝党）が、いずれもカスチリアのアルフォンスを皇帝にと呼号したのに対し、北方では英国王の兄弟である騎士コーンウォールのリチャードの名が上げられたのである。スペイン人であったアルフォンスは、影だけの君主とでも言うべきか、人々が彼のために帝位を準備したにもかかわらず、実際には一度もこの国の土を踏まなかった。そこで、英国のリチャードの呼び声はいっそう高くなり、ついに彼がアーヘンに来て、おごそかに戴冠式を挙げたのであった。カール大帝の都であったこの古い町を出発して、彼はライン地方の巡遊を始めた。これは、彼の選挙に際し協力してくれた町々に感謝のあいさつをするためであった。ちょうどラインの谷間には春がおとずれていた。川波の上にも山々の上にも、そしてまた城や砦の上にも太陽の光が漂いあふれていた。しかし、ファルケンシュタイン城の一室に閉じこもったまま悲しい思い出にふけっている城主の令嬢の愛らしい顔には、この春の陽光もとどかないようであった。ひっそりとした悲しみの空気が、彼女の部屋を満たしていた。二カ月もたつと、姫の両ほおは日に日に青白さを加えていくのみであった。彼女にとりついた憂愁の心が、愛する男のことについていろいろな想像を描いて見せるのであった。あるときは、血なまぐさい戦場に倒れた彼が、彼女の名を呼びつづけながら死んでいく姿を想像した。またあるときには、その同じ彼があの島国の英国娘を腕に抱いてふざけて笑いながら、ラインの金髪の愛人のことを軽蔑した口調で酒の肴にしているところを想像するのであった。

そんな想像をめぐらしている間に、彼女は、自分にとって最初の男性であった彼に残酷にも裏切られたのではないかという気持ちがだんだん深くなるばかりであった。この憂愁は彼女のやつれたほおに深い影を刻み、ファルケンシュタインの城主がいかに妹を元気づけ気をまぎらわせてやろうと努力してもどうすることもできないのであった。

やがてある日のこと、見はるかす軍用道路にラッパの吹奏が鳴りひびき、一隊の騎士が城の前に現われた。泣きはらした目で窓から外を眺めていたグータ姫は、その行列には気がついたが、なんの興味も覚えず窓を離れてしまった。しかし、城主は騎士道の礼を守って、客人の一行を広壮な客間に導き入れた。このきらびやかな一行の中に、かのケルンの騎馬試合の優勝者であった勇敢なブリトン人がいるのに気がついたときの彼の驚きは大きかった。と同時に、彼の愛する妹グータ姫との約束をたがえたことを思い浮かべたファルケンシュタイン伯のほおには、さっと怒りの血が上るのであった。しかし、客人の態度はいかにも親しげだったので、一度は興奮した彼も、しだいに落ち着いた気持になることができた。先方もまたそれに気がついたらしく、彼は城主の手をしっかりと握りしめて語り始めた。

「わたくしはコーンウォールのリチャードです。今度ドイツ皇帝に選ばれたのでここへやって来たのですが、わたくしは名誉ある騎士の貴殿に対し、貴殿のお妹御のグータ姫との結婚をお許し願いたいと思っているのです。実は、五カ月前ケルンに参りましたとき姫とはひそかに約束をいたしておったしだいです。わたくしは約束のときに遅れたことを申しわけないと思ってはおりますが、彼女に対する心はすこしも変わってはおりません。わたくしは特に貴殿にお願いいたすのですが、どうかわたくしの名前をあかさずに、わたくしがやってきたということだけを姫にお伝えいただきたいのです」

ファルケンシュタイン伯はこの高貴の客人に対しうやうやうしく敬礼をし、おそるおそる一行のいる広間から出て行った。客人のほうはまた、なんとなく落ちつかない足どりで広間の中を行ったり来たりするのであった。やがて広間の扉は左右に開かれ、敷居の上に優しい姿が現われた。彼女の顔は感動に明るく輝いていた。かすかな叫び声とともに、グータは愛する男性の腕の中にとび込んだ。沈黙のなかに幸福が数分間つづいた。

ファルケンシュタイン伯は後ろからそっと入って来たが、妹に、彼女が抱かれている未来の夫が誰であるかということを語って聞かせた。これを聞いて愛らしい乙女のほおはまた青ざめ、なにか恥じらうように、また疑い迷うかのように愛する人の姿を見なおすのであった。しかし、彼は優しく彼女の首に腕をまわして、彼女にはすべてのものを与えることを、だから皇帝の座も、また彼女とわかち合うつもりでいるということを約束したのである。

Kaub ▶ Burg Gutenfels

数週間の後、リチャード王は皇帝としての荘厳な結婚式をこのラインの城で挙げたのである。ファルケンシュタイン伯は、愛する妹の栄誉を祝福する意味で、以来この城をグーテンフェルス（グータの岩山）と呼ぶことにさせたのである。

28 ファルツ砦、恋の冒険

▼カウプ II

カウプの下流に当たるライン河の中ほどにある岩だらけの島の上に、古い城砦が築かれている。これが、何百年も前からファルツという名前で知られている有名な砦である。この望楼のたくさんある堅固な島の城砦の薄暗い小さな部屋は、かつて王宮を追われた秘めた恋の隠れ場所にされたこともあったのである。いずれにしても遠い昔の話であるが、赤ひげ王ロートバルトの時代のことと伝えられている。当時、この河の流れに取り囲まれている小城には、追放の身となっていたファルツ伯のコンラートと彼の愛嬢である花のように美しいアグネス姫とが住んでいた。

事の成り行きは、およそ次のようなしだいであった。ファルツ伯には男の子がなかった。それで彼の所領の跡取りには、彼の娘がならなければいけないことになっていた。帝国内の大ぜいの諸侯たちは、すでに早くから美しいファルツ伯の令嬢に目をつけて結婚の申し入れをしていたのであるが、その中にはバイエルン大公やフランス国王までが含まれていた。しかし、令嬢自身はすでに心の中でもうちゃんと決心をしていたのである。この幸福な相手は若き勇者の聞こえ高い騎士ブラウンシュワイクのハインリヒ公であった。アグネスは彼に愛情を抱いており、それを知っている彼女の母親もまた彼らの結婚を願っていた。

このことは、いつまでもファルツ伯に知れずにはいなかった。これがわかったときのファルツ伯はたいへん機嫌が悪かった。ハインリヒ公は法皇党（ウェルフェ派）の人であり、ファルツ伯の兄弟であるシュタウフェン家の支配者にとっては、明らかに敵方の人物だったからである。したがって、ブラウンシュワイクの若者を後継者に選ぶようなことは不可能なことであった。なおその上に、時の皇帝がずうっと前からファルツ伯の娘は自分の実系の者と結婚させ、それによってファルツ伯の所領をドイツ皇帝党（ワイプリンゲル派）のものとしておこうと考えていたから、なおさらむずかしい話であった。

ファルツ伯は、ブラウンシュワイクの領主がドイツ騎士の仲間でも目立った美男子であるのみにとどまらず武勇の点でも衆に秀いでた人物であることを十分考えた上で、処置を講ずることにした。彼はある日のこと、このむずかしい事柄をどうさばいたらよいかと夜遅くまで考えたあげく、特別にファルツの城砦の装備を要害堅固にさせることにし、座敷というよりはむしろ牢屋とでも言った方がふさわしいくらいの薄暗い部屋部屋をそれでもできるかぎりきれいに取りかたづけた上で、彼の妻と娘のアグネスとをこの島へ連れて行き、今後このファルツの砦を当分の間、彼女たちの住居にさせることにきめた旨を厳重に申し渡した。

気位の高いファルツ伯妃は、夫の常識はずれの頑迷な取り扱いをはげしく非難したし、また美しいアグネスは熱い涙とともに嘆願したけれども、主人のコンラートは彼女たちに対し、片意地な娘が法皇党の人間のことをあきらめるまでは、自分の考えを変える気はないと宣言したのである。そして、実に賢明に問題をさばき得たと考え、満足してその場所から出て行った。彼は自分の祝福された若い時代のことをすっかり忘れてしまっていた。もし彼が若いころの気持を覚えていたならば、古い格言——それは決して詩的な表現であるとは言えないが——若者の恋は壁に打たれた釘のよう

ファルツ砦　S.プラウト画、1824年、ケルン市立博物館蔵

ライン宮中伯、バイエルン公にしてドイツ王（皇帝）ルートヴィヒ・デア・バイエルが1326年頃、ライン川を通行する船舶から通行税を徴収する目的で設置されたものという。正式名は、ファルツグラーフェンシュタイン（宮中伯の岩）砦。

なものだ、という言葉を思い出したはずである。すなわち「釘は打たれれば打たれるほどしっかりと壁にくい込んで行く」というあのたとえ話を。そしてまた昔の賢者が詩にうたったあの文句、「恋の情熱は神の炎である。洪水が来ても暴風雨が来ても、決して消されることはない」という詩句も思い出さなければならないはずであった。

風が炎を吹き消そうとしても、吹きとばすことができるのはただ火花だけにすぎないのと同じように、城に閉じこめて二人を会わせないようにしても二人の恋

を打ち消すことはできなかった。否、それどころか恋路の邪魔になるはずのものはかえって逆に思慕の情を深めるのに役立つばかりであった。夜の闇にまぎれて、大胆不敵な法皇党の若き領主は仮装に身をやつして島の城廓の中に忍び込んだ。アグネスはもちろん、この愛する人の訪問を拒むようなことはしなかった。二人は相ともに熱誠をこめて母の伯妃に対し結婚させてほしいということを懇願したのである。ファルツ伯妃には、この二人の懇請を拒絶することはとうていできないことであった。

翌日の朝まだ薄暗いうちに一人の僧侶がこの島の城廓の中にそうっと連れて来られたが、彼はここでウェルフェ派すなわち法皇党とシュタウフェン派すなわちドイツ皇帝党の若い姫とを結びつけたのである。結婚式は城中の地下室でかすかなろうそくの光の中で取り行なわれた。ファルツ城のさびしい小部屋の中でなにものにも負けなかった恋愛は、勝利の入城式を行なったのである。

秘められた幸福の間にいく月かたった。しかし若い妻のアグネスよりは、むしろ母親のファルツ伯妃が困難な事態にぶつからねばならぬ日がやってきた。それは、ここで起こった出来事をどうしてもファルツ伯に打ち明けなければならない必要にせまられることになったからである。彼はある日のこと、久しぶりにこの城にやって来たが、彼は足もとに身を投げた娘のアグネスから二重の秘密を打ち明けられたのである。ファルツ伯は、最初はまるで化石の象のように黙ってつっ立っていたが、やがて激怒し、およそ彼の知っているあらんかぎりの言葉を使ってわめき呪うので、落着いていた伯妃もついにたまりかねて優しく言葉をさしはさみ、しばらく娘をこの部屋から外に出させてほしい、さもないと彼女は気絶もしかねないからということを頼んだ。そこで激しい怒りに狂っていた彼もようやく落着きを取り戻してきた。忠実な彼の妻は、彼が知らない間に、両党派のはげしい争いをいかに可愛い娘のおかげで終らせることができるようになったかということを説いて聞かせたので、彼の怒りにゆがめられた顔つきもやっともとに戻ったのであった。だんだんとおだやかな態度をとるようになった彼は、ついに自分の可愛い娘の上に身をかがめて、優しくその名を呼んでやった。かくして、この河の流れに取りまかれている島の城砦の上には、静かに和解の天使が舞いおりてきたのである。

シュパイエルにあった赤ひげ皇帝の陣屋に現われたファルツ伯のコンラートは、兄弟である皇帝に向かって苦しげな面持でいっさいを報告したのである。老齢の赤ひげ皇帝はそれを聞いてにっこりと笑い、コンラートがウェルフェ党（法皇党）とシュタウフェン党（皇帝党）とを接近させるたいへんに良い手段を見つけてくれたことに礼を述べ、そのうえ、今度生まれてくる赤ん坊の名付け親になってやろうとみずから申し出たのであった。

かくて、ファルツ城ではまもなく盛大な結婚披露が行なわれた。数カ月前になにものにも負けなかった恋の勝利の入城式が行なわれた城砦の小部屋では、その後ほどなく若い母を祝福する赤ん坊の元気なうぶ声が聞かれたのである。ファルツ伯コンラートは感謝の祈りをささげた。ファルツ城を訪れる人は、この小さな部屋で起こった出来事を今日もなお昔のままに思い起こすことであろう。

29

「うるわしの城」の七人の処女

▼オーベルウェーゼル

オーベルウェーゼルの近くの高い丘の上に、苔むした往時の騎士の城砦の遺跡がある。ここはシェーンブルクすなわち「うるわしの城」と呼ばれている。この名前はかつてこの城には七人の姫たちが住んでいたことがあり、この姫たちがそろいもそろってたいへん美しいという評判であったことがその原因であると言われている。もちろん彼女たちがライン地方有数の富有な階級に属する人々であったことはいうまでもない。美しくかつ富んでいるということは彼女たち自身も十分よく意識していた。ただどうしたことか姉妹ばかりで男の子の跡とりに恵まれないということが彼女らの父親にとってはたいへんな苦労の種であり、あまりそのことを気に病んだためか、かえって死を早めるようなことになってしまった。父親の死後当然のことであるが、城も所領の森林も全部この姉妹たちのものになったので、この七人の姉妹の中の誰か一人を妻にしたいという求婚者は方々から大ぜい押しかけてきたのであった。しかし、早く両親を失って孤児となった姉妹たちはなんとなく皆ひねくれた性質になってしまい、彼女たちの叔母に当たる人がずいぶん苦労して教育に努めたけれども、ついに力及ばず彼女たちの傲慢な女らしくない性質を矯《た》めることはとうとうできなかった。それでも母親代わりのこの叔母さんが生きている間はまだ良かったのであるが、このただ一人の親戚の叔母も亡くなってしまった後では、もはや誰もやかましくいう人はなくなり、活気溢れる

オーベルウェーゼルの町並みとシェーンブルク城　J. H. シルバッハ画、1832 年
ゲオルク・シェーファー美術館（シュヴァインフルト）蔵

この娘たちの自由奔放なわがまぶりは、いっそう手に負えないものとなってきたのである。

オーベルウェーゼルのシェーンブルク城の美しくしかも気位の高い姉妹たちについては、いろいろと面白い話が伝えられている。たとえば、彼女たちはまったく男性と同じように狩りに出かけ、あるいは鷹狩りを楽しんだりしたということも評判であった。また彼女らに求婚する立派な騎士たちも少なくなかったが、それらの人が城にたずねてくると、彼女らは最初はあらゆる媚態を示してこれらの男性の心をとろかすようにつとめるが、やがて彼らが夢中になって求婚しようとすると、たちまちにうってかわった態度であざけり笑って追いかえすようなことをやってのけるという話であった。

恥と怒りに燃えつつオーベルウェーゼ

ルの城を去って行った騎士の数は少なくなかった。彼らはいずれも、神話に出てくる女頭鳥身の怪物セイレーンのことを思い浮かべて煮えくりかえる憤激をやっとの思いでおさえるのであった。いつわりの恥じらいを見せて美しい音楽で人の心を迷わせ、相手が恍惚とした気持になって結婚を申し込むと、たちまちに人を傷つける侮蔑の嘲笑で報いるというあのセイレーンと同じであった。しかし、彼女たちにとっては、自由はあまりにも愛すべきものであり、とうてい一人の男のためにそれを犠牲に供するには忍びなかったのである。

ところが困ったことに、そういう話は相当広がっているにもかかわらず、自分だけは例外できっとこの美しくしかも富有な姉妹を射とめることができるにちがいないと信じて結婚を申し込みにくる馬鹿な連中は後を絶たなかった。しかし、こういう手合いはいずれも失敗して引き下がるのであった。美しくはあるが冷たい心の彼女たちに心からの愛情を持たせることに成功した求婚者は残念ながら一人もいなかった。こうして彼女たちの人を馬鹿にしたいたずらは、なお数年にわたって続けられたのである。ある日のこと、城中の壮麗な広間はまたしてもにぎやかな歓声に満たされていた。一群の騎士たちがみごとに飾られた食卓の周囲の席につき、彼らの間に席をとった七人の姫たちはいずれ劣らぬ愛嬌をふりまきながら、それぞれに自分たちの美しさを誇っていた。ところが、突然二人の騎士が姫たちの中の一人のことについて争い始め、若気のおもむくところ激しいけんかになってしまったため、このにぎやかな宴会の空気も、すっかりこわされてしまった。この二人の恋のさや当てをとり静めようと、間に入って説得につとめる者もあった。はじめの間は皆もこの騎士たちのけんかをやじ馬気分で眺めていたが、やがて彼らは感情の激するままに剣のつかに手をかけるようになったので、人々はあわてて二人を引き離した。

シェーンブルク城（1885 年再建）

このとき、幸いにも食卓の一隅から興奮している人々に対し適切な言葉をはく者があった。こんなばかげた争いを避けるために、ここはひとつ姫君たちに決心してもらって、われわれ求婚者のめいめいに対して誰が誰のお嫁さんになるかをはっきりと示してもらおうではありませんか、とそれぞれ自信満々の騎士たちに提案したのである。この提案は満堂の喝采を受けた。しかし今度は姫たちのほうが黙りこくってしまい、こんな僭越な要求に同意することはできないと不機嫌に反対の意思を表わすのであった。

しかし求婚者たちはいずれも、我こそはという自信満々の連中であったから、あらゆる努力で姫たちを是が非でも承知させようとくどきつづけたので、ついに姉妹たちの中の一人がまずよろめきを示した。するとまもなく二人目もよろめき始め、ついに彼女たちはお互いになにかしばらくの間ひそひそと相談をしていたが、やがて一同そろってにこやかに上気した顔つきで客人たちに向かい、それでは明朝あらためて皆さんにここでお目にかかって、そのとき、きめることにしましょうと約束したのであった。

約束の時間となったので、招待された騎士たちは期待に胸をふくらませつつ城中の壮麗な広間に参集した。皆いずれも魅力に富む姫たちが出てくるはずの扉のほうを穴のあくほど緊張して見つめていたのであるが、驚いたことには、にがにがしい肩すかしを食わされてしまった。扉が開くと一人の下僕が出て来て騎士たちに向かい、お姫さまがたはお城の下方にあたるライン河の岸のあたりでお待ちになっておられます、と告げるのであった。

大急ぎで彼らは駆けつけた。ところが彼らが下に来たときには、姫たちは一隻の小舟に乗って河岸からライン河にこぎ出すところであった。からかうような微笑をもって姫たちは彼らを迎えたが、やがていちばん年長の姫が小舟の中に立ち上がって、大きな声で呼びかけた。

「皆さんの計画も希望も、もうすっかり捨てて下さいな！　わたしたちは誰も皆さんがたを愛したり、まして結婚しようなどとは考えていないのですから。わたしたちが今まで楽しんできた自由はほんとうに素晴らしかったので、誰も男の人のためにこの自由を犠牲にしようなどとは思ってはいないのよ。下流のケルンの親戚のところへ行きます。あすこにも皆さんと同じように愛におぼれるおばかさんの求婚者

小舟に乗って城をあとにする「七人の処女」 A. レーテル画、1834 年

たちがたくさんいるはずですから。またその人たちの酔いをさましてあげるつもりですの！　じゃあ皆さんさようなら！　わたくしたちはこの舟で川を下ります！」

　いかにも人をばかにした嘲りのあいさつにつづいて、七人の姫たちはかわるがわるふざけた嘲笑のあいさつを繰り返した。そして、舟は静かに動き始めた。すっかりばか者扱いをされた求婚者たちは、侮辱と裏切りに怒りながら、言葉もなくぼんやりと見送るのみであった。

　このとき突然、激しいあらしが河面を襲った。小舟はゆらぎ、たまぎるような叫び声とともに七人の笑いは消しとんでしまった。大波のとどろきと同時に小舟は河のとりこにされ、姫たちもろとも渦巻く河底に葬られてしまった。

　岩のように傲慢であったこの姫たちが沈んだその場所に、七つの岩石の尖端が水中から顔を出している。今もなおライン河の中流に姿を現わしている七つの岩は、この地方の娘たちに、あまり人をからかうようなことをしてはいけないという警告を与えているのである。

「七人の処女」ゆかりの岩礁

30 ゲオルクの菩提樹

▼ラインフェルス（ラインの崖）

大ぜいの人々から親しまれている小さな町ザンクト・ゴアの上手に当たるラインフェルスは、ライン河沿岸の廃墟の中でもいちばん素晴らしい名勝として知られている。十三世紀の中ごろ、ライン地方の有名な豪族カッツェンエルンボーゲン家（やや下手の通称「猫が城」でも有名）の出身であったディートヘル伯の手によって築かれたのであるが、それから十年の後に早くもこの難攻不落の城壁の前で、血なまぐさい戦闘がくりひろげられることになったのである。当時二十六カ所のライン諸都市の連合軍が十五カ月にわたってこの城を包囲攻撃したけれどもびくともせず、いたずらに数千の戦士がこの城壁の前に血を流すばかりであったと伝えられている。それより後、数世紀にわたってこの城の屋根の上にはヘッセン方伯の軍旗が掲げられていたのであるが、フランス革命の時代となってから、当時フランスに侵入しようとした列強の軍隊がここで迎撃され、そのときの激しい戦闘による砲撃の結果すっかり廃墟になってしまったのである。

ライン諸城の中でも最強のものとして有名であったこの城の歴史にも、悲しい伝説が残されている。もちろんそれには、騎士や楯もちの従士などが天井の高い広間の中を闊歩していた時代の話である。ラインフェルスの伯には、まことにしとやかな美しい姫があった。この高貴な女性を求める求婚者はもちろんたくさんいたが、姫の心はリューデスハイムの若き城主ゲオルク・ブレームゼルの

ザンクト・ゴア近傍の
猫が城（上）と鼠が城（左）

ものであった。しかし、このことを知って深く恨みに思っているのは「フォム・ベルゲの騎士」と呼ばれる男であった。この男は、かつてはケルンの大僧正を出したことのある名家の出身であり、なかなか富有な財産家でもあったのだが、その心根はまことにいやしい人物であった。だからラインフェルスの城主も、自分の愛する娘を立派な贈物もろともこんな男にくれてやる気持はなく、むしろ十分に警戒していたのである。姫がこんな男を嫌っていたことは言うまでもない。彼のように粗野で乱暴な求婚者に対しては、一片の愛情すら感じ得なかった。これに反し、いかにもほれぼれするような騎士ぶりのブレームゼルに対しては、深い愛情を抱くようになっていた。

こんなしだいで、やがて結婚式の日取りもきめられた。ところがある日の朝、未明に夜通しライン街道を早馬に鞭打ってラインフェルスにかけつけたブレームゼルは、悲しい知らせをもたらしたのである。というのは、彼にとって主君に当たるアルブレヒト皇帝から、かつて盟約のあったスイス地方がその服従の誓約を破り皇帝の代官を追放して反乱を起こしたので、これを征討するために至急配下の騎士団を召集するという命令が出されたからである。ライン地方の貴族たちには、それぞれ早馬でもって、皇帝に対する反乱の火の手をしずめるために征討の軍に加われという勅命がとどけられた。かねてから忠誠の念の強いブレームゼルは、即刻出陣の決意をした。

泣き悲しむ花嫁を、彼は優しい言葉で慰めるのであった。彼女もまたつらい運命を神の御手にゆだねる以外にみちはなかった。ラインフェルスの城主は、花婿の決然たる態度を賞讃した。彼は出発を前にして一本の小さな菩提樹をとりよせ、城門の前に剣の先で地に穴を掘ってその小枝を植えた。そして花嫁に向かって

「わたしはいまここに、守護神の聖人に祈りをこめてこの小枝を植えていくが、この菩提樹が芽

をふいて育っていくように世話をしてやってほしい。そしてこの木が青々としているかぎりわたしのことを忘れないでいてもらいたい。しかし、もしこの木が枯れるようなことがあったなら——たぶん聖ゲオルクはそんなことにならないように守ってくださるとは思うけれども——そのときはわたしはもう死んでいるのだから、わたしのことは忘れて新しい幸福を求めてください」と言うのであった。花嫁は騎士の腕に抱かれて、ただ涙にくかるばかりであった。

彼は右腕で優しく彼女をささえながら、左の腕で剣を高々と掲げ、その剣の柄に古風な文字で彫りつけられている格言を示し、この詩句を毎日諳誦するようにしてほしいと頼んだ。

神よ、その、永遠の御言葉のごとく
この世においてはわたしたちの肉体を
あの世においてはわたしたちの霊魂を
聖ゲオルクの騎士よ、護らせたまえ

やがて彼は深い森のたかみから、朝霧の中を皇帝の軍旗のもとへと駆け下りて行った。熱い希望を胸に、涙をおさえつつ。

幾月かが過ぎ去った。スイスの農民暴動を征伐にかけた皇帝の軍隊が、かえってひどい損害をこうむったという噂がドイツの各地に流れて来て、人々は落ち着きを失った。まもなく、誇り高き皇帝の軍隊が惨憺たる敗北を喫したという知らせがとどいた。戦場はモールガルテンといわれている沼沢地帯であった。アルノルト・フォン・ウィンケルリートと呼ばれる剛胆な勇士が、血に染められた長槍をふるってかろうじて友軍のために退路を開いたという話であった。当日多数の騎士の骨がスイスの土に埋葬され、ドイツの諸城に悲しい報告をもたらす使者の群はひきもきらぬありさまであった。

ラインフェルスの城では、恋人の身の上を案じつつ姫はひたすら愛人の安否いかにと待ちこがれていたがなんの知らせも来なかった。遠く森林地帯に進められた討伐軍が、非常な苦戦に陥ったということはすでに知れわたった事実でもあったので、婚約者と再会するという花嫁の希望は、まるで枯れしぼんで行く花のように彼女の悩みに満ちた心の中でしだいに影が薄れていくばかりであった。

ある日のこと、かつての求婚者の一人であった強突張《ごうつくばり》の山賊、ディートリヒ・フォム・ベルゲが訪れてきた。彼は競争者であったゲオルク・ブレームゼルがたしかに戦死したにちがいないと考えたので、もう一度かねてから思いこがれていた姫に結婚を申し込むためにやってきたのである。この図々しい求婚者に、姫は悲しみながらもきっぱりした態度で、彼女の婚約者が出発に際し城門の外に植えていった菩提樹が青々と生きているかぎりはお互いに変わらぬ愛を誓っているのだからといって、その申し込みを拒絶した。彼女がこの誓いから解放されるのは、ただこの聖ゲオルクの祝福を受けた菩提樹が枯れた場合だけであるということを告げたのである。

すると騎士はしぶしぶ引きさがった。しかし彼はすぐさま山に入って、城門のところに青々と茂っていた菩提樹と非常に良く似た、枯れた菩提樹を一本みつけてきた。そして翌晩、彼はひそかに城門の前に忍び寄り、小さな菩提樹を抜きとったうえ、呪いの言葉とともにそれをライン河の沈黙

の流れの底に沈めてしまった。そしてその同じ場所に、枯れた小枝を植えたのである。
翌朝、城主の娘は春景色をめでようと城門の外に歩み出た。そして菩提樹が枯れているのに気がつき、思わず苦悶の叫び声をあげたのである。それから毎日、彼女は泣いてばかりいた。しばらく日をおいてから、他人の不幸を心の中で喜んでいる騎士は、ラインフェルスの城を訪れ、いまは婚約者との誓約から自由の身となったはずの姫にいろめを使いながら図々しく重ねて結婚の申し込みをした。悲しみにとざされながらもきっぱりした態度で、姫はこの求婚者に、自分はたとえ婚約者が死んでもやはり変わらぬ操を守る決心でいるということを述べて断った。拒絶された彼は憤激のあまり、世にも恥ずべき行動に出た。怒りにまかせて剣を引き抜いた彼は、この神々しいまでに立派な態度の姫君の胸元めがけて凶刃をふるったのである。
そして彼は逃れ出た。やがて犯した罪のおそろしさに気がついて後悔はしたものの、もはやどうすることもできなかった。この同じ時刻に不幸な若い城主は、暗いもみの木の森林の中で苦しんでいたのである。
ラインフェルスの人々は、誠実な花嫁が罪もないのに犠牲にされたことを心から怒っていた。そして世の人たちが大騒ぎをしている最中に、一人の男がたずねてきた。彼はスイスからやってきたのである。モールガルテン地方のワルシュタットというところで、一人の勇敢な土地の人が大ぜいの騎士の屍骸の山の中から、全身傷だらけで血

ラインフェルス城　ヤン・ファン・カル（1656-1703）画、ケルン市立博物館蔵

に染まり、しかも脛骨を折って苦痛にうめいている男を見付け出した。それはあのゲオルク・ブレームゼルであった。彼は百姓家にかくまわれて苦しみながら傷を養い、しだいに回復はしてきたが、ただ足の負傷だけはなかなかなおらず、なお長い間療養につとめなはればならないありさまであった。しかし、長い病床からどうにか立ち上がることのできた彼は、残留していた引き揚げ部隊の最後の一人として、いまやなつかしいラインを目ざし花嫁の名前を口に、そしてその姿を胸に抱きつつ、ようやくの思いで帰ってきたのであった。

黒い喪装の頭巾で頭を包んで出迎えたラインフェルスの城主は、彼に娘の墓を示した。新しい盛り土の前に老人と若者とは黙ってぬかづくばかりであった。やがて若い騎士は城門の前の枯れた菩提樹を引き抜いてこれをライン河に投げ込み、亡くなった花嫁の墓所にあらためてまっ白な百合の花を植えた。ゲオルク・ブレームゼルは二度と結婚しようとはしなかった。ついに死ぬまで彼女への貞節を守ったのである。その後、彼は一生忘れることのできない心の苦痛をやわらげようと、吟遊詩人の騎士たちと交際を深めるようになった。そして後には、たくさんの情熱的な小曲を作詩しまた作曲した。それらの中のひとつは何百年もの間保存され、今日なお古い筆跡のままのものがその歌曲とともに伝えられているのである。その歌曲は非常に素朴なものであると同時にまた感動的なものである。ライン地方ではしばしばこの歌曲を耳にする。その歌詞は、

向こうの谷の一本菩提樹
おお神よ、それはなんのためにあるのか
失われたわたしの愛を
いつまでも思い起こさせるためにあるのだ

というものである。

31 ローレライ伝説

▼ローレライ

コブレンツの上手、緑のブドウ畑におおわれた小山の間をライン河が大きくうねりを見せて曲がるところに、あの伝説に名高いけわしい岩山が姿を見せている。ローレライの岩だ。たそがれていく夕陽の中を小舟が水面をかすめつつこの岩に近づいて行くとき、舟乗りは言い知れぬ戦慄をもってその断崖を見上げずにはいられない。断崖の岸辺に絶えまなく打ち寄せ流れ去る小波は、この岩にまつわる不思議な物語を繰り返しつぶやいているようにも思われる。静かに耳をかたむけるならば、その波のざざめきの中から妖しくうるわしい愛の歌声も聞こえてくるであろう。岩の頂きに、かつては妖しく美しい魔女があらわれ、甘くそして悩ましい誘惑の歌を歌って、あまたの冒険者の生命を奪ったのである。

それは遠い遠い昔の言い伝えであり、果たしてほんとうにあったことかどうかは誰も知らない。見はるかすブドウ山の上に静かに夜のとばりがおり、河風に星がきらめき、満月がそのやわらかな光を銀色の河の面に流すころ、この崖のふちから世にもたぐいなくうるわしい乙女の歌声が流れてくる。月明りの中に目をこらせば、岩山の頂きに、この世のものとも思われぬほどの美しい乙女の姿が見える。彼女を包んでいる純白のうすものは光の雲のように、そしてそのにおわしい肩をおおい、たけ長く白衣の上にこぼれている豊かな金髪はやわらかに渦巻いて、夜風のなぶるのにまかせているのである。

こういうときに、この岩に近づく舟人こそは不幸である。一日の仕事に疲れ重たくなったまぶたを無理に押し開きながら、しかも快い疲労に身をゆだねつつ、ふなべりの波音にうつつともなく流れ下って行く彼を妖精の歌が捕えるのである。波音にまぎれ夜風に乗せられた歌の調べが彼を捕えるのである。そして岩の頂きの妖しく美しい乙女の姿に彼の瞳が釘付けされるとき、もはや彼の目には恐ろしい暗礁も鋭い岩角も映らない。ただ夢見るごとくわれを忘れて、茫然と彼女の足もとへ吸い寄せられて行くのみである。しかし、彼を誘う美しい乙女こそは、まさに墓石の上に咲く花にもたとえねばならない。しびれるごとくまた夢見るごとくその花のもとに吸い寄せられて行くとき、ラインの流れは嫉妬の復讐を彼に加える。磁石にひかれる鉄片のようにその岩に近づいて行く彼の小舟は、たちまちかくれ岩の鋭い牙に引き裂かれてしまうのである。小舟は無慈悲な岩に打ち砕かれ、悲しい死の叫びがライン河の冷たい河の面に響きわたるであろう。そして哀れな若者の姿はふたたび見られることはない。

けれどもかの乙女は、なお柔らかな月光の夜にまた輝かしい星空のもとに岩の上に姿をあらわす。誰も彼女をそば近く眺めたものはない。ただ彼女の優しく誘うごとき歌声のみが、山の頂きに暁の星が薄れいくころまで、繰り返しラインの河風に乗せられて流れて行くのである。

ロナルトは、彼の父であるファルツ伯の一門の中でも名だたる勇士であり、激しい情熱の若武者であった。ラインの岩にまつわる妖しい乙女の噂を耳にしたとき、彼の心はときめかずにはいなかった。まだ見ぬ乙女の姿にあこがれ、いつしか不思議な恋のとりことなったのである。

ローレライ　W. O. v. ホルンの著書（1881 年）より

いつものように狩りに出かけるごとく装って城をぬけ出した。そしてひそかに熟練の老船頭をともなって、この岩に向かったのである。小舟が岩山に近づいたころ、夕やみはその灰色の翼をラインの谷間に広げ始めた。太陽は山のかげに沈み、山の頂きはしだいに影を黒くしていく。やがて青白い宵の明星がきらめき始め、その光は蒼穹の上から若人の軽はずみをいましめるがごとくまたたくのであった。

　彼は魂の抜けたもののように岩の頂きを見上げていた。かたわらから老船頭の低いだみ声が彼の注意をうながした。

「ローレライだね、だんな。あの魔女の姿が見えるだかね？」と。

　彼は答えない。もうそれを見ていたのである。かすかな叫び声が彼の口からもれた。大きく見開かれた瞳は山の高処《たかみ》に釘づけにされている。彼は光の妖精を見いだしたのだ。かの乙女である。それは漆黒の夜間の額縁の中に輝く神の姿である。廃墟の中にほころびた香り高き妖しの花である。白く波打つ衣の上にゆるくなびいているものこそは、たぐいなき黄金の髪なのである。

頂きの岩角に身をもたれて、彼女が静かにその金髪をくしけずる姿が見える。神々しいまでに美しい顔は、ほのかな光に輝き、遠く離れているにもかかわらず夜目にもはっきりと見えるのである。虹のごとく輝く双の目は人の心を奪い、花のごときほおに妖しい影が漂い、ふくよかな真紅の唇は傷口のごとくかすかに開かれていましも歌い出そうとしている。たちまち静寂を破って歌声が流れ始めた。やさしく、そして訴えるがごとく、あたかも夏の夜をひそかに鳴く夜鶯のように聞く者の胸をしめつけずにはいなかった。

歌声はやんだ。

彼女はもの思わしげに、見るともなく河面を眺めている。やがて足もとの流れに目を向けた。そして、そこに焼き付くような双の瞳を見つけたのである。若者の燃えるような瞳は、地の底をも照らす二つの太陽にも比すべく輝いていたのである。

若者は低く叫び声を上げた。彼の目は、なおも妖しい乙女に注がれていた。いや彼の両眼は愛のささやきに酔っているのである。断崖も河の流れも夜空の中に一つに溶け込んでしまった。彼の目はただ崖のふちの彼女の姿を見るばかりである。ひたすらにそのほほえむ唇を、そして輝く星のごとき瞳を見るばかりである。小舟はゆるやかに流れに運ばれていく。しかし、もはや彼をさえぎるものは消え失せてしまった。彼は、たとえようもなく優しくしかも胸を打つ彼女の声をたしかに聞いたと思った。彼の心臓の高く打つ鼓動は、一塊の火となって燃え上がらずにはいなかった。高らかに腕を差し上げつつ、ついに彼は舷《ふなばた》をおどり出たのである。

「ああ、ローレ！」

死の叫びが崖から響いて来た。そして愛の呼び声につながれるのであった。訴えるがごとく周囲の岩山が反響《こだま》した。河波はつぶやくごとく不幸な若者を弔い、また慰めるがごとく彼のからだを包んだのである。老船頭は悲痛なうめき声とともに手早く十字を切った。おりしも、山上の雲に雷光《いなづま》が閃めき山かげににぶい雷鳴がひびきわたった。河波はふたたびささめき、断崖からはまた新たに歌声が流れて来た。悲しげに、ため息にとざされたごとく、妖しく美しいローレライの歌が。

ローレライ　E. v. シュタインレ画、1864 年

彼の父ファルツ伯は、まもなくこの悲しい知らを受けた。悲哀と激怒とが父の胸をおおったのである。彼は、憎んでもあまりあるこの魔女を直ちに殺すか、生きながら捕

えるかせよと命令した。翌日の午後には、多くの武士どもを乗せた舟がラインの流れを漕ぎ下った。四人の筋骨たくましい舟夫《かこ》が選ばれて櫂を握った。武士どもの隊長のとび色の太い眉の下からは陰鬱なきまじめな目が断崖をにらんでいた。その面《おもて》には悲しみと怒りの激情がありありと読みとれるのである。隊長はファルツ伯から、かの魔女を断崖から投げ下ろし河の深処《ふかみ》に沈めることをも許しを得て来たのである。もし彼女を捕えてラインの流れに投じるならば、あるいは彼女の魔力によって水底に捕われの身となっている若武者も帰されることがあるかも知れないと思ったので、ファルツ伯を説いて賛成させたのであった。

夕やみがラインの谷々をおおい始めるころ、武装した武者たちは断崖を取り囲んだ。隊長は三人の腹心の部下を連れてけわしい岩山をよじ登って行くのであった。岩山の頂きはまっ白に輝く光の雲に包まれている。人々はそれを夕焼けの名残りであると思っていた。しかし、それはおりしも断崖の上に姿をあらわした妖女のめぐりに漂う魔性の光彩だったのである。高い岩の上に夢見るごとく身を横たえた彼女は、黄金のくしを取り出して波打つ金髪をとく。そして、すんなりとした雪のような腕で真珠の髪飾りをとり出して美しい頭髪に飾るのであった。ちょうどそのときである、彼女は近づいてくる荒武者たちの姿に目を止めた。さっと暗い雲が彼女の顔に流れたように思われた。「哀れな地上の人の子よ、何を求めてここに登って来たのか」と、嘲けるようにその花の唇が動かされた。

「黙れ！　魔女！」と隊長は激怒に震えながら叫んだ。「邪悪な呪われたる汝をこの河の深処に沈めてやるのじゃ！」甲高《かん》い笑い声が岩山に反響し、乙女はまるで歌うように呼んだ。

「おお！　わが父なるラインよ！　すぐにあなたの娘を迎えに来て！」と。

断崖の端に立って、深淵に身を乗り出しながら、真珠の髪飾りを引きちぎって流れの中に投げ込んだ。そして勝ち誇ったように不思議な歌を口ずさむのであった。

おお、わが父よ、はやく、はやく
あなたの娘を迎えに来ておくれ
輝く白馬を
大波と風とに乗せて
はやく、はやく

たちまちあらしが巻き起こされた。ライン河は怒りの叫び声を上げ、まっ白な波頭は岸をかんだ。そして雪白にあわ立つ二つの大波が、まるで二頭の白馬のように、目に見えぬ不思議な力に押し上げられて、河底から断崖の頂きへともり上がり、ざんぶとばかり乙女を押し包んでラインの流れに連れ去ってしまった。叫び狂いあわ立つ波が暗い夜のラインの河面を矢のように過ぎて行った。

恐怖に青ざめた武士たちは、すっかり肝を奪われて、ファルツ伯のもとに茫然と立ち帰り、怪しい出来事の一部始終を報告したのである。

あまたの人たちが若いコナルトの死を悲しんで涙を流した。しかし彼の死体は不思議にもかつての美しい姿そのままに、ラインの波に守られて岸辺に運ばれたのである。多くの人々にもう一度涙の袖をしぼらせる為かのように。

この日から以後、あの岩山に住んでいるはずのラインの妖女は二度とその姿を見せなくなった。しかし見はるかす緑のブドウ山が闇のとばりにおおわれ、満月のやわらかな光がライン河の銀青色の波頭にたわむれるような晩には、しばしばかの岩あたりから乙女の歌声が流れて来るのである。それは世にも優しく悩ましく、夏の夜を焦がれ鳴き明かすというナイチンゲールの歌のように、聞く人の胸をかき乱すのである。


ローレライ、彼女はいなくなった。しかし彼女の魔力は残された。

ラインラントの乙女の輝く瞳の中に、うるわしく香ぐわしいふくよかなほおに、そしてそのバラのごとき唇の上に、ローレライの魔力が秘められているのを旅人は気づくに相違ない。

甘く重い幸福の魔力は、このラインのほとりに漂って去らぬのである。

旅人よ、汝の心臓《ハート》を武装せよ。汝の意思を堅固に保て。汝の目を閉ざして行け。

ラインの詩人は賢《さか》しくも戒めている。

わが子よ、わが子よ、
ラインのほとりに近づくな
……

ローレライ、彼女は去った。しかし彼女の魔力は残されている。

▼ Die Loreley

32

仇敵の兄弟

▼シュテルンベルクとリーベンシュタイン

ボッパールトの上手にあるシュテルンベルクの城は、中世紀にはライン河岸の諸城の中でも最も美しいものの一つであった。この物語が伝えている時代は、シュタウフェン家のコンラート(三世)が選挙によって皇帝の地位についたころのことであるが、この城には彼の臣下であった老勇士が住みマインツ周辺のオッペンハイムの平地を支配していた。そしてこの老勇士には二人の立派な息子がいて、ともに父を助けていた。しかし彼の妻は、すでにこの世にいなかった。そのためか、この城の高い天井に陽気な笑い声が聞かれることはほとんどなかったのである。

ある日のこと、この男世帯の淋しい城に、たいへん愛らしい客が訪れた。この客とともに、ガランとした殺風景な部屋部屋にもはじめて太陽の光がさしこんだような感じがしたのである。これは、城主の一族で遠いいとこに当たるリューデスハイムのブレームゼルが死去し、彼のたった一人の遺児である花のような姫を遺言で親戚のシュテルンベルクの城主の保護にゆだねたためである。

金髪のアンゲラ——彼女はその名のごとく天使のように清らかに美しい娘であった——は、たちまち城内の人気者になった。彼女は自分の父親につかえるのと同じように、老城主を敬愛したし、二人の若者に対しては兄弟のような愛情をもって接したのであった。しかし、何千年の昔でも現代でも同じように起こる事柄が、ここでもまた起こったのである。というのは、若い騎士たちの友情はいつのまにか思慕の情に変わって行ったのである。二人とも心ひそかに姫を恋するようになっていた。

老年の城主はちゃんとこのことに気がついていた。そして、不吉な予感に父親らしくひそかに心を痛めていた。彼は二人の息子を同じように愛していた。しかし、どちらかといえば、火のように激しい性質の弟のコンラートよりも、母親の性格を受けついだ優しい気質の長男の方が気に入っていた。彼はこの若い孤児の姫が本家である城にたずねて来た最初の時から、心ひそかにこの美しい姫を、彼の跡取りでありやがてはこの城の主人となるべき兄のハインリヒと結婚させたいものであると考えていた。

しかし、ハインリヒの恋はあまりにも控えめであった。彼はただ心の中で黙って愛の炎を燃やしているだけであった。ところが、弟の方はまったく反対でアンゲラへの激しい愛情をすこしも隠そうとはしないので、やがて美しい姫の方もこの若い騎士の愛を受け入れるようになってきた。年老いた父親は、これを困惑の念をもって見守るのであった。二人の愛は兄にも知れずにはいなかった。気の弱い兄は、早く言うべきことを言わなかったばかりに死刑の宣告を受けたかのように深い苦しみに沈みながら、ついに自分の愛は言葉に出さず、自分の心の底に葬ってしまったのであった。

そしてアンゲラは？　苦悩に満ちた兄のまなざしが訴えているものには、すこしも気がつかなかった。ただ一度彼女の名前を呼ぶ彼の声が震えているのに気がついてはっとしたこともあったが、若く明るく恋の喜びに燃えている彼女の瞳には、兄の騎士の顔を曇らせている苦悩の雲は映らなかった。

ちょうどそのころ、フランスからクレルヴォーのベルナールがライン地方へやって来て、異教徒

「兄弟城」シュテルンベルクとリーベンシュタイン　W. O. v. ホルンの著書(1881年)より

征討のために新たな十字軍を結成することになった旨を説いてまわっていた。幾千という人がこの聖修道士の説教によって奮起した。シュテルンベルクの城内でも、彼の熱狂的な説教が行なわれた。ハインリヒは十字架を手にとった。恋に破れた彼にとって、この城はもはや彼をひきつける何ものも持たなかったからである。しかし、元来激しい性格であった弟もまたこの説教にはおおいに心を動かされ、ことに何かおとぎ話めいた「東の国」への十字軍遠征ということは、未知のものに対するあこがれを強く刺激したのである。長い間世間から隔絶されたようなこの城廓の中で育った彼にとっては、アジア、トルコの城砦や棕櫚《しゅろ》の木の茂る東方の諸国で、勇敢な十字軍の戦士を待っているであろういろいろな冒険のことを考えると、矢も楯もたまらなかったのである。愛する姫の涙の願いも、年老いた父親の苦しみに満ちた懇請も、どうしても出て行きたいという彼らを引き止めることはできなかった。

老人は、彼の息子たちの動かしがたい決意の前にはただ絶望するばかりであった。

「お前たちが二人とも行ってしまえば、おそらくもう帰っては来ないだろうし、そうなれば、いったい誰が祖先から受けついだこの城を守ってくれるのか?」と、苦しげに叫んだ。「わたしの長男よ! 亡くなった母親と生き写しのハインリヒよ! この父のまっ白な髪の毛をあわれんでおくれ! またコンラートよ! おまえは、愛している婚約者である姫の涙をなんとも思わないのか?」

二人の兄弟はしばらく黙っていた。やがて兄の方は、父親のかたわらへ寄って彼の手をとった。

「わたしは父上を見捨てて行くことはできません」

と、優しく言った。

「アンゲラよ!」と、弟の方は泣いている姫に向かって「おまえは別離の犠牲をしのんでほしい。そしてわたしが無事に凱旋したときに冠を編むのに必要だから月桂樹の小枝を植えておくれ」と言った。

その翌日、若い騎士は故郷の城を出発した。年若い姫は、その悲しみをどうすれば良いのかまったく身も世もないありさまであった。さんざん涙を流したあげくに、まるで泣きくたびれた幼児のように寝入ってしまった。そして目がさめたときには、腹の底から怒りの念がこみ上げてくるのであった。くだらない名誉欲のためにむざむざと愛人を捨て去って行った軽薄な男であったことが今さらのように思い出されて、美しかるべき思い出はそのためにかえって汚されるのであった。

こうなると彼女の目は、おのずと同じ屋根の下に暮らしているもう一人の若者——その若者は男らしい容姿にもかかわらず、女のように優しい気質で、失恋の悩みに苦しんでいた——の方に向けられるようになってきた。彼女は、この兄が純粋の愛情から、何とかして彼女の別離の悲しみを和らげようといろいろ気を配ってくれる親切さをあらためて感謝の念をもって見直すのであった。彼の立派な精神や豊かな感情というようなものに、今まで気がつかずにいたすぐれた点がたくさんあることがようやくわかってきた。特に狩猟の時の大胆な勇気や、いろいろな事物についての該博な知識は、彼女の賞讃の的となってきた。

しかし、彼の方は魂の底に眠っている愛情がふたたび呼び起こされることを恐れているのか、できるだけ彼女を避けようと努めているように思われた。彼の態度がこんな風であったために、アンゲラはいっそうひきつけられるようになってしまった。そのために彼女は、彼の弟への愛はほんの一時の情熱のいたずらにすぎず、彼が旅に出てしまった現在では、もうなんとも思ってはいないということをどうにかして彼にわからせようと努めるのであった。しかし、彼の方は相変わらずただ兄妹としての愛情しか感じてくれないようなようすなので、今や本気で彼を愛し始めた彼女は、まことに悲しい思いをしなければならなかった。しかし、もしここで一言でもはっきりと、彼女の方から愛の告白が行なわれていたとしたら事柄はまた変わったこととなったかも知れなかったのであるが。

彼女の感情の変化には、もちろん彼も気が付いていなかったわけではない。しかし、彼女が弟の婚約者であるということを考えて、ややもすれば頭をもたげようとする感情をそのつどおし殺していたのである。

ある日のこと、彼女はついにその心の中を老人に打ちあけた。年老いた父親は、これを聞いて心から喜んだのである。彼は神に感謝した。愛し合うにふさわしい両人が結ばれることは、彼の信仰

シュテルンベルク（シュテレンベルクとも、左）城とリーベンシュタイン城

によれば主の御心に従うことであると思われたからである。彼は、夢の中に、アンゲラがひざの上に金髪碧眼の彼の亡くなった妻にそっくりの、そしてまた長男に良く似た赤ん坊を抱いてあやしているところをさえ見たのである。しかし、また十字軍の戦士として聖地におもむいた、暴れ者の次男のことを思い出して、この未来の夢を中断するのであった。

彼は自分たち一族の本城と向かい合った場所に、新しい城砦を築かせることにした。そしてこの城をリーベンシュタインと名づけ、彼の次男が十字軍から帰って来たならば、与えることにした。この城が出来上がるとまもなく、老城主は息を引きとったのである。

それからしばらくして、十字軍も幕を閉じる時がきた。引き上げてきたラインの領主たちは、妙な噂を伝えた。それは、シュテルンベルクのコンラーディン伯が東の国で結婚した非常に美しくかつ身分の高いギリシアの婦人を連れて帰ってくるらしいという話であった。

兄はこの風評を燃えるようなまなざしで聞いた。彼は、この知らせを信じることはできなかった。姫に向かい、婚約者の弟がもうじきに帰ってくるであろうと知らせた。彼女はさっと青ざめた。何か言おうとして唇をわななかせたが、興奮のあまり舌が動かなかった。

彼女は何度も城の望楼に登っては、遠く南の方を見守るのであった。

ある日のこと、一艘の船がライン河に現われた。その船のマストには、外国の旗がひるがえっていた。城壁のやぐらの狭間から、これを見つけたアンゲラは大声で兄を呼んだ。船はだんだん近づいて来た。渡し守りが大きな声で呼びかけているのが聞こえ、船上の乗組員たちの顔も識別できるようになった。

突然姫は悲しい叫び声を上げて泣きながら、兄の騎士の腕の中へ身を投げた。兄もまた愕然とした。彼はじっと船の上を見守った。船の中央には輝くばかりに立派な武装をした騎士が立っていた。それは弟であった。そして彼のかたわらには、美しい外国の婦人がまつわりつくように立っているのであった。

船は岸につけられた。

まっ先に陸に上がったのはコンラーディン伯であった。城壁の狭間から下を見ていた二人の姿は消えた。家臣の一人が騎士のかたわらに歩みよって、向かい側に築かれた新しい城が、父上の遺言によって、あなたの居城として定められたものであるということを告げた。

その日のうちに彼はシュテルンベルクの城を訪れた。しかし彼の兄は、城のはね橋を上げさせたまま中に入ることを許さず、婚約者との約束を破り捨てて顧みないような不実な男と会う気はない。ただ剣をもってまみえるばかりであると告げさせた。

夕やみが二つの城をおおい始めた。城と城との間に広がっている野原では、二人の兄弟が生死をかけて戦うことになったのである。

ものすごい決闘であった。正義の憤怒と傷つけられた誇りとが、白刃の火花を散らした。鎖子鎧《さしょろい》（中世騎士の用いた鎧の一種）をまとった二人の顔面は火のようであった。力も勇気もまったく互角の勝負であった。やがて兄の鎧の籠手の間からさっと赤い血が流れるのが見えた。

このとき、間に飛び込んで来た者があった。心配のあまりまっ青になった姫が高く両腕を上げて戦士の間に割って入ったのである。アンゲラであった。絶望的な叫び声で、

「神の御名にかけて争いをやめて下さい！　亡くなられたお父上の名にかけて、兄弟どうしの殺し合いはやめて下さい！　あなたがたがお互いに剣を交える原因となったわたくしは、今ここでこの世に別れを告げる決心をしました。そして騎士のコンラーディン様、あなたはずいぶんひどい方だと思いますけれども、あなたの不実の罪のお許しと御立派なお兄様と同じように祝福をお受けになられるように神様にお願いしましょう」と懇願したのである。

二人の兄弟は武器を下ろした。コンラーディンは低く頭をたれ、手で顔をかくした。さすがの彼も立派な彼女の態度に、顔を上げて面と向かうことはできなかったのである。ハインリヒは、なお泣いている姫の手をとった。

「さあおいで、わたしの妹よ。あんな不実な男は涙を流してやる値打もないんだよ」と。

二人の姿は木かげに消えて行った。後に残った騎士はただ黙ってそれを見送るばかりであったが、やがて羞恥と後悔の気持でいっぱいになったのである。

お城からほんのわずかばかり離れた谷間に、マリエンベルクの修道院がある。アンゲラはここにこもって魂の安息を求めた。シュテルンベルク城とリーベンシュタイン城との間には、数週間の後、

幅広い城壁が築かれ、無言の間に二人の兄弟の敵対関係を物語っていた。

新しく築かれた城の方では、ほとんど連日連夜にわたってライン騎士の間で美しさを誇っている外国婦人のために宴会が開かれていた。

シュテルンベルクの城の方は、暗い悲しみにとざされていた。姫の決心を翻えさせようとした騎士の努力は、すべてむだになってしまった。彼女が去った後では、彼もまたすっかり生き甲斐をなくしてしまった。山のふもとに修道院を建てさせ、自分はそこの堂守りとして修道僧になった。そして数カ月の後に、ついにそこで息を引き取ったのであった。ところがその同じ日に——運命というものは不思議なものだが——マリエンベルクの修道院からも弔いの鐘が聞こえてきた。それは、失われた愛人アンゲラの死を告げる鐘であった。

リーベンシュタインの城主の方でも、この外国生まれの浮気女との幸福な生活は長続きはし

鎬を削って闘う兄弟　E. クルーパ=クルピンスキ画、1899 年

なかった。この情熱的なギリシア婦人は、まもなく貞操を破り、リーベンシュタインの客人として饗応を受けている間に良い仲となった騎士といっしょに逃げて行ってしまった。苦悩と恥辱とに打ち負かされた城主は、ついに城壁の狭間から身を投げて自殺してしまった。

二つの城は、結局リューデスハイムの騎士ブレームゼルのものとされた。寺院と修道院とは今日もなお谷間に残されており、毎年ここには敬虔な巡礼者が幾千となく聖母の慈悲深い像をおがみに集まってくるのである。しかし、二つの城はとうの昔に廃墟となってしまった。山麓のボルンホーフェンと呼ばれている修道院では毎日鐘が鳴らされ、巡礼者の感動的な斉唱の声が響いている。山上の二つの城の廃墟——土地の人は今でも、これを兄弟城と呼んでいるが——には悲しい静寂があるのみである。ただローレライを歌った詩人の語るところによれば、満月の夏の夜には、この二つの城の間の広場で互いに鎬《しのぎ》を削って戦う兄弟の剣の響きが聞かれるということである。

Sternberg / Sterrenberg und Liebenstein ▶ Die feindlichen Brüder

33 マリエンベルク修道院

ボッパールト

ボッパールトの城には、かつてライン地方の名門の一族として有名だったコンラート・バイエル伯が住んでいた。彼はまだ年も若く青年の客気に満ちあふれていたので、ときに血気にはやって危険な乱暴を働くようなこともあったが、さりとて変質者と言われるほどではなかった。ところが困ったことには、彼のお取りまきとも言うべき若い騎士たちがいずれもだらしのない大酒飲みや狩猟狂のような連中ばかりであったために、彼の心の中には多くの善良な美点もひそんでいたのであるが、それが周囲のものの悪影響で窒息させられてしまっていたのである。

たまたま、すぐ隣りに境を接していた城の姫君と知り合いになる機会を恵まれた彼は、たちまち姫の上品な美しさに魅せられてしまい、彼女に結婚の申し込みをする決心をした。彼らの両親もかねて知り合いの間柄でもあったので、この青年騎士は快く隣国の城に迎えられた。城主の姫のマリアも、ときにはこの騎士のあまりにも男らしすぎるとでもいおうか粗暴な態度が現われたりするといやな気持にさせられることもあったけれども、しだいにこの求婚者に愛情を抱くようになってきた。

それで、ある日彼が求婚したときには、彼女も結婚を承知したのである。こうして、結婚式の日どりは翌月ということに定められ、若い姫も楽しく明るい日々を迎えるようになった。

花婿ときまった彼の方は、もっと喜んでいた。しかし、彼の飲み友だちや狩猟仲間の連中は、いかにも馬鹿にしたような調子で彼をからかうのであった。彼らは城中でもう今までのような馬鹿騒ぎはできなくなるであろうし、すくなくとも相当制限を受けなければならなくなるだろうと考え、それを不愉快に思っていたのである。それで一人が彼に対し、なんで青春の不羈奔放な自由をみずから軽々しく永遠に葬るような愚かなことをするのか、となじった。また他の者は駄洒落と嘲笑をまじえながら、せっかくの花の若さなのに、わざわざ窮屈な鎖につながれるような結果になることは見えすいているではないかと説得するのであった。騎士は彼らの言葉をはじめの間は笑って受け流していた。婚約者の美しい姿を思いうかべて、彼らのおしゃべりを撃退していたのである。しかし、何度も同じようなことを繰り返して聞かされている間に、いつとはなしによろめいてきた。一時は冷静であった彼も、ついに青春の血気に打ち負かされたとでもいおうか、せっかく芽ぐみ始めた高貴な感情をまた失ってしまったのである。

A.レーテル画、1834年

そしてとうとうある日のこと、姫君が婚約者の来訪を待っているのに、彼は約束をすっぽかしてしまったのである。彼が使いの者に持たせてやった手紙を読んで、姫は泣きくずれてしまった。それはきわめて簡単な文面で、コンラート・バイエル伯は結婚の軛《くびき》にしばられるのにはまだ若すぎる、それだから前の約束は取り消すことにした、と書かれているのみであった。

数週間たった。コンラート・バイエル伯は、自分の領地である森の中で馬を進めていた。酒宴や何かのときには馬鹿にはしゃいで大騒ぎをするくせに、またときにはすっかり沈みこんでしまうようなところのある性質だった。彼はこのときすっかりもの思いにふけっていたため、行く手に、面甲で覆面した騎士が馬をおどらせて道をさえぎったことに気がつかなかった。すっかりおどかされた彼は、大きな声をはり上げてその騎士に向かい、いったいなに者なのか、またなんの用かと尋ねた。

「おれの楯が返事をしよう！」と見知らぬ騎士は答えた。「不実にも約束を破ったきさまを神の審判に服させるために、おまえのかつての婚約者のためにあだ討ちをしてやるのだ。すみやかに武器をとって向かって来い！」

この挑戦を受けて騎士は怒った。兜で顔をかくしたくぐもり声の響きは、彼の腹にこたえた。兜の紋章を見ると、それは約束をした花嫁の家のものであった。これは東方の国に遠征していると聞いていた姫の兄弟にちがいないと思い、彼はできればこの決闘を避けようとした。しかし、もう相手は馬を進めてきた。二、三回剣がかわされた。見知らぬ騎士の腕前はあまりに未熟であった。わざにもすぐれた騎士バイエルはたちまち相手の甲冑の胴腹を刺し貫いたので、敵は声もなく地上に落馬した。勝者は急いで駆け寄り、相手の兜を上げた。驚きの叫びが彼の口からもれた。そこに捨て去った花嫁の顔を見いだしたのである。口を開けた傷口からは彼女の血潮がほとばしっていた。絶望した騎士はその死者の上にくずれおれるばかりであった。

この日以後、もはやボッパールトの城では野放図な酒宴の歓声は聞かれなくなった。かつてはしばしば狩の角笛や猟犬の吠え声が聞かれた城の周辺の森も、すっかり静かになってしまった。森のその場所には、修道院が築かれマリエンベルクと名づけられた(今日においてもその名前がつづいている)。これは、騎士コンラート・バイエルが建立したものであって、彼は贖罪のために全財産を寄進したのである。彼自身は、その後聖地回復に遠征している十字軍に参加して東方の国に巡礼に出た。彼は甲冑をつけずに戦った——人の話によれば、彼はいつでもいちばん戦闘の激しい場所に飛び込んで行ったということであるが——。彼の不敵な勇敢な行為は十字軍戦士の中でも、ひときわ目立つものがあった。しかし、ついに敵の槍先にかけられたのである。彼は幸福な死をとげたと言われている。

19世紀半ば頃のマリエンベルク修道院

Boppard ▶ Kloster Marienberg

34

ウェンツェル皇帝

▼レンゼ（レンス）

コブレンツ地方のライン河岸に近いレンゼの美しい牧草地に、「王の座《ケーニヒスシュトゥール》」と呼ばれている場所がある。このレンゼの土地は宗教界の三大諸侯であるケルン、マインツおよびトリールの大僧正たちの領土が互いに境を接している場所に当たっているので、神聖ローマ帝国の指導者となるべき

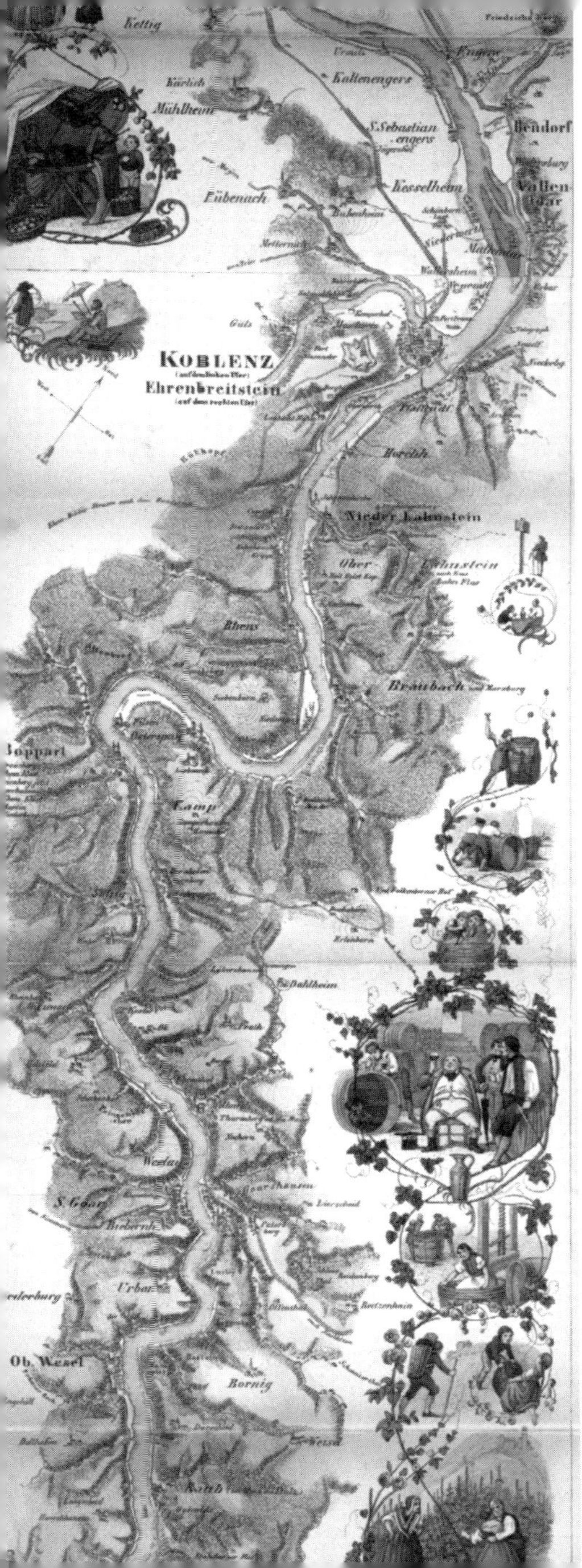

◀ライン中流（コブレンツからカウプまで）の絵地図
1845年、ケルン市立博物館蔵

新しい皇帝を選挙する時には、いつもこの土地に七人の選挙侯が集まることになっていた。かのカール四世もかつてこの地で君主に選ばれ、ボヘミアの父にしてドイツの継父と称されるに至ったのだが、このたびは同じルクセンブルク家から、カールの子息であるウェンツェルが皇帝に選出される運びとなった。カールは早くから、自分の長男を何とかして選出させようと腐心し、みずから息子を連れてライン地方のレンゼに巡遊していた。それは、この地の有名な「王の座《ケーニヒスシュトゥール》」で帝国の宰相であるマインツの大僧正が、トリールおよびケルンの僧正ならびに第三者としてファルツ伯を加えて、しばしば重要な会合を行なっていることを承知していたからである。

当時ボヘミア公であったウェンツェルは、ライン地方に非常な愛着を感じ、特にこの地方のブドウ酒については讃美してやまなかった。後に彼は、自力によったというよりは父親の努力と選挙侯たちのおかげでほんとうにドイツ皇帝となることができたのであるが、兄弟のジークムントが土地のやせた辺境のブランデンブルクを相続したにすぎなかったので、彼はラインブドウ酒に対して、いかなる愛酒家よりも特に感謝の念を以て賞味したのであった。

彼は黄金色のブドウの房の魅力は、王冠の黄金以上であり、うまいブドウ酒を飲もうと思えば何といってもその原産地が一番であることを良く知っていたので、この恵まれたライン地方に居を構え、崖下の地下倉に年々の最高の美酒を貯めこんでいるファルツ伯をしばしば訪問したのである。

ファルツ伯ループレヒトにとっても、皇帝が親愛の情を示してくれることは嫌ではなかったので、彼はいつも飛び切り上等のブドウ酒を用意して皇帝の歓待につとめたのであった。ループレヒトは、皇帝の冠とならば彼の所領くらいはいつ取り換えても良いと思っていたので、皇帝が酔った機嫌にまかせて、王座などというものは本人にとってはわずらわしいばかりで誰かにかわってもらいたい

レンゼのケーニヒスシュトゥール（1804年頃にフランス軍により破壊）　L. ヤンシャ画、1798年

と思っているなどと言われると、無性にうれしくなってますます御機嫌とりに夢中になるのであった。しかし抜目のない選挙侯たちが皇帝の寛大な政治を良いことにして、彼の退位を待ち望んでいるらしいということを警告する忠義ぶりも忘れなかった。ウェンツェル皇帝はこういうファルツ伯の言葉をいつもさりげなく聞き流しながら、大杯を一杯また一杯と傾けるのであった。

ある日皇帝は、またもレンゼの「王の座」でお気に入りの飲み仲間と酒宴を開いていたが、誰も彼もすっかり好い機嫌になっていた。ファルツ伯が見事な高杯に火のようなアースマンスハウゼンの美酒を注いで盛んに勧めたからである。ウェンツェルはこの貴重な飲物にすっかり満足していたし、他の飲み助たちもこの素晴らしい美酒を何といってほめたら良いか言葉を知らぬありさまであった。

杯が手から手へまわされている間、王宮の広間は軽快な音楽で満たされていたが、突然皇帝は立ち上がってたいへんな機嫌でファルツ伯に話かけた。

「いまわたしが頭上に戴いているこの皇帝の冠は、貴公とて嫌いではなかろう。もし貴公が今ここでわたしとこの仲間たちに、このアースマンハウゼンの酒よりもっとうまい酒を御馳走してくれるなら、この皇帝の冠は貴公に進呈しよう」と言い出した。

ファルツ伯はすっかり上機嫌で目を輝かせながら直ちに小姓に合図をした。するとまもなく一人の下僕が一本の埃りにまみれた罎をささげて入って来た。そして、この罎から杯へなみなみと注いだ。ファルツ伯は立ち上がって、最初の杯を皇帝に捧げた。「これこそは秘蔵のバハラッハの酒でございます。どんなに素晴らしいかは、謹んで陛下の御聖断を仰ぐばかりでございます」と、自信に満ちてすすめたのである。いかにも気持の良さそうな舌鼓の音が聞こえ、すべての人たちは満足そのものという顔つきであった。誰もが一様にこの火のようなバハラッハの酒を賞讃した。ウェンツェル皇帝も立ち上がって、この酒こそはアースマンスハウゼン以上であるということを声高らかに宣言した。さすがの皇帝もこの素晴らしいブドウ酒についてはほめ言葉がないほど感激していた。このブドウ酒こそはまさに王冠以上の価値があると、杯を重ねるごとに繰り返すのであった。

そして皇帝は約束を守った。ファルツのループレヒトはほんとうに王位を授けられたので、彼は感謝の念をこめてウェンツェル皇帝に六フーデル（一フーデルは八百ないし千リットルに当たる）のバハラッハ酒を献上したということである。

Rhense ▶ Kaiser Wenzel

35 ラーネックの聖堂騎士

▼ラーネック城

コブレンツの対岸に当たるラーンシュタインの小山の上に、五角形の望楼を備えたラーネック城があるが、これは、廃墟を修理して居住できるように建て直したものであって、ライン河岸の諸城のうちでも最も珍しい例の一つである。ラーネックについては、ルイ十四世の暴兵がハイデルベルクの城を潰滅させたのと同じ年に、ここもまた悲惨な敗北をとげたという伝説が残されている。この城を築いたのは、聖地エルサレムで結成された聖堂騎士《テンプラー》団の僧兵騎士たちであったと言われているが、この砦の頑丈な望楼は城の建物よりも三十メートルも高くそびえていた。

しかし、この僧兵騎士たちの繁栄は断たれたのである。美王（端麗王）と称されてはいたけれども、その実きわめて陋劣な人物であったフランス国王のフィリップ（四世）は、たまたま当時勢力の強かった僧兵騎士を解散せしめられたいという重大な告発が法皇に提

破壊されたハイデルベルク城の塔
C. ブレッヘン画、1829 年、ブレーメン美術館蔵

ラーネック城　W. O. v. ホルンの著書（1881年）より

訴されたことを理由にして、騎士団長およびその部下の五十人の騎士を捕縛して火焙りの刑に処したのである。法律の保護の外に置かれることとなった聖堂騎士たちは、たちまち至るところで追跡され残酷に処刑されてしまい、彼らが所有していた莫大な財産は、狂信者のものというよりはむしろ邪教信者のものであるという虚構の汚名をかぶせられて没収されてしまった。

ラーネックの城にはそのころ十二人の聖堂騎士が部下とともに籠城していたのであるが、彼らはマインツの大僧正であったペーター・フォン・アスペルトに助けを求めた。しかし、大僧正は彼らに不都合な行状があったという無実の罪を理由に、城を明け渡し、かつ彼らの赤い十字の記章をつけた白い外套を脱いで托鉢修道僧の衣服に着替えろという命令を下したので、十二人はいやしくも騎士たる者がこんな屈辱的な命令に服することはできないとし敢然反抗の意思を示した。

これは大僧正の憎悪と憤怒をいっそう刺激することになってしまった。彼はかつて法皇がアヴィニヨンで病気で苦しんでいた時代にみずから看病に当たって助けたことがあるのを恩にきせて頼み込んだ結果、ペーター・フォン・アスペルトはラーネックの追放者の生命も財産も自由に処分してもよろしいという許可状を法皇から与えられたのである。大ぜいの家来や兵隊を引きつれてライン河を下って来た彼は、ラーネックの聖堂騎士たちに法皇の許可を示して速かに降服せよと命令し、もし彼らが服従しなければただちに城を攻略して彼らを捕縛し異端の罪人として恥ずべき絞首刑に処すると威嚇した。

十二人の中の最年長者であった銀髪の老騎士は、彼の兄弟たちの名において、彼らは血の最後の一滴に至るまで徹底的に戦う決意であると宣言した。彼らはまたフランス国内の兄弟たちと同じように、いかなる拷問の責苦をも異端者に対する死の処刑をも敢えて恐れぬ覚悟であるということを示したのである。

こうして少数の守備軍に対する優勢な攻撃軍による戦いは始められた。選挙侯側の騎士やその従者たちはいずれも血だらけの頭をかかえて退散させられた。しかしマインツの大僧正は後から後から新手の軍勢を繰り出したのである。夜が明けると防禦軍の隊列は目に見えて手薄になっていた。その中でも血のように紅い十字架の記章のついた白い外套を風になびかせつつ一騎討の奮闘をつづける十二人の聖堂騎士たちの英雄的な姿は、一段と際立って見られるのであった。

しかしやがて手負い獅子のごとく戦っていた十二人の中の一人が城壁の狭間から破れた楯を抱いて寄せ手の群へと落ちて行くのが見られた。そして二人目、三人目とそれに続いて行った。残された勇士たちは全身まっ赤な血に染まりながらも、数少なくなった城兵の間に伍してますます勇気を

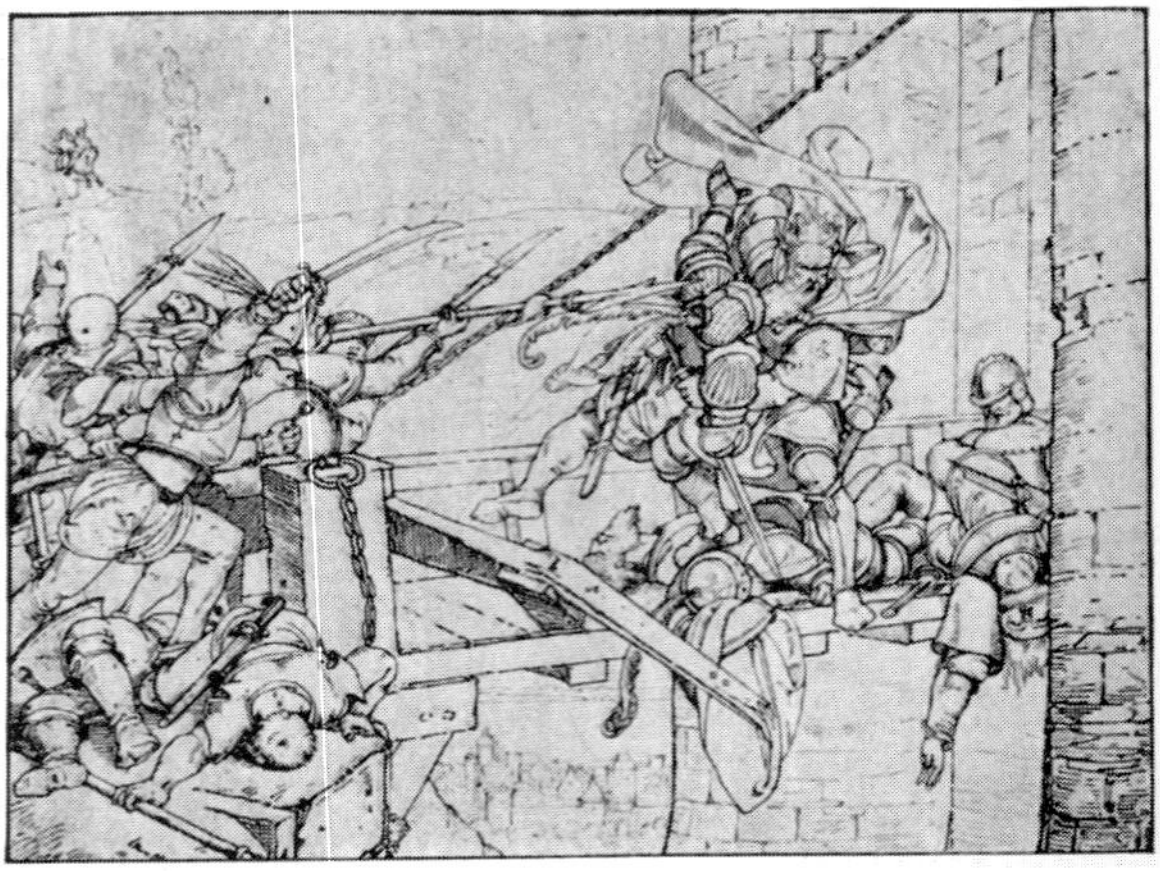

ラーネックの聖堂騎士　A. レーテル画、1834 年

倍加して奮闘した。しかし、無慈悲な死の影が刻々と忍びよってくるのをどうすることもできなかった。

夜になって勝ちほこって攻撃軍が強襲を加え、城壁の間に彼らの軍旗を立てた時、前に抗戦の宣言をした銀髪の騎士団長は、最後の一人として討死した兄弟たちの死骸の間に銀色の鎧を着て突っ立っていた。

大僧正も彼の英雄的な抗戦ぶりに感心していたので、最後にもう一度降服を勧めた。しかし彼は領土欲ばかり強い宗教界の領主を軽蔑していた。最後の力を振りしぼって、剣を高くかかげつつ、敵に向かって突撃を試みた。これを最後として十二人ことごとく戦死をとげてしまい、マインツの軍勢は英雄の屍体を乗り起えて、今や主人を失ったこの城に侵入してきたのであった。

ペーター・フォン・アスペルトはラーネックの城跡を復旧して住居になおし、ここをマインツ選挙侯所領の郡長《アムトマン》の陣屋と定め、初代の郡長としてハルトウィン・フォン・ウィニンゲンを任命した。爾来約三百年にわたってこの城はマインツ選挙侯の領地とされていた。しかし、ラーネックの英雄的な十二人の聖堂騎士たちの物語は今日に至るまでこの地方の語り草とされているのである。

36 侍従の娘

▼シュトルツェンフェルス

トリールの選挙侯コンラート・フォン・イーゼンブルクは、なかなか欲の深い人物であった。マインツの大僧正が、ときの皇帝の勅諚にそむいて権能がないにもかかわらずライン地方に関所を設け、旅行者から通行税の徴収を始めたときに、イーゼンブルクもまた同じようなことをやり始めた。深い森の山稜にシュトルツェンフェルスの城を築かせ、同時にそのかたわらに要害堅固な税関の建物を付置させたのである。そして、この城と税関と両方の管理を彼の侍従であったゲルハルト・フルンツベルクに委任した。

ところが、この代官は、彼の主人に劣らず欲の深い男で、シュトルツェンフェルスに陣取ってまったく苛酷な徴税をやってのけた。たとえば、特別な訓練をした猟犬を使って流浪のユダヤ人を捜し出し、この犬がみつけて来た者には二倍の重税を課すというようなことをやったのであった。代官フルンツベルクは、大僧正領内の税収の一部をおさえて横領するというような悪らつなこともやったが、そうやってだんだん自分の財産がふえてくるに従って、飽くことを知らぬ彼の欲望はますますひどくなるばかりであった。

シュトルツェンフェルスの代官が非常な欲ばりであるということを聞きつけて、南欧から一人の浮浪人がやってきた。この男は、錬金術の秘法を心得ているということを売り物にして騎士や僧侶たちの間を渡り歩いていたあやしげな男である。彼はフルンツベルクに会って、自分の錬金術の秘法を用いれば、世にも不思議な奇蹟を起こすことができるのだと吹聴した。

彼自身の言うところによれば、彼は摩訶不思議な秘術を心得ている達人であって、特に賢者の石と不老不死の錬金術薬とを所持しているので、つまらない金属を金や銀に変えることもできるし、不老不死の万能薬の力によっていかなる難病もたちどころになおるばかりでなく、老人を若返らせることも、寿命を延ばすこともできるというのであった。

欲に血迷った代官は、この素性もわからぬ他国者にすっかりのぼせ上がってしまった。そのために、この悪党が財産をなんとかしてだましとろうといろいろ画策していることに気がつかなかった。それればかりでなく、いろいろうまいことを言われて財宝をふやしてくれるような話を聞かされたために、ますます図に乗った代官は、主人の選挙侯の財産管理をごまかすことにばかり熱中したのである。代官の愛娘のゲルトラウトは、父が悪人どもにごまかされて失脚することを心配して熱誠をこめて反省を促した。けれども、彼女の嘆願も逆上した父親の耳にははいらなかったのである。

こうしているある日のこと、主人のコンラート・フォン・イーゼンブルク自身がシュトルツェンフェルスの城に来ることになった。これは、侍従のゲルハルト・フルンツベルクが取り立てたラインの税金を清算して徴収するためであった。私腹を肥やすことばかり考えていた不正な管理人であった代官も、悪事の清算をしなければならないときが来たのである。

心配のあまり娘のゲルトラウトは、錬金術師になんとかこの急場をしのぐ方法を教えてほしいと訴えた。老獪な錬金術師は彼女に向かって、ほんとうに父を助けたいと思うなら、その身を犠牲に捧げるより他にないと告げた。この犠牲さえ捧げれば、王のごとき財宝も無限の名誉も、健康な寿命も、要するにあらゆる地上の幸福が約束されるのだというのである。この言葉を黙って聞いていた乙女は、愛する父親を助けるのに自分の若い生命を捧げることはすこしも惜しいとは思わない。他国人の錬金術師がその秘法を行なうために必要だというならば、いつでも自分の身体は捧げます、とすこしも躊躇せずに約束した。

シュトルツェンフェルス城　P. ベッカー画、1873 年、ウィースバーデン博物館蔵

翌晩暗くなってから、彼女はこの外国人が錬金術の作業場に使っていた城の隅にある別棟の塔の中の部屋へ出かけて行った。部屋のまん中には大きな机が置いてあり、それには紫色のおおい布が広げられていた。その上には、一個の大きな鉢と一本の短剣とが置かれていた。すぐかたわらの三脚台の二には青白い火が燃えており、ちらちらす

シュトルツェンフェルス城　C. ショイレン画、1865 年

る光りで部屋の中は薄青く照らされていた。錬金術師は、死人のように青ざめた乙女に一枚のまっ白な亜麻布を渡した。彼女には衣服を脱いで机の紫色の布の上にその白い布をかぶって横たわるように命じた。

　娘は不幸な父親をなんとかして助けたいという一心から、言われるままに台の上に横たわった。錬金術師は犠牲に捧げる炎の上に身をかがめて、レバノンの連山から採ってきたと称する一握りの木片をそれに乗せ灰色のあごひげをもぐもぐさせながら何やらわけのわからぬことを口走っていた。娘は、恥ずかしさに目を閉じたままその清らかな肉体を神に捧げる覚悟でじっと横になっていた。やがて、呪文を唱え終わった錬金術師は突然おおいの布を取りのけ、燃えるような目つきで彼女の裸身に見入りつつ、高々と上げた右手に短剣を握りしめ、乙女の心臓をただ一突きにしようと身構えたのである。

その瞬間、入口の扉がさっと押し開かれた。高く振りかざされていた錬金術師の腕をまるで鉄のような強い力で押さえつけた別の腕が、次の瞬間には彼をまるで屠殺場のけだものでもあるかのように床に叩きつけた。恥ずかしさに赤くなりながら亜麻布を身体にまきつけたゲルトラウトの上に、やさしく身をかがめて介抱しようとしたのは、シュトルツェンフェルス駐屯の選挙侯所属部隊の青年隊長ラインハルト・フォン・ウェステルブルクであった。みずから進んで犠牲になろうとしていた乙女は、隊長に向かってすべての事情を打ち明けた。彼は、その日の夕刻から彼女のなんとなく落ち着かないようすを見て、おおよその事情は察していたのであった。というよりも、かねてから心ひそかに彼女を愛していた彼はなんとなく不吉な予感にかられて、彼女がこの部屋の敷居を越えて中に入ったときから、そうっと今までようすをうかがっていたのである。最後の危急な瞬間に神様のおさしずでこの部屋にとび込み、惨劇を未然に防ぐことができたのである。明朝この南欧の奇術師を、選挙侯の部下の首つり役人に引き渡すことにしましょうと語った。

この言葉を聞いて、それまで死んだふりをして床にのびていた魔術師はまるで息を吹き返した蛇のように起き上がり、忌まわしい呪いの声とともに部屋を飛び出して行った。

翌朝、青年騎士ラインハルト・フォン・ウェステルブルクはフルンツベルクのもとにおもむいて、彼の優しい娘のゲルトラウトをぜひ自分の妻に迎えたいということを心から頼んだのである。選挙侯の侍従であったフルンツベルクもこの高貴な身分の騎士から申し込みを受けて、自分の娘をほめるのもおかしいがなかなか愛嬌もあり婦徳も高い女に育てたとは思うものの、あなたのような財産家の妻としては身分不相応な気もするのでと返事をためらっていると、ウェステルブルクは、わたしの求婚には一つの条件があると言い出した。それは、花嫁の父となるべきあなたが詐欺師に奪われた財宝は、たまたま昨夜悪魔がちゃんと荷造りまでしてくれてあるから、それを引き出物として是非受けとってもらいたい。それと交換にわたしの結婚の申し込みを聞き入れていただきたいというのであった。

この二重の意味の申し入れに、フルンツベルクが当惑し青ざめて返事も出来ずにいるところへ、一人の家僕が大急ぎで駆けこんで来て、今この城の真下の突き出た崖のところで、頭骸骨を割って死んでいる魔術師が見つかったと告げに来た。たぶん、夜のやみと霧のために道を踏みはずして墜落して死んだものにちがいないと言うのであった。これを聞いて代官は、十字を切った。若いウェステルブルクは、震えている老人の手をしっかりと自分の手に握り、なおも温かい言葉を続けて、お互いに大事な宝物を取り替えっこしようではありませんかと頼んだ。

やがて日が昇り真昼となったころ、トリール選挙侯の壮麗な行列がシュトルツェンフェルスに到着した。コンラート・フォン・イーゼンブルクの税金の清算はなかなかきびしかったけれども、万事遺漏のないことが認められた。数日後、城内の礼拝堂で、彼の忠実な侍従の淑徳高き愛娘と同じく彼の部下であるシュトルツェンフェルス駐屯部隊の隊長との結婚式がとり行なわれた。そして席上、大僧正みずから祝辞を述べ、今日以後彼の頼みとしているシュトルツェンフェルスの城は、二重の意味でよりいっそう安全な保護のもとに管理されることになったので、これにまさる喜びはないと語ったのである。

Stolzenfels ▶ Des Kämmerlings Töchterlein

コブレンツ遠望(右手奥がモーゼル河)
J. J. ディーツラー画、1818年、ミッテルライン博物館蔵

37

リーツァ ▼コブレンツ

時あたかも九世紀の初めの三分の一くらいに当たるころ、カール大帝の息子で信仰心の厚いので有名だったルートヴィヒは、ライン河岸に居を構え、はなはだ評判の良くなかった大帝の他の息子たちと帝位を争っていた。当時モーゼル地方のキリスト教の布教で大きな成功をおさめた宣教師カストールの功績を記念するために、寺院一つをコブレンツに建立させた。この結果、ライン河の支流に臨んで、四本の塔に飾られた立派な寺院がそびえることになったのである。

そのころ、コブレンツの西南に当たる高処の、昔ローマ人によって築かれた城廓のあった場所にフランク王国の宮廷が置かれていた。また、そのすぐ近くに聖カストールに寄進された尼僧院が建てられていた。この尼僧院には、早くから俗世間を捨てたルートヴィヒ

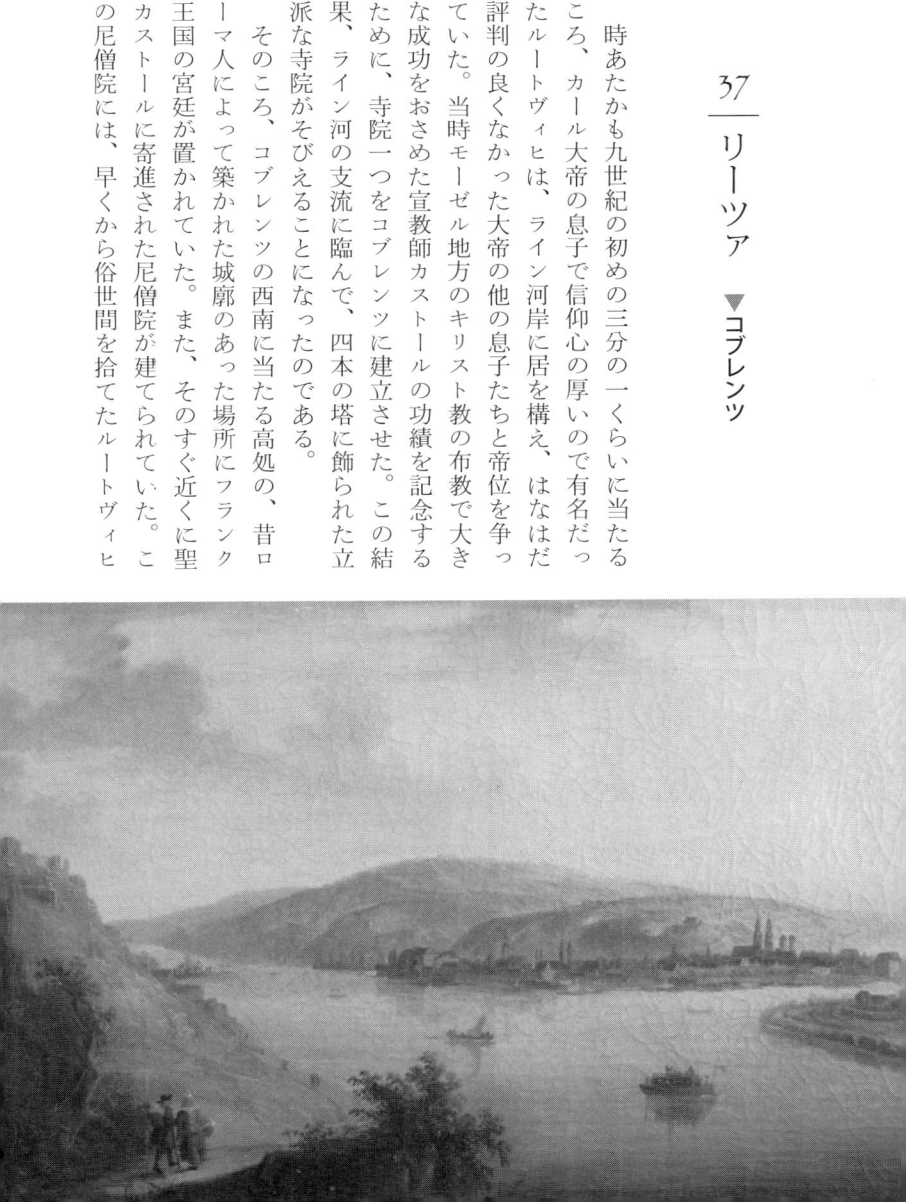

コブレンツ、聖カストール寺院

敬虔王の息女リーツァが信仰に明け暮れる生活を送っていたのであった。国王の娘であった彼女は、ここから毎日河の流れを渡って対岸のカストール寺院に祈禱《ミサ》に通っていた。リーツァは天主の特別のお恵みのおかげで、かつて若き日のキリストがゲネサレト湖の上を素足で渡られたのと同じようにすこしも足をぬらさずに、ライン河を渡って聖カストール寺院に通うことができたのであった。

しかし、ある日のこと、激しい暴風雨のために河の流れがたいへん荒れ狂ったことがあった。この揺れ動く波に足を触れた時、彼女は初めて恐怖の念を抱いた。彼女は近くのブドウ山から注意深く一本のくいを引き抜いて来て、それを杖にして流れを渡って行こうとした。ところが、おそるおそる流れの中に二、三歩進んだとき、あたかも聖書に書かれているペテロと同じようにたちまち水に沈みかけたのである。

恐怖の中にありながら彼女は自分の神に対する信仰の浅かったことに気がついた。すぐに杖にしていた棒くいを投げ捨て、両方の腕を高く天に上げて全能の主に救いを求めたのである。たちまち彼女は流れの中から浮かび上がり、いつものように足をぬらさずに向こう岸まで波の上を歩いて行くことができたのである。このことがあってからルートヴィヒ敬虔王の娘リーツァは、前にも増してなおいっそう神への奉仕に一心を打ち込むようになった。彼女は、ここの尼僧院で死んだ。遺骨は聖カストールの墓所のすぐ近くにある同寺院に葬られた。聖女として評判の高かったリーツァの大理石の墓石は、コブレンツ市の守護者でもあったルートヴィヒ皇帝の建立にかかるカストール寺院の北の側廊の中に、今もなお保存されているのである。

Koblenz ▶ Riza

福者リーツァの聖遺物匣　聖カストール寺院

38 ゲノフェーファ ▼アンデルナッハ

ファルツ伯ジークフリートの淑徳のほまれ高き奥方の名は、ライン諸州の讃美の的とされていた。この婦人は、かつて残酷な試練と言語に絶した苦悩に会いながらも、なお確固として心の宝玉をまもりつづけたということから、聖ゲノフェーファと呼ばれていた。フランク王国の大王カールと同名の祖先であったカール王が西フランク王国に君臨していたころのことであるが、古都アンデルナッハの西方に当たるマイエンの地にファルツ伯の居城があった。この城は、ホッホジンメルン城と言われていた。ここに、若いファルツ伯は優しい奥方といっしょに仲むつまじい生活を営んでいたのであった。

しかし、この幸福な夫婦の上にも不幸の影がさす日がやってきた。それは、当時恐れられていたアラビア人がスペイン地方からガリア地方に侵入を開始し、盛んに殺戮と放火をほしいままにしつつ北進してきたからである。キリスト教国であったフランク国内は恐怖の叫びで満たされた。半月旗のもとに蹂躙されたアフリカ地方と同じような運命に陥ることを避けて西欧諸国の独立を守ろうと思えば、十字架の敵に対し徹底的に抗戦する以外に方法はなかったのである。ファルツ伯の城にも、祖国防衛の戦争に参加するようにという国王の呼び出し状が届いたことは当然であった。城主ジークフリートはただちに武備を整え、涙にくれる愛妻に別れを告げ、父祖伝来の城を後に出発して行った。彼の生涯のうちで最も幸福な思い出に満ちているマイエンの素晴らしい野原に別れを告げることはつらいことであったが、それにもまして、嘆き悲しむ奥方と別れなければならないことは、なおいっそう悲しいことであった。あわただしい出発の最中ではあったが、彼は大急ぎで最愛の妻の身の上のことを家老のゴーロに頼み、また妻にはなにごともゴーロを信頼して良く相談をするようにということを申し渡した。

ファルツ伯妃にとって、最愛の夫との訣別がいかに悲しいものであったかは、ほとんど筆舌に尽しがたかった。優しかったジークフリートがいなくなり、声が聞こえず、姿が見えなくなった淋しさは、大きなガランとした城の中だけに、ひとしお深いものがあった。保護者として頼めと言われた家老を相手に、友だちに話しかけるようなことはとうていできないことであった。純潔そのものとも言うべき彼女にとって、ゴーロの黒い目に時おり閃めく異様な見慣れない輝きはなんとなく不気味であった。彼の目つきは、しばしばひそかに彼女の行動を見張っているようにも思われたし、またじっと彼女を見つめている彼の表情が何を考えているのか、子どものように純真な彼女には理解することもできなかった。

そういうときには、なおいっそう、いなくなった夫への思慕の念は深まるばかりであった。こんなときに彼女はしばしば露台《バルコニー》を散歩し、城内の庭の片すみにあった接骨木《にわとこ》の茂みのかげで一人黄金色の夢に身をまかせるのであった。憧憬に燃える瞳を遠く薄青く暮れてゆくかなたに向けるとき、いつしか彼女は恋しいジークフリートのかたわらにいるのであった。彼の広い胸に頭を寄せつつそっと秘密を告げるのであった。彼女は今身ごもっており、近く母になるであろうということを。異教徒に対する戦争は、たぶんまだ長く続くことであろう。しかし、彼が帰ってくるときには、彼女は愛の結晶をこの城の庭で歓呼の声とともに彼の腕に渡すことができるのである。こういう空想にふけっているファルツ伯妃の愛らしい顔には、幸福な輝きが漂っているのであった。彼女はしばしば、露台に出て行き黄金色の未来の夢をくり広げたのである。彼女の心は幸福な奇蹟に酔い、憧憬に満ちた彼女の目は遠く蒼茫と暮れて行くはるかかなたの空を彷徨うのであった。

ファルツ伯妃は、家老ゴーロを見るたびになんとなく不気味な感じを受けるのであったが、それはいわれのないことではなかった。ゲノフェーファの天使のような美しい姿に接している間に、ゴーロの胸の中にはいつしか抱いてはならないはずの思慕の火がともされ、それはなんとしてもかき消すことができないものとなって行った。臣下の誰にも一様に優しい彼女は、もちろん彼に接するときも同じように優しかったが、しばしば伯妃と同席しているうちに彼の夫人への思慕の念は強まるばかりであり、激情の炎はついに彼の頭脳を焼きつくすかとも思われるありさまで、ついにある日のこと彼は愛する夫人の足下にひざまづいた。激情のほとばしるままに、ゴーロは主君の奥方に愛の告白をしたのである。

ゲノフェーファはこの恥知らずな告白に驚いたが、もちろん憤怒と軽蔑とをもって不敵な申し出を拒絶した。彼女は、彼が自分の義務を忘れてしまっていることを強く非難し、今後もう自分の前には現われないように命じ、また繰り返して同じようなことがあれば、主人に知らせるからと言って脅かした。

これを聞いたゴーロは、美しい夫人に強い憎しみをこめた眼ざしを注いだ。興奮した彼女に許しを請うてみても聞き入れられる望みもなかったし、逆にその誇りを傷つけられたことを根にもって、彼女に対する卑しい復讐を心ひそかに誓ったのである。彼女がジークフリートにこのことを告げれば自分の身が危うくなると考えた彼は、いよいよもってまちがった道へ足を踏みこんで行くこととなったのである。

憎悪と復讐の鬼と化したゴーロは、世にもおそろしいことを考え出した。彼はなんでもないつまらないことを口実にして古くからの家来たちを追い出し、城内の使用人をすっかり新しいものと入れ替えてしまった。こうしておいて、ついにある日のこと城中の大ぜいの家臣たちのいる前で、恐れおののいているファルツ伯妃に向かい、目をいからせつつ、彼女がまことに恥ずべきしわざで遠征中の夫君を裏切り、平生夫人の乗馬の世話をしている身分の卑しい奴隷と姦通した上に、今その罪の子を懐妊しているのだと攻撃したのである。これを聞いてゲノフェーファは、恥辱と憤怒のあまりに気絶してしまった。すっかり気を奪われて茫然と立っている家臣に向かって、ゴー

囚われのゲノフェーファとゴーロ　M. v. シュヴィント画、1833 年頃

ロは、夫人の不義については、逃げ去った馭者のドラゴーの罪とともにすでにファルツ伯には報告済みであるということを話し、さしあたり城代家老としてこの不実な夫人を土牢に閉じ込めることにせよと命令した。

不幸なファルツ伯妃は、城内のじめじめした土牢の中で意識を取り戻した。深い深い悲しみにとざされた彼女は、この理由もない試練を課した男に対し、なんとかしてこの苦しみから解放してくれと嘆願した。けれども、ただ苦痛に満ちた時間がなんの甲斐もなく過ぎて行くばかりであった。ゲノフェーファは土牢の中で赤ん坊を生み落した。彼女はこの赤子を自分の涙でもって洗礼し、トリスタンすなわち「苦しみに満ちた者」という名前をつけたのであった。

ファルツ伯ジークフリートは、すでに八カ月も留守をつづけていた。英雄らしく幾度も激しい戦闘に参加した。イスラム教徒たちは、早くもピレネー山脈を越え、残された西欧諸国を席巻して、彼らの予言者の教説に従い火と剣をもって征服しようと狂奔し、また熱狂的な信仰をもって戦っていた。あちこちで激しい戦いは繰り返されていたけれども、強大な侵入軍の優勢に押されて、フランク人たちはしだいに後退することを余儀なくされていた。恐れられていた敵軍はすでにガリアの心臓部に侵入して来ており、彼らの軍馬はロアール河の水を飲んでいたのであった。このとき頽勢おおうべくもなかったフランク王国の最初の勇士としてカールが現われたのである。かくてツールの付近でアラビア人との血闘が行なわれた。朝早くから夜遅くまでヨーロッパの運命をかけて、十字架と半月旗とが戦ったのである。ツールとポアチエの間に繰り広げられた攻防戦はたとえるものもないほど激しいものであったが、ここでカール・マルテルは、鉄槌を振って異教徒たちの頭蓋骨をたたきつぶした。その勇敢な働きは、かの歴史に有名な勇士マカベウスのユダに比すべきものであった。

ファルツ伯ジークフリートは、総司令官のすぐかたわらで戦っていた。獅子のごとく目ざましい戦いを続けた彼には、戦いの終わりに至るまで神の加護があった。しかし、日暮れごろになってさしも英雄的な戦いをつづけて来た彼も、ついに追跡して来たサラセン人の長槍に刺されてしまった。それは幸いに致命傷ではなかったけれども、少なくとも数カ月はじっとしていなければならないことになってしまった。陣屋の中に寝かされたジークフリート伯は、今は強い憧憬をもって美しいラインの谷に残して来た愛妻の身の上に思いをはせるのであった。

こうしている間のある日のこと、マイエンから一人の使者が、家老ゴーロが書いた羊皮紙の書簡をファルツ伯のもとへもたらした。ジークフリート伯は、その書面のごつごつした黒い文字を、ぬぐい去ってしまいたいような気持で見入るのであった。しかし、それらの文字はまるであざけり笑う小さな悪魔のように彼の目の前で踊って見せた。そして、彼の耳には死刑の宣告のようなささやき「あなたの夫人はすでに逃げ去った馭者のドラゴーと世にも恥ずべき不義を犯されました」という声が聞こえるのであった。

彼の指はその書面を引き裂き、青ざめたその口からはうめき声が漏れた。ただちに彼は少数の部下とともに出発し、まっくらな淋しいアルデンヌの森を抜けて休む暇もなくファルツの城へと戻って来た。城の露台には一人の男が出て、しきりに遠方のようすを注意していた。そして遠くから砂塵の舞い上がるのが見え、しだいに近づいて来る群の中に騎士とその家来たちの姿を認めると、彼の目の中になにやら閃くものがあった。

立派な武具を身にまとった騎士は、いつのまにか群を離れて先頭に飛び出していた。軍馬の蹄の音が城の掛け橋の上に響いた。泡をかんで喘いでいる軍馬から下り立ったファルツ伯の前に進み出たゴーロは、へつらい者らしいもの腰で、すでに使者に報告させたことを、もう一度ここで、もったいぶって繰り返して話すのであった。

「たたきつぶしてやりたいやつだが、わが家門の名誉に泥を塗った罪人はいったいどこにいるんだ！」とファルツ伯はどなった。

「お殿様に申し上げます。この不つごうなやつは、厳罰を加え、さんざん鞭打ったうえ城から追い出しましてござります」とゴーロは答えた。

ファルツ伯は深い溜息をついた。そして黙ってゴーロの顔を見るばかりであった。このとき、この佞奸な男の目の中に悪魔の喜びのようなひらめきがうかがわれるのであった。

城内の土牢の中へも軍馬の鉄蹄の響きは、家来たちのざわめきや騎馬武者どもの物具の音とともに聞こえて来た。ゲノフェーファは、しっかりと立ち上がって外のようすをうかがっていた。なつかしい名前は神への熱い祈りの叫びとともに彼女の唇をついて出るのであった。今こそ、世にも恐ろしかった試練の終わるときが来たのである。恥辱は去り彼女の淑徳が勝利をおさめ、耐え忍んで来た茨の冠は勝利の花輪と取り替えられるときが来たのであると彼女は信じた。

大きな門が上げられ、しっかりした足音といっしょに男たちの話し声が聞こえてきた。彼女は眠っている赤子をしっかりと胸に抱きしめた。入口の扉は開かれた。彼女は自分たちの愛の財宝である可愛らしい子どもを高々と差し上げながら、歓びの声を放って愛する夫の名前を呼ぼうとした。しかし、その言葉はのどを出ない間に押しつぶされてしまった。そして、悲痛な泣き声に変えられてしまったのであった。身も世もあらぬ彼女を、彼は冷たく押しのけてしまった。彼の宣告は罪もない彼女の頭上にまるで鉄槌のように下され、嘆きと悲しみの中にゲノフェーファはくずれおれてしまったのである。翌朝、暁の光がさしそめて来たころ、二人の奴僕がやって来て、不幸な親子を森の中へ連れこんだ。彼らの城主が十字架のために生命を投げうって戦っている間に恥ずべき不貞の罪を犯した夫人を、彼らは冷たい手で殺すことを命ぜられていた。その罪の子をもいっしょに殺すように指図されていた。そして、この命令を実行した証拠として二人の舌を持って帰るように、ファルツ伯から言い渡されていたのである。

二人の奴僕は、この哀れな親子をなさけ容赦もなく追い立てて森の奥まで連れて来た。このあたりはもはや猛禽の叫びや野獣の咆哮以外に静けさを破るものとてないような場所であった。彼らは剣を引き抜いて身構えた。このときファルツ伯妃は彼らの足もとへ身を投げ、赤子を抱いて差し上げながら、たとえ彼女自身は殺されるにしても、罪もないこの子どもの生命だけは助けてくれと涙とともに嘆願したのであった。二人の奴僕も深く心を打たれ、身構えていた腕を下ろし、殺戮の道具も鞘におさめた。彼らは、母と子とを、なおも森の奥深くへ連れて行き、突然身をひるがえして、犠牲の親子をほうり出したまま帰って行ってしまった。

彼らは、身代りに二匹の鹿の舌をファルツ伯のもとへ持参して、命令どおり二人の生命を奪いましたと報告したのであった。

悩みに満ちたゲノフェーファをおおう悲嘆の雲は、まっ黒い重いものであった。苦痛に耐えつつ疲れた足を引きずって、彼女は方角もわからない森の中を彷徨した。飢えは追いせまり、やがて餓死寸前の状態に陥ってしまった。彼女の腕の中で、赤ん坊は元気のない泣き声をあげていた。絶望した母親は、今はただ天を仰いで祈りをささげるのみであった。耐えがたい心の悲しみは、熱い涙の洪水の中に洗い流された。そして彼女もいくらか楽になることができた。赤ん坊も泣けるだけ泣いたあげく眠り込んでしまった。ゲノフェーファは祈りをささげた天の神のお導きによって、一つの洞穴の前にたどりつき、ここに救いと保護を求めることになった。あたかも神様が彼女にお助けを下されたように思われたが、一匹のまっ白な牝鹿が洞穴の中にはいって来て、いかにも親しげに彼女らの足もとにうずくまったのである。牝鹿は大きな乳房をしていた。たぶん数日前に子供を生んだらしいようすであった。優しい動物は、見知らぬ婦人が彼女の子どもに自分の乳を与えて元気づけているのを喜んで見守っているように思われた。翌日の朝もまたこの牝鹿は洞穴へやって来た。ゲノフェーファは深い感動をもって神に感謝の祈りをささげるのであった。彼女は自分の生命を長らえるために、木の根やくだものや薬草の類を捜し求めた。優しい牝鹿は毎日のように洞穴の中へやって来て、ついには始終彼女らといっしょに住むようになったのであった。

　こうして、日がたち週が過ぎ何カ月かが去って行った。彼女の強い信仰心によって、つらい試練の苦痛もしだいにやわらげられ、いつしか静かな悲しみに変わって行った。すべてを神にゆだねた彼女の心には、天国のような安息が満ちるようになってきた。罪もない彼女を追放した夫にも、彼女の淑徳に無慈悲な報復を企てた悪人にも、これを許す気持が時とともに彼女の心の中に広がって行ったのである。もちろんふくよかであった彼女のほおはすっかりやせこけてしまった。しかし、牢獄の閉じこめられた空気の中で蒼白にされていた両ほおにも清潔な森の空気によってほんのりと赤味がさすようになってきた。子どもはさらに早く元気を回復していた。彼は成長し、智恵がつき、

森の孤独の中のゲノフェーファ（▶口絵3）
L. リヒター画、1841年、ハンブルク美術館蔵

まわらぬ舌でものを言い、そしてお祈りをするようになってきたのであった。それは踏み折られた幹からみごとに萌え出た若い枝のようであった。

ファルツ伯の城内は、あの悲しい出来事があってから以後、暗い憂愁の気にとざされていた。ジークフリートの、一度は炎のように燃え上がった激怒も、しだいにしのびよる悔恨に変わって行った。ときどき城内の思い出に満ちた部屋部屋を歩きまわると、かつては愛する妻の優しい声が響いていた場所にもただ沈黙が漂っているばかりであり、心の底から悲しみがこみ上げてくるのであった。悲しみはやがて後悔と変じ、彼の耳には切迫した口調の火のような言葉が聞こえて来るのであった——あんな惨酷な処置を命ずるなど、あまりにも苛酷に過ぎたのではなかったか？　あまりに急いで苛酷な判決を下したのではなかったか？　罪のことについてももっと真相を糾した上で適当な減刑を考えるべきではなかったのか？　などと思い迷うのであった。

この警告の声が聞こえ始めると、城内の静寂はファルツ伯にとって悔恨の重圧となっておおいかぶさってくるのであった。こういうときには、彼は急いで騒がしい猟犬の群や家臣どもを引き連れて狩猟に出かけ、狩りのラッパや犬の吠え声で心の訴えの声を聞かないようにしようと努めるのであった。しかし、そうしてもなかなか気はまぎれなかった。戸外に出ても、至る所で血の気の失せた婦人の顔を見るような気がした。彼はその幻影を、明るい光線の輝きの中に追い散らそうと努力した。ゴーロは、この主人の心理状態を見逃がすようなことはしなかった。佞奸な彼は悲しみに沈んでいるファルツ伯の身辺にまつわりついて、偽善者的な言葉で、彼は主君の幸福のために忠誠を尽す気持でいるということを訴えて媚びへつらうのであった。飢えている者は、たとえこじきが差し出したパンでも喜んで受け取るものである。ジークフリートは家老が彼の孤独を慰めようとしていろいろと機嫌とりに苦労しているのだと考え、心の中ではこの男が自分の一生の中でも一番悲しい処分をさせた恨めしいやつだとは思いながらも、そのへつらいを持ち前の寛大さで快く受け入れるのであった。

ある日のこと、ファルツ伯はふたたび狩りに出かけた。ごく少数のお供しか連れていなかった。その中にゴーロも加わっていた。ジークフリートは平常よりもずっと奥探くまで無限に広い森の中へ進んで行った。突然、彼の目の前に乳のようにまっ白な牝鹿が飛び出してきた。ファルツ伯はこの珍らしい動物をとらえようと思い、まるで本職の猟師がやるように錯綜したやぶや茂みをかいくぐって追いかけて行った。彼がその狩猟用の槍を投げつけたと思ったとたんに、鹿は洞穴の中に姿をかくしてしまった。そして一人の婦人が、子どもの手をひいて岩の割れ目から出るのが見られた。保護を求めるように牝鹿は彼女の足もとに寄り添っていた。猟師をちらっと見た彼女は、豊かな金髪でその貧し気な衣服の肩のあたりを急いでおおいかくした。彼女は震え始めた。身動きもせずに、大きな悲しげな目で猟師をまじまじと見つめていた。やがて彼女の口から叫び声が、なかば歓呼のようになかばわめき声のように漏れると同時に、彼女はファルツ伯の足もとに身を投じていた。何カ月もの間ただ神への祈りと、見捨てられた子どもに対する慰めの言葉以外にものを言ったこともなかった口から、初めて無実の罪に苦しめられていたことについての誓いの言葉と訴えとが語られた。彼女の言葉はまるで火のようにファルツ伯の魂に注がれた。そしてその火は明るく燃え上がり輝きを加えたのである。

初めてほんとうのことがわかったファルツ伯は、ふたたび見つかった妻を自分の胸元に引き寄せて、とめどもなく涙の流れるそのほおに接吻し、ついには彼女の前にひざまづいて自分の過失について許しを求めた。また子どもをしっかりと抱きしめて、何度も何度もその名を呼んであやすのであった。

ファルツ伯は合図の角笛を吹いた。家来たちが近づいて来た。火のように燃える瞳でゴーロをにらみつけ、ひざまづいている家来の中から彼をゲノフェーファの前に引きずり出した。

「きさまにはこの婦人が誰だかわかるか?」

まるでこん棒でぶちのめされでもしたように悪人はその場にへたばってしまい、領主のひざにだきついて許しを願ったが、彼はまるでできたないものにでも触れるかのように突き離してしまった。

ゴーロは自分の罪業を告白し、慈悲を請うた。ジークフリートはしかし頭を横にふり、彼を鎖でしばらせて連れて行かせた。ファルツ伯妃から助命の嘆願は行なわれたけれども、結局恥ずべき死刑に処せられた。ゴーロにとっては当然の処罰であったと言わねばなるまい。

ゲノフェーファの祭壇　マイエン郊外のフラウキルヒ、1667年

ファルツ伯ジークフリートと天使のような彼の妻の上には、新たな幸福が明るくほほえみかけた。前にもまさる深い愛情をファルツ伯は彼の妻と可愛らしい子どもにふり注いだ。神に対する感謝の心をこめて彼は牝鹿に導かれてたどりついた洞穴のあった場所に寺院を建立させた。信仰心のあつい伯妃はしばしばこの神様の家を訪れて、その決して曇ることのない叡知を讃え、純潔な彼女の魂に涙の中から豊かな恩恵を与え給うたことについて、感謝の祈りをささげるのであった。

しかし、ついに人々の悲しみのうちに彼女の遺骸が運び出される日が来た。彼女の生前の希望によって遺体はこの寺院の中に葬られることにされたのである。今日においてもマイエンの郊外、ラーハ湖(63話参照)にほど近いあたりに、フラウキルヒと呼ばれる古い寺院がある。今でもなおここを訪れる人は、墓石や彼女が祈りをささげた塔や、あるいはまた彼女が苦しい受難の日を送った洞穴などを見ることができる。およそラインラントの人間であればジークフリート・ファルツ伯の淑徳の誉れ高かった奥方は、すなわち聖女ゲノフェーファであるということを知らぬ者はないのである。

Andernach ▶ Genoveva

39
娘たちに恵まれた騎士
▼ハンメルシュタイン

ラインブロールの町の上手にあたる陰気な灰色の崖の上に、千年近くもの間風雨にさらされた神聖ローマ帝国時代のハンメルシュタイン城の廃墟がある。この城の最初の所有者は、皇帝の忠実なる臣下で、ハンメルシュタインの狼と異名をとった騎士であった。この人は、時の皇帝ハインリヒ四世ならびにその仲間のおかげでたいへんな苦労をさせられたのである。歴史上有名な、皇帝一行のカノッサへの懺悔の旅に際し、ハンメルシュタイン伯はこれに同行した。その後は、老齢のために健康を損じて、もはやこの城を下りて世間へ出て行こうとはしなかった。俗世間の戦いのラッパの音は、この老武士の耳にも遠方から時おり響いてくることはあったけれども、彼がそれによって心を動かされるようなことは起こらなかった。

ハンメルシュタインの狼と呼ばれたこの領主には、ずっと前に亡くなった奥方との間に生まれた六人の姫があった。これらの姫たちはいずれも可憐な乙女たちで、老齢の父にやさしく仕えていた。山上に居を構えているこの老雄を彼女たちの愛情が囲み守っていたのである。しかし、彼は自分に男の子が恵まれなかったということをたいへん苦にしていた。それで、もし男子の相続人に恵まれるならば六人の娘たちといつ取り替えても良いと心の中で考えていたほどであった。こんなことにはすこしも気付かない六人の姫たちは、いずれも心をこめて不機嫌な父親を慰め、なんとかして彼の与えられた運命を楽しんで暮らせるようにしてあげたいものと熱心に努めるのであった。

ある晩のことであった。外には、鳴きやまぬ不吉な鳥のように、晩秋の強風が城をめぐって吹き荒れていた。室内では暖かい暖炉のかたわらで優しい娘たちの介抱にかしづかれてはいたが、老騎士ウォルフ（狼）は悪性の痛風に苦しめられて、ひどく不機嫌な状態に陥っていた。可憐な娘たちは、そのためにひどく怒りっぽくなっている老人の前で、まるで臆病な鳩の群のようにお互いに身を寄せ合っていた。

ハンメルシュタイン城址　J.L.ブロイラー画、1840年頃

あたかもこんなときに、夜もふけてから、門衛が二人の客人の訪れを報告してきた。二人とも紋章入りの騎士の外套を身にまとっていた。礼儀正しい城主は、痛風の痛みにもかかわらず立ち上がって二人の客人を迎えた。寒さに震えながら、疲れ果ててようやくこの暖かい部屋に迎えられた二人の放浪者は、自分たちは法律の保護を奪われた追放の身の上であることを告げて彼の保護と城内での休息とを求めたのであった。
そのうちの一人の声の調子を耳にしたとき、騎士ははっとしたようすであったが、やがてその見知らぬ人が兜のほお当てをはずし、外套をぬぎ捨てるのを見ると、ハンメルシュタインの狼城主は、うやうやしく彼の前にひざまづいて、その人の両手を握りしめ、口ひげに埋もれた唇を押し当てながら「わが君、わが国王、ハインリヒ陛下よ」と呼ぶのであった。

河岸よりハンメルシュタイン城址を望む　W. エリス画、1790年、ケルン市立博物館蔵

かつての古い戦友に会って、皇帝はやがて現在の彼自身の身の上について告白した。彼の肩から国王の外套を奪い、彼の頭から王冠を奪い去った者のためにいかに苦しい旅を続けて来たかを涙とともに語ったのである。これを聞いて憤激した城主が、その神も許さぬであろう恥知らずの罪人はいったい誰なのかと尋ねると、皇帝は力なくうなだれたまま「それは、実はわが息子なのだ！」と告げた。そう言ってから、彼は、両手で顔をおおった。

大理石の像のように固くなってじっとこれを聞いていた老騎士は、やがて自分の心の中が父性愛の閃きで明るくなるような気がした。

娘たちの優しい柔らかな腕に取りかこまれた老人は、今さらのように裏切られる心配のない彼女たちの愛情に感謝し、今まで長い間彼女たちにろくな愛の言葉もかけてやらなかったことを後悔し、この瞬間に悔恨と感謝を一心にこめる気持で娘たちにその腕を差しのべ、涙にくれたのであった。そうしている騎士に向かって皇帝は、悲憤の涙にむせびつつ、さらに語るのであった。

「うらやましい戦友よ！　忠実なきみの娘たちは、きみが死んだ後々まで墓を守って父親への孝養を重ねることだろう！　親が死ぬのを待ち、しかも父親が老境に臨むのを待ち構えて故郷から追い出すような不心得者の息子がいないということだけでも、なんというしあわせなことか！　それに引き替えてこのわたしは、わずかに残された少数の家来とともに、明日は自分の血を分けた息子を敵として避けがたい戦いに臨まなければならない身の上なのだ」

不幸な国王が用意された客室で眠られぬ夜を過ごしているとき、深く感動した城主は娘たちに、今までに一度も示したことのなかったほどの愛の手を差し伸べたのであった。同時に今まで息子に恵まれなかったということから、神に長い間不平な気持を抱いていたことの許しを心の中で願ったのである。

それから三カ月ほど過ぎた。オランダから悲しい知らせがライン地方に届けられた。それはハインリヒ皇帝の死去を告げるものであった。新たな軍備を整えている最中に突然、死の訪れを受けたのである。皇帝の臣下たちはいずれも深い悲しみにとざされた。しかし、その中でもハンメルシュタインの狼と言われた城主の嘆きはいちだんと深いものがあった。特に、使者が第二の知らせをもたらしたときの悲しみは極度に達した。この不幸な皇帝の屍骸を埋葬することさえ許されないという知らせがあったからである。リエージュの町の酒倉の中に皇帝の棺は放置されたままであった。

誰もそこへおもむいて、不幸な追放の身の魂の冥福を祈ってやる者はいなかった。この話を聞いて以来、老騎士は死と悪魔を呪いつづけ、夜もろくに眠ることさえできなかった。そして、ついに決心したのである。娘たちは泣いて止めたけれども、この老人の心を動かすことはできなかった。

それからまもないある日のこと、彼はケルンの大僧正を訪問し、かつて二十年ほど前に、彼が僧正の生命を助けたことを思い出させ、その際、彼はハンメルシュタインの城主に一生涯この恩は忘れぬから、どんな願いでもかなえてあげようという約束をしたことを思い起こしてもらった。

激しい言葉の応酬が僧正と騎士との間で火花を散らすようにかわされたが、彼の忠誠心はついに僧正の心を動かすこと

ハインリヒ4世の石棺の前で祈る娘たち　L. ローゼンフェルダー（1813-81）画

に成功した。ケルンの大僧正の助言のおかげで、まったく強硬であったリエージュの僧正たちの気持をやわらげることにも成功したのである。大ぜいの信心深い男女とともに、およそ一週間の後に、彼は皇帝の石棺の前にひざまづき、ひげだらけの唇をそれに押し付けて、口の中で「ハインリヒよ！わが君、わが国王よ！」とつぶやくのであった。こうして、遺骸は家来たちに守られてシュパイエルに届けられ、そこの皇帝の墓地に埋葬されたのである。

彼の命令によって、遺骸を乗せた船が、ケルンからラインの流れを静かにのぼって来たとき、はるか高処の城には弔旗が掲げられ、君主の死をいたんだのである。

ハンメルシュタインの城主が、ハインリヒ皇帝の最も忠誠な臣下であったということは、ずっと後の世まで語り伝えられた美談であった。

Hammerstein ▶ Der töchterreiche Ritter

40 利き酒の秘密

▼ライネック城

ブロールの町のすこし下手に当たる小高い崖の上は、昔ローマ時代にも望楼が置かれたところであるが、ここに騎士時代の砦の廃墟である約二十米ほどのまっ四角な望楼があり、ライネック砦と呼ばれていた。淋しい塔の遺跡をめぐって、騎士と僧正と乙女とそれにアースマンスハウゼンのブドウ酒とを中心とする愉快な伝説が伝えられている。ここに居を構えていた騎士はクンツ・フォン・シュワールバッハという名の、まことに剽悍な山賊武士であり、アールガウ地方の水上権（制水権）を掌握して少なからぬ利益をおさめていた。彼の妻がもしまだ生きていれば、もうすこし彼の乱暴を抑えることもできたかも知れないのだが、残念ながら早世して城内の礼拝堂に葬られていた。そのために、城主クンツの姪に当たる美しい乙女のアーデルグンデという名の姫が、夫人に代わってライネックの城の内助の役に当たっていた。

そのころケルンの僧正職についていた人は、アンゼルム僧正というきわめて信仰の深い、同時にまた厳格な人物であった。したがって、関税やその他の税金は遠慮なく取り立てたのでケルン市民の彼に対する怨みはだんだん強まりつつあったが、ついにある日新しい徴税命令が出されたとき、彼らの感情は爆発して暴動を起こしてしまった。

アンゼルム僧正は少数の家臣とともに、その居城からどこかへ逃げ出さなければならないことに

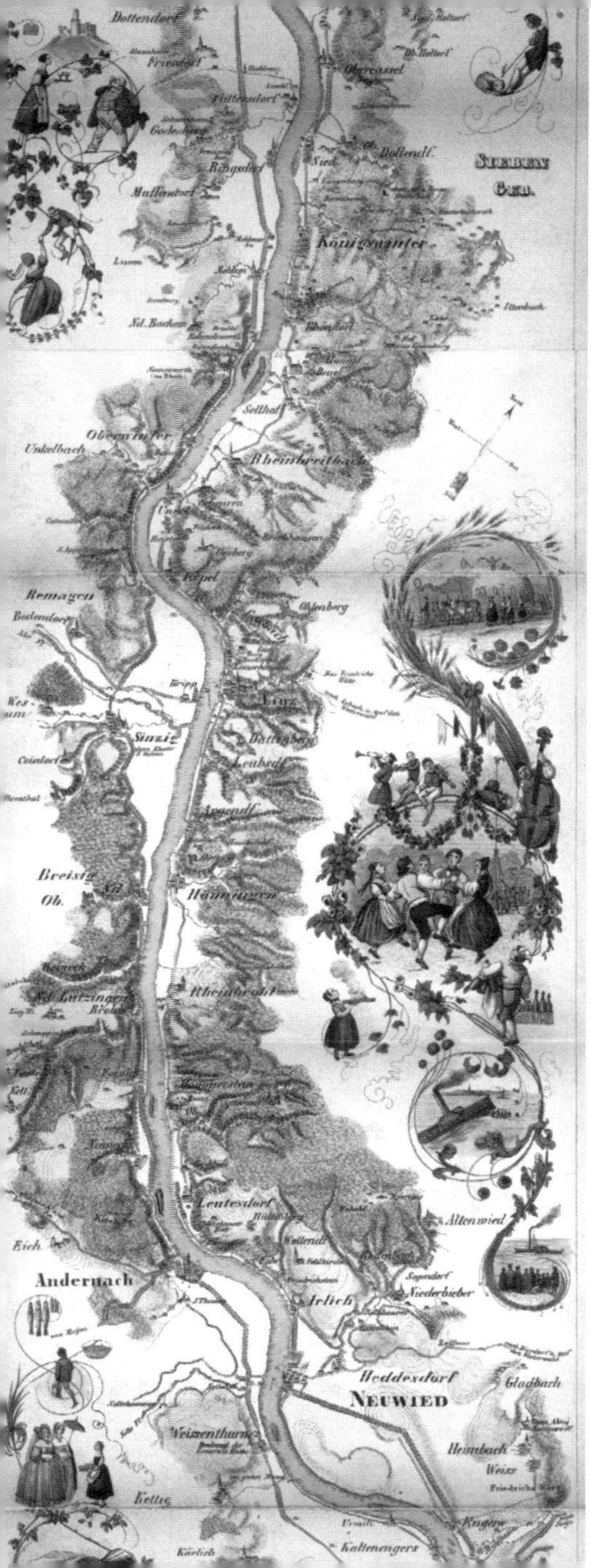

なってしまった。そこでアンゼルム僧正は、かねてシュワールバッハに采邑として任せてあったライネックの城が、僧正領内にあることを思い出した。領内の迷える子ひつじどもがやがて後悔して自分を呼び戻しに来るまでの間、しばらくこの城に避難することにしようと考えたのである。

「あの騎士のクンツという男は、純真な娘の叔父に当たる人物だが、どうも油断のならぬくわせ者だわい！」と信心深い僧正は考えていた。というのは「略奪することにかけては相当なものだが、お祈りの方はほとんどやったためしがないということであるし、昨年の秋ケルンの御堂に奉納することにされていた素晴らしいブドウ酒――それはアースマンスハウゼン酒――をしこたま盗まれた

◀ライン中流（ジーベンゲビルゲからアンデルナッハまで）の絵地図
1845年、ケルン市立博物館蔵

ことがあったが、それもはっきりした証拠はあがらなかったが、どうやらこの騎士の仕業らしいという疑いが濃厚である」。そんなことを考えながらアンゼルム僧正は額にシワを寄せたまま、じっと舟の航跡に見入っていた。

一方、城主のクンツは、芳香満ちあふれるアースマンスハウゼンのブドウ酒をなみなみと注いだ大杯を前に、ひとりでにたにたしながら悦に入っているところであったが、そこへ槍隊の隊長の若武者イェールクがやって来て、今、ケルンの僧正旗を掲げた舟が一艘崖下にいかりを下ろしたところです、と告げにきた。一瞬彼の心に良心の呵責とでも言うべきかげがちょっとさしたようであったが、不機嫌な顔つきで騎士は樫の木の椅子から立ち上がった。しかし、すぐ陽気な性質が勝ちを制したらしく、にこやかな落着いた態度でケルンの僧正をていねいに出迎えた。アンゼルムとその従者たちとは鄭重な接待を受けることとなった。特に、この城の領主でもありアーデルグンデ姫の後見人でもある僧正に対しては、騎士はあらんかぎりの接待に努め、僧正が本拠のケルンで受けた不当な災難を慰めようとほねをおったのであった。

だんだん時間がたつ間に、食卓の客人たちもすっかり良い気持にされてしまった。主人の自慢のブドウ酒を次々に味わいながら楽しんでいた大僧正は、「クンツ騎士殿、ごちそうになった上でのお願いで恐縮だが、わたしはここ数年来習慣的にアースマンスハウゼンのブドウ酒を寝酒に用いているので、もう一杯頂戴したいが」と言い出した。いかにも敬虔な子ひつじでございますと言わんばかりに、小さな目をしばたたいてクンツ城主はうやうやしく答えた。「皆様方も大僧正の御領内のことゆえ良く御存知であろうとは思いますが、わたくしどもの酒倉にはワルポルツハイム酒もインゲルハイム酒もたくさん貯蔵してございますが、残念ながらアースマンスハウゼン酒だけはもう

ライネック城　Th. アルベルト（1822-67）画

一滴もなくなってしまいました。まことに申しわけございません」と述べたのであった。

これを聞いてアンゼルム僧正も、それではせっかくライネックに来たのに好物の寝酒にもありつけず残念ではあるが、やむを得ないとあきらめたようすであった。しかし、ある晩のこと、突然思い立って僧正は城内のはずれの方にある酒倉を自分で訪れて見ることにした。ほんとうにクンツの言ったとおりなのかどうか？　ほんとうにアースマンスハウゼン酒は一滴もないのかどうか？　とにかく自分自身で確かめて見なければと考えた。どうも船から陸揚げされて倉庫におさめられた荷物は、アースマンスハウゼン酒のように思われてならない。こんなことを考えながらアンゼルム僧正は、城壁に沿って歩いていた。すると急にくらやみの中からふさふさした巻毛の若い女が現われて、僧正に腕を差しのべたのであった。

それは人違いだった。びっくりした彼女の

叫び声が長い廊下に反響したが、アンゼルム僧正は優しく言葉をかけて彼女をとり静め、おまけに彼女の唇に接吻した上、階段の近くにある壁掛けの燈明のところへ、恥ずかしがっているアーデルグンデを連れて行った。

恥ずかしさに赤くなりながらも彼女は、後見人である僧正に、若武者のイェールクと言い交わした仲であることや、この場所で毎晩お休みの接吻をすることになっていたことなどを告白したのである。

「いや、おまえの趣味は悪くないぞ！　あの若武者なら立派なものだ！」と、この僧籍の後見人は彼女をからかったので、アーデルグンデはますますまっ赤になってしまった。「おまえの愛人のイェールクはどうもアースマンスハウゼン酒を飲んでいたらしい。いったい酒樽はどこに置いてあるのかね？　おまえはびっくりしているようだが、わたしには何もかも良くわかっているんだよ。実は、くらやみでおまえの唇に偶然触れたとき何もかもわかったんだ――といいながら敬虔な神父アンゼルムは目をしばたたいた――おまえの口のあたりの香気は、あれはアースマンスハウゼン酒独特の芳香なので、おまえの愛人の騎士が何を飲んでいるのかもわかったというわけだよ」と語った。

恥ずかしさに耐えかねたアーデルグンデ姫は、後見人を案内して酒倉の一番奥の方にしまってあった大きなたるのところへ連れて行った。僧正がどれくらいそこに長くいたかは言わないことにしておこう。翌朝アンゼルム僧正はミサを行なった。その日の昼ごろになってケルン市民代表の一行がライネックにたずねて来て、過日の反乱について市の名において大僧正にお詫びを申し上げ、同時にあらためて全臣下一同忠誠を誓いますと申告した。これを聞いてアンゼルム大僧正は寛大に帰城することを承知した。出発に際し僧正は、冷厳な態度と激しい言葉とをもって騎士クンツを叱責した。「ただいまケルンの市民の報告するところによれば、僧籍の者も俗界の者も皆ひとしく認めていることは、昨年の秋寺院に寄進されるべきブドウ酒を神をもおそれず盗んだ悪者は、他ならぬ僧正管区内の直属の臣下ライネックのクンツ・フォン・シュワールバッハ、すなわちその方であると言われているぞ！」と。城主のクンツは、君主に当たる僧正にどなられたのであるから、一生懸命に無実であることを弁解し、臣下としての忠誠に偽りのないことを陳弁これ努めたけれども、とにかく現物を押えた僧正はいっかな承知せず、騎士に対し近いうちに公証人および証人を同道の上ケルンの参議会に出頭して寺院の寄進物を盗んだ罪の申し開きをするようにと厳命した。そして、大きな酒樽には封印をした上、荷造りをさせ臣下とともに引き揚げて行った。

シュワールバッハは、不平たらたらさかんに呪いの言葉を吐いていた。若武者のイェールクは彼を慰め、どこまでも家来として弁護して差し上げるから、もしあなたがケルンで首かせをかけられるのがいやなら、あなたの美しい姫をわたしの妻に下さいとくどいたのであった。アーデルグンデ姫は、この話を若者から開かされて心をおどらせるのであった。

ケルンの議事堂の広間には、十二人の裁判官がいかめしく席に着いていた。アーデルグンデ姫は、叔父と後見人との間で問題の種となったブドウ酒の鑑定を受けるために、アンゼルム大僧正の命令にしたがって、それぞれ裁判官の前に置かれた十二個の銀杯に酒をついでまわった。僧正は裁判官の鑑別能力と公平な審判を信頼して、問題の酒樽の中の酒がモーゼル酒なのか、ワルポルツハイム酒なのか、あるいはまたアースマンスハウゼン酒なのかの判定を、十二人に任せることにしたのである。

裁判官たちは酒杯を唇に当てて、舌なめずりをし、さらにもったいぶって口の端を曲げて見たりなどしながら、この酒を何度も味わって見ては、果たしてこれが立派なしろものと言えるものなのかどうかとしきりに首をひねっていた。が、やがて彼らが異口同音に認めたことは、こんな酸味の多い酒は、アースマンスハウゼン酒とはおよそ似てもつかないものであるということであった。

アンゼルム僧正は歯ぎしりをしてくやしがり、騎士クンツは得意になっていばっていた。そして、アーデルグンデ姫と若武者のイェールクとはいかにも肩の荷が下りたという面持で気持良さそうにこの結果を見守っていた。

それから数週間の後、ライネックでにぎやかな結婚式が挙行された。騎士のイェールクが若い花嫁といっしょに飾り立てた馬車に乗って、アーデルグンデの故郷の城に向かって出発したとき、彼らを祝福するためにわざわざやって来た僧籍の後見人アンゼルム僧正はライネックの城主と二人で仲良く輝く酒杯を前に楽しんでいた。そしてすっかりいい気持になった僧正は騎士に向かって、どうしてあのしっかりと封印しておいたアースマンスハウゼンの酒をまずくてすっぱい酒に変えることに成功したのか、もう白状しても良いだろうと尋ねた。これに対して騎士は、またどうして城の酒倉からアースマンスハウゼン酒を見つけ出したのかそれをまず白状しなさいとやり返した。そして城主クンツは笑いながら頑丈な首で合づちをうち、酒の酌をしていた召使いに合図をした。すると、その男はすぐに新しい酒壺を持参してきて酒好きの客人に酌をするのであった。アンゼルムは、その酒が彼の大好物の寝酒であることに気がつき、あらためて舌つづみを打って飲んだのである。

そして、僧正は真面目な顔つきで「騎士クンツ氏に申し上げるが、この酒だ。この酒のしまってある場所は、正直で従順なアーデルグンデが彼女の後見人であるわたしに告げたのさ」と語った。

それを聞いてクンツはこぶしを固め、酒壺が飛び上がるほど樫の木のテーブルを叩き、あの小娘のやつがおれを裏切りおってけしからんと、口ぎたなく罵りさわいだ。僧正は、これは信仰心の深い娘が、僧籍のわたしに対して正直に告げたことなのだから、そんなに怒るものではないと彼をたしなめた。クンツは、体をゆすりながら自分のひざを叩いて、「その信仰心の深い娘が、実はたくみに酒杯の縁ににが味や酸味をなすりつけておいて、利き酒の専門家であるはずの裁判官どもに一杯喰わせたのさ！」と語った。

今度はアンゼルムの方が一瞬息を飲んだ形で黙りこんでしまい、重々しくその頭を振るばかりであった。やがて騎士も僧正も、二人ともいっしょに大声を上げて笑い始めた。騎士は、その酒樽の半分を僧正の夜の寝酒用に献上しようと申し出た。アンゼルムも快く彼の申し出を受けて、今後寺院に献上するアースマンスハウゼン酒を盗むようなことは絶対許さないが、その他のことはいっさい貴公にまかせるからという約束を与えたので、二人は円満にたもとを分かったのである。

Rheineck ▶ Die Weinprobe

41 騎士ローラント

ローランツエック

勝利の月桂冠を与えられた英雄がカール大帝のかたわらにはべっていた。大帝の十二勇士の一人として英雄の冠を与えられた者は、フランク国王の甥、ローラント伯であった。戦場においても、また騎馬試合においても彼ほどの勇名を上げた騎士はほかにいなかった。素朴な庶民たちは彼を尊敬し、同僚たちは彼を賞讃し、敵は彼を恐れた。彼の旺盛な騎士道精神には、豊かで安逸な恵まれた生活は好ましいものではなかった。ほんとうに男性的な誇りにのみ生き甲斐を感じている彼にとっては、宮廷に長らく滞在することは耐えられないことであったので、ある日のこと伯父に当たる皇帝に向かい、彼としては今まであまり良く知らなかった未開のフランク王国の諸地方への旅行を許していただきたいと願い出た。若々しい行動欲に満ち満ちた彼は、しきりに騎士的な冒険や危険にあこがれるのであった。若い騎士が彼の宮廷を去って行くのを、カール大帝は悲しい気持で見送った。皇帝としては、気が進まないながらも彼の願いを許可せずにはいられなかったのである。

若い騎士が皇帝の居城の一族のもとから離れて、ごく少数の忠実な従者のみを連れて東方に向かって出発したのは、薄暗い陰気な天候の日であった。彼が最初に訪れようとする目的地は、ワスガウであった。まずハースラッハのニーデック城に滞在し、エルザス公アテイッヒ（エティヒョー）のもとにも滞在した。

ローラントはさらに旅を続けた。ある晩、彼がワスゲンの森を過ぎようとしていたとき、はるかかなたにライン河の流れが白く輝いているのが見えてきた。ライン河は、その幅広い河床の上を思い切って伸び伸びと流れていた。それは、広い平野を右に左に遠慮会釈もなしに勝手に曲がりくねっているという感じであった。制御するものもなく自然の荒々しさのままの河流は、魅力に乏しい眺めであった。しかし、駒を進めて行く間に、おのずと景色が変わっていきつつあることに騎士は気がついた。勝手気ままに流れているように思われていた河流も、いつのまにか力強い山脈に制御され、しっかりとかこまれた溝の中へ導かれて行くかのようであった。彼は、ラインの流れに沿って下流へと道をたどって行った。山のふもとは河流にせまっていた。しかし、河流と山麓との間にはなお多少の幅は残されていたので、その狭い土地を武士や商人たちは通って行くのであったが、ごく狭い場所ではようやく一台の車がどうにか通れるという程度のところも少なくなかった。そういう道に沿った山の高処には、兀然《こつぜん》とそびえた城が街道を見下ろしており、ここに住む古い部族の名誉と富とを旅人に誇っているかのようであった。こういう道筋だったので、ローラントの旅はまことに楽しいものであった。彼は、伝説と思い出にいろどられた名所を次々に訪れるのであった。かつて美しい満月の夜に水の妖精が歌をうたって舟人を迷わせたというローレライのけわしい崖の下を通り、またかつて聖ゴーアが住んでいたメロヴィング王朝時代からの有名な寺院のある場所では、深い霧にかこまれてやむなく野宿をするということもあった（この場所は前にカロルス・マグヌス大帝がインゲルハイムからコブレンツに行く途中で一泊し、この土地の聖なる礼拝堂で祈りをささげた由縁《ゆかり》の深い場所であった）。またかつて、ファルツ伯ジークフリートの淑徳の誉れ高い夫人ゲノフェーファが暮らしていたと言われるマイエンのかたわらのアンデルナッハをも訪れたのである。

ローランツボーゲン（城址）　A.アッシェンバッハ画、1834年

こうして、ローラントはようやく河流がライン渓谷を出はずれる近くまでやってきた。この付近には七つの岩山がそびえ、その頂上にはそれぞれ城砦が築かれており、そのようすは、あたかも神聖ローマ帝国の皇帝の守護として王冠を与えられた七人の勇士が皇帝を囲んで奉仕しているのに良く似た感じであった。また一方には、濃緑の河流の中ほどに深い樹木におおわれた島が旅人を迎えるかのように浮かんでいた。七つの山々の背後には黄金色と赤紫色とをまぜた夕陽の光りが漂っていた。山々のうしろの斜面にはブドウ畑が無限に連なっていた。左側には光り輝くブナの林がけわしい峰に向かって繁茂しており、右側には河が深々と音をたてて流れていた。はるかかなたには、かつておそろしい翼をそなえた龍が住んでいたといわれる伝説の岩山がそびえており、そこから騎士の居城の城壁が望まれるのであった。これらすべてのものの

上に、黒い翼を広げ、金色の星くずをちりばめた外套をまとった「夜」のやみが訪れてくるのであった。

騎士は黙って馬をとめ、ライン渓谷のこのすばらしい眺めに心を奪われていた。しかし、しだいに暮れて行く空の下で、彼の愛馬は不安げに蹄で土を蹴り、忠実な従者も落ち着きを失ってきた。ついにたまりかねたかのように、もう夜の宿りをきめなければならない時刻になったということを主人に告げるのであった。

「あの向こうのあかりの見える城に行って、こよいの宿を頼むことにしよう」と、いつになく優しい気持でローラントは答えた。そして従者に対し、ちょうど河畔にもやってあった小舟をほどいてこれから夜釣りにでも出かけるらしい渡し守りから、あの城の名前を聞いて来いと命令した。

その砦はドラッヘンブルク（龍が城）家のもので、当主はヘリベルト伯であるという返事であった。ローラントの目はこの返事を聞いて喜びに輝いた。ドラッヘンフェルスの老城主の名声については、かねてから上部ライン地方やラインフランケン地方の騎士仲間からしばしば聞かされて、彼も良く知っていたからである。ローラントは躊躇することなく決意した。たちまち小舟は、暗い河流を横切って進められて行ったのである。

やがて真夜中となった。しかし、満月のおかげで夜の森の中でも山頂に通じる道筋は良く見えるのであった。老年の重厚な人柄の老騎士ヘリベルト伯は、彼の主君に当たる皇帝の甥を賓客として親切に出迎えた。夜がふけるまで両人は城主の部屋でよもやまの話に時を過ごしたのである。

翌朝ヘリベルト伯は、彼の愛嬢ヒルデグントを騎士に紹介した。愛らしい姫の姿を見たローラントは心の中でその美しさに驚嘆せずにはいられなかった。彼には、婦人を前にしてこんなに深く心を動かされたのは初めての経験であった。武器をとっての英雄的な冒険や戦技や決闘は、日常茶飯事であったが、愛の衝撃の魔力の前にはさすがの勇士も感動のため夜も眠れぬありさまであった。彼女を一目見たときから、ヒルデグントの優しい魔力の虜となった彼は、彼女の前ではまるで少年のようにどぎまぎして瞳をそらすのであった。しかし、彼女もまた、ライン河の上流から下流にかけて勇名かくれもない英雄に会って恥ずかしげに顔を赤らめるのであった。

老騎士は、いかにもばつの悪そうな二人の間をときほごすのにほねをおった。ろくに話もできずにいる若い両人に陽気な冗談をとばし、城内の立派な部屋部屋を案内するなど接待につとめたのであった。

ローラントはライン諸州の他のどの城よりも、このドラッヘンブルクに長く滞在することになった。なんびとも解き放すことのできない紐帯で、彼はこの楽しい山上の御殿にしばりつけられてしまったのである。彼の心の中で愛が高くその頭を持ち上げた。そして、その燃え上がる炎はヒルデグントの純な魂にも火を移すこととなったのである。ある日のこと城内の菩提樹の木かげにある石の腰掛に夕やみが銀灰色の帳《とばり》をかけるころ、彼らは手をとり合ってお互いの目をみつめ、唇を合わせた。この二人の結びつきを祝福する愛の女神は、彼らのために歓呼をもって舞いおどるかのように思われた。

ヘリベルト伯は、この名声高き英雄に喜んで娘のいっさいを任せた。否、そればかりではなく一人娘が幸福な愛に恵まれたことについていろいろと楽しい空想をさえ描くのであった。まずライン河の対岸に、ドラッヘンブルクと向き合った新しい城砦を築かせねばならない。あのけわしい岩山

ドラッヘンブルク城（19 世紀末に新設）　F. ツァルト画（城内の壁画）、1904 年（▶ 44/45 話も参照）

の上に、将来ローラント城が築かれたならば、それはまことにたのもしい要塞となって、この景色の美しい七つの峰々を見守ることとなるであろうと考えるのであった。まもなく新しい砦の城壁が建ち始めた。恋人たちは、毎日のようにドラッヘンブルクの露台に出て向かい側の工事場を眺めては楽しい空想にふけるのであった。大ぜいの工匠たちが部屋を作ったり、石工たちが槌をふるっている姿が望見された。美しいヒルデグントはこのありさまを眺めながら、自分たちの輝かしい新家庭のことに思いをめぐらし、特に冒険好きな英雄が彼女の忠実な愛情によってこの土地につなぎとめられるようになったことを心からうれしく思うのであった。

　しかし、突然ある日のこと、泡をかむ乗馬に鞭うって一人の使者がドラッヘンブルクをたずねてきた。それは、伯父皇帝がその居城ウォルムスから差し遣わした使者であった。使者は、このたび皇帝の命令でピレネー山脈のかなたに蟠居する異教徒を征討するために、新たに軍隊が編成されることになったという知らせをもたらしたのであった。カール皇帝は、百戦練磨の騎士が彼の軍隊に参加してくれることを望んでいた。ローラントは黙々として使者の伝える皇帝からの命令に耳を傾けた。彼は、まるで死人のように青ざめた顔つきで寄り添っているヒルデグントの方を見たが、心の中は悲しみに渦巻くのであった。しかし、義務の声が彼の英雌的精神に進むべき道を示した。皇帝の使者に向かい、自分は三日のうちに必ず皇帝の軍営に参加することをお伝えいただきたいと回答した。雄々しく答えながらも、涙にくもる視線をわきにそらせるのであった。ヒルデグントは彼の胸の中ですすり泣くばかりであった。

イベリアの戦野で覇権を争う十字架と半月旗との戦いは、火の出るほど激しいものであった。激烈な戦闘は繰り返され、大ぜいのキリスト教徒と異教徒との血が流された。フランク国王が率いる勇敢な英雄たちは輝かしい勝利をおさめたが、それらの勇士の中でもローラントの働きはひときわ目ざましいものがあった。彼の剣がふるわれるところには皇帝の勝利の道が開かれた。知らぬ他境を進軍する勝ち誇った皇帝の軍隊の先頭には、つねに彼がいたのである。特に、ロンスヴォーの渓谷での激戦については、後々までドイツ、フランス、イタリアなどの詩人たちによってうたわれ語り伝えられたことであった。

本隊から別れたローラントの部隊は、後衛となって夕やみ迫る森の中の道を進んでいた。あたかもこのとき突如として左右両側の高処から敵襲の叫びが起こった。卑劣なムーア人の大部隊がほんの一握りにすぎないフランク人の小部隊に襲いかかったのである。小人数ながらも、彼らは文字どおり獅子奮迅の働きをした。ローラントの乗馬ブリリアドール号はまるで猛鷲のごとく、あるいはここ、あるいはそこと荒れ狂い、彼の強力な剛剣デュランダルは無数のサラセン人の頭骸骨を叩きつぶした。しかし、いかに勇敢な彼らも多勢に無勢、人海戦術の前にはかなわなかった。フランク人の部隊はしだいに少数に打ちなされ、ついにローラントも巨大な壁のような敵兵の槍ぶすまの前に押しつぶされてしまったのである。倒れた彼の頭上では、なおも荒れ狂う戦闘が続けられていた。やがて夜のやみがその黒の翼で戦場をおおい始めたころ、異教徒たちは凱歌を上げたのであった。フランク人は徹底的に打ちのめされた。そしてきわめて少数の者だけが、やっと死を免かれて戦場から離脱できたのであった。

ローラントはどうなったか？　人々は恐怖の間に彼を捜し求めた。助かった者の中に彼は見つけ出されなかった。ローラントはどこにいるのか？　とカール大帝は疲れきった使者に尋ねた。英雄ローラントはサラセン人との戦いで死なれたものと思われますという使者の返事は、たちまち全軍に伝えられた。こ

ロンスヴォーのローラント　L. ゲスネ画、1872 年

の恐ろしい噂が広がるにともなって、これを聞いた人々はいずれも悲しみにとざされたのである。

この知らせは、やがてラインのほとりにも伝えられた。ある日のことドラッヘンブルクを訪れた国王の使者は、皇帝の心からの哀悼の言葉とともに悲しい知らせをもたらした。深いため息とともに、老齢のヘリベルトは目に手をあてるのであった。ヒルデグントは悲痛な叫び声を上げた。彼女の悲しみはほんとうに胸を裂くばかりであった。彼女は受難のキリスト像の前にひざまづいて、深い悲しみの中に救いを祈り求めた。その後は終日彼女の小部屋に閉じこもったまま、年老いた父親がいくら優しく慰めても彼女の苦悩をどうしてやることもできないほどであった。

数週間が過ぎた。そしてある日、それまで嘆き悲しんでいた姫は、なにか気をとり直したようなしっかりした足どりで父親の部屋へはいってきた。彼女の苦悩は洗い清められたような感じであった。父親の前にひざまづいた彼女は、悲痛な試練の間に心の中で決心したことを告白したのである。これを聞いてヘリベルト伯は、苦しげにその目をしばたたいた。そして、静かに彼女の清らかな顔に接吻を与えたのであった。

それからまもなく、山下の尼僧院でおごそかに寺院の鐘の鳴り響くのが聞かれた。祭壇の前にはヘリベルト伯の愛嬢が新らしい尼僧としてベールに顔を包んで祈りをささげていた。彼女は父親の城の中では見いだすことのできなかった平和を、この浮世から隔絶された寺院の静寂の中に求めたのである。愛人の尊い名前を、深く傷つけられた心から消し去るために最後の涙を注ぎ、悲しい愛の炎を消し、今から後は神に対する純潔な愛の聖火を心に点じようとしたのである。

父親は落胆しながらも、おそらく娘は厳格な禁欲生活の未だ経験したこともなかったような孤独に耐えかねて、尼僧としての見習い期間を終わるまでにはまた気持も変わって、ふたたび彼の腕に戻って来てくれるのではなかろうかとひそかに期待するのであった。

しかし事実は彼の期待とは反対の方向に進んで行った。ひたぶるに神への思慕に熱中した乙女は、僧正に対し、すみやかに父の家門を離れて尼僧修習期間を終え、永遠に変わらない修道生活に本格的な尼僧として入門できるようにしてほしいと懇願した。彼女の熱烈な希望はかなえられることになった。三ヵ月はまたたくまに過ぎて、黄金色の美しい巻き毛はヒルデグントの頭から切り落とされ、ドラッヘンブルクの優しい娘はその生涯を天の御主にささげることを厳粛に宣誓したのである。

それからさらに数ヵ月が過ぎ去った。春はいつしか過ぎ、田や野は秋の収穫《みのり》に輝いていた。七つのけわしい岩山の上に城砦が築かれているライン渓谷の出口にあたる場所近くを一人の騎士が従者とともに馬を急がせていた。つい最近まで、彼は南方の、イベリアの太陽がロンスヴォーの渓谷を照らしている荒れた地方の牧人の小屋で傷を養っていたのである。ムーア人の槍に胸を傷つけられた主人を、忠実な部下が看護していたのである。ここで勇敢な戦士でありかつ指揮官であった彼は、数ヵ月の長きにわたって病床に呻吟し生死の間を彷徨していたのであるが、ようやく彼の力強い生命力が病魔に打ち勝ったのである。フランク王国ではすでに死んだものと思われていたのであるが、この間ローラントは手厚い看護を受けて生命を長らえていたのである。そして今、ようやく忘れることのできない懐かしい場所へと帰り道を急いでいるのである。

濃い緑の河流の中から、樹木の生い茂った島が彼をさし招くかのように見えてきた。赤く金色に輝く夕陽は七つの峰々を照らしていた。山の背にははるかにブドウ畑が連なり、左側にはブナの林がけわしい山の頂におよんでおり、右側には河のつぶやくような波の音が聞こえている。そしてそのかなたには、かつて恐ろしい龍が住んでいたという伝説に色どられた崖が望まれ、騎士の居城の

壁も見えるのであった。それらすべてのものの上に夜のやみが、金色の星をちりばめた外套を拡げているのであった。

騎士は沈黙のうちに立ちどまった。彼はこの素晴らしい景色を讃美の念をもって眺めるのであった。あたかも何ヵ月か前にここへ来た時と同じような、何とも言えない心の安らぎを覚えるのであった。

「ヒルデグント」とローラントは、つぶやき、美しい星空をふり仰いだ。

かつてここへ来た時と同じように、一艘の小舟に乗って暗い河流を渡った。そして、ドラッヘンブルクに通ずる森の小道を従者を連れてローラントは馬を進めた。

年老いた城の番人は、この夜ふけの賓客を青ざめた顔容で出迎えた。驚いて十字を切り、大急ぎで主人の部屋に報告に上って行った。部屋の奥から老齢と悲嘆のために憔悴した男の姿がよろめき現われた。騎士は彼のかたわらに駆け寄った。

「ローラント！」と、すっかり老衰した城主は口の中でつぶやくばかりであった。夜ふけの客は、すすり泣く老人をただ黙って抱きとめるだけであった。数ヵ月前ローラントが出発したときには、悲しみながらも

ローランツボーゲン、ドラッヘンフェルス、中洲のノンネンウェルト修道院（▶口絵 4）
J. J. ディーツラー画、1848 年頃、ボン市立博物館蔵

涙を見せなかった老人も、今はそのしわだらけのほおに止めどもなく涙を流すのであった。

　やがて腕を離して、騎士は尋ねた。

「彼女はどこにいるんですか？（叫ぶがごとき問い方であった）死んだのですか？」と。

　ヘリベルト伯はたとえようもないほど悲痛な顔つきで、彼に答えた。

「戦死したという知らせを受けて、ローラントの花嫁ヒルデグントは、天の父なる神の花嫁になってしまったのじゃ」


　この返事を聞いて、さしもの勇士も深いうめき声を発すると同時にその顔をおおったのであった。

　亭々とした樫の木も、雷撃に会えばくず折れる。彼は翌朝、暁闇の中をドラッヘンブルクを去った。そして対岸の崖の上の城――それは去りにし春、愛の希望をもって築かれた城である――に帰って、永遠に戦士の鎧を脱ぎ捨てることとしたのであった。彼の胸中の星は消え去り、悲嘆のあまり旺盛な行動欲は失われてしまった。毎日毎日山上のこの城に蟄居したままライン中流の緑の島を飽くこともなく見下ろして日を送るようになった。この島の修道院の庭に、毎朝灌木の茂みや花園の間を散歩する尼僧ヒルデグントの姿が見えるからであった。そしてときには、彼女が彼に向かってあいさつを送るかのようにうなずいているように思われることもあった。そんなときには、沈み去った幸福になお夕焼けの残照があるかのごとく騎士の顔は喜びに輝くのであった。

しかしついに来るべき時が来た。ある日のこと、優しい尼僧の誰かが亡くなったのである。静かな島から葬送の鐘の音が流れてきた。一つの棺が運び出されて墓場の方に向かうのが見えた。大ぜいの尼僧たちの悲しい葬送の歌声や祈りの声が聞こえてきた。次々に通り過ぎて行く尼僧たちの顔を見ていたが、彼が期待していた人の姿は見えなかった。英雄は顔をおおうのみであった。今、墓場に送られて行く人が誰であるかということがよくわかったからである。

秋ともなり尼僧ヒルデグントの墓石の上には、枯葉が散りかかるのであった。しかし、ローラントは相変わらず山上の城から毎朝のように島の寺院の内庭をぼんやりと眺めていた。ある朝のこと、彼の従者は、主人の騎士が、亡くなった愛人の墓所の方を向いたまま息を引きとっているのを発見したのである。

その後なお数世紀にわたって、今日なおローランツエック（ローラントの崖）と呼ばれているこの山上に、ローラントの城砦は残っていた。しかしついにこの砦もドラッヘンブルクの城と同じように、塔の一部を残したほかは廃墟になってしまった。そして今から約半世紀ほど前、ある冬の嵐の夜に、最後まで残っていた入口のアーチまで崩れ去ってしまったのである。しかし、人々はその後、この騎士時代の忠実な恋愛物語を記念し、同時にライン地方の美しい伝説を思い出させるよすがとして、ライン渓谷のすばらしい眺めの嶮岨な崖の上にこのアーチを再建し、ローランツボーゲンと名づけた。それは今に至るまでなお歴史を語り顔に崖の上にたたずんでいるのである。

Rolandseck ▶ Ritter Roland

42 七つの峰々《ジーベンゲビルゲ》、その成り立ち

▼ジーベンゲビルゲー

どうして七つの峰々が誕生したかということについて、この地方の住民たちの間に古い古い伝説が伝えられている。それは遠い昔の前史時代のことである。マンモスや象やサイなどがこのあたりに跋扈していたことは、この近くのウンケルの町で発掘された動物の骸骨が物語っている。数千年を経た糸杉が月桂樹やキャロブの木などといっしょに湿っぽい亜熱帯の海洋的気候の中でものすごく広大な森林を形づくっていた。それは現代のジャワやセイロン島の原始林と同じような景色であったに違いない。人間が居住していたと思われる太古の遺跡から、今日馬や犬の遺骨が発見されることもあるが、この地方のライン渓谷はそのころバーゼル付近の湾曲部から北方へかけて巨大な内陸湖を形成していたのである。そしてこの内陸湖にたたえられた膨大な水は、地殻変動によって動かされた周囲の山々の圧力に押されて、しばしばその岸からあふれ出ることも少なくなかったのである。

山々に取り囲まれたこの内陸湖の北側の岸辺には、あたかもギリシア神話に出てくる片目の巨人の洞穴の入口の左右に立っていたといわれる門柱のように、今日のドラッヘンフェルスとローランツエックとが向かい合って立っており、このために湖の水が北方の外海に流れでるための出口はふさがれた形になっていたのである。

対岸よりジーベンゲビルゲの峰々を望む　B.C.ケーコック画、1853年、クアハウス美術館（クレーフェ）蔵

現代のアイフェルおよびウェステルワルト地方に住んでいた当時の人間たちは、いつ水害を蒙るかわからないので年中びくびくしていなければならなかった。これがために彼らは幾度も神々に犠牲をささげ、周辺の渓谷にしばしば氾濫が起こるのを防止できるように、神様が地下の火の力でラインの内海を壁のように取り囲んでいる山々の峰を打ちこわして、その水が北方の外海に自由に流れ込むことができるようにして欲しいということを祈願したのであった。しかし、地下の神々はこの人間たちの祈願になかなか耳を傾けてはくれなかった。

そこでこの地方の人々はついにある時、巨人の住んでいる国に使者をやって、この内海の水が流れ出ることを妨げている周囲の連山の山腹に穴を開けて水が流れ出るようにして欲しいということを申し入れた。もちろん、人間たちのためになることをやってくれるならばできるだけのお礼はするという約束で莫大な贈物をとどけさせたのである。

するとまもなく、ある日のこと、七人の巨人がものすごく大きなショベルを持ってやって来て、自分たちがこの内海の北岸にあたる岩山の壁を取りくずしてやろうと申し出た。そして早速その大仕事にとりかかった。まもなく山の中腹に大きな穴が開けられると、内海の水はたちまちその割れ目に流れ込んで、さらに、その幅を広げ、下方の平野へ流れて行った。内海の水はどんどん減り始め、やがて幅はせばまって一つの大河となり、北海に注ぎこむこととなったのである。

巨人たちは自分らの仕上げを楽しそうに眺めていた。ライン両岸の人間たちの喜びが大きかったことは言うまでもないことである。巨人たちが汗を流して加勢してくれたことに感謝した住民は、周囲の山々の洞穴から持って来た数々の宝物をお礼に差し出した。七人の巨人たちはそれを仲良く分配し、ふたたびショベルをかついで帰って行った。

しかし、彼らが土塊や岩石を積み上げた跡には七つの山が出来たのである。この山々は今日もなおそこに残っている。そしてそれから何千年も経つ間に、ラインの水かさはますますふえて、周辺の細流を合わせて七つの峰々の間に素晴らしい渓谷をつくり出し、渓谷と七つの峰々の美しい輪郭とは今日もなお見る人の目を楽しませているのである。


Siebengebirge ▶ Die Entstehung des Siebengebirges

43 ジーベンゲビルゲⅡ

ホンネフの夜鶯《ナイチンゲール》の森

あのホンネフの園は真に祝福された美しい庭であり、これがライン河岸を守るようにそびえているドラッヘンフェルスのふもとにあることは、あたかも老人の足下に可愛らしい小児がまつわりついているような感じである。高い山の背によって北風の冷たい息吹から守られているので、それは何か貝殻の中にそうっと守られているように思われる。ドイツのニースとも言われている谷間のこの場所は、吹く風も柔らかなのである。ドラッヘンフェルスの山上をさまよう旅人が、六月(初夏)の夕陽に帰途を急がされて、山を下り河岸に待っている船に乗るには、このホンネフの谷を通って行くのであるが、日が暮れてからこの道を行く人は必ず周辺の灌木の繁みから夜鶯の美しい声が流れてくるのに驚くことであろう。ほとんど数知れないくらい多数の夜の歌姫たちが周囲の藪の中で愛の歌を合唱して聞かせてくれるのであるが、これほど夜鶯の多いところは他にちょっと見いだされない。これはずうっと昔からのことであり、なぜこうなったかについては優しい伝説が伝えられているのである。

かつてはここの夜鶯たちは他の場所にいたというのである。すなわち古い修道院のあるヒンメロートの森に集まっていたのである。彼らはそこで、ちょうど今日のホンネフの谷と同じように、その魅惑的な歌で夏の夜を飾っていたのである。寺院の側廊や庭園の中を敬虔な瞑想にふけりながら

B.ヴェーニヒ画、1908年

歩いていた真面目な修道僧がその歌声を聞きつけた。寺院の地下の穴倉で肉欲を断ち難行苦業している厳格な懺悔僧もこの歌声を耳にした。そして彼らの祈禱の中に夜鶯の誘惑するような悩ましい歌の響きが流れこんで行った。そして俗世間のことはとうの昔に捨て去った筈の修道僧の心の中に悩ましい記憶を呼び起こした。その歌声は敬虔な修道僧の耳に俗界の煩悩のささやきを聞かせたのである。

こんな時のある日、聖者ベルナール上人がヒンメロート修道院を訪ねて来てここの兄弟たちの心の中に起こっている変化に気がついたのである。いかに多くの聖なる魂がその心から神の平和を失っているかということに気がついて上人もすっかり当惑してしまった。しかしその原因はすぐにわかった。敬虔な神のしもべである上人は神聖な憤怒に駆られて、修道院を囲んでいる森へ出かけて行った。そして森の翼をもった歌手たちに向かって高く手を上げて脅かしながら、「おまえたちは皆ここから出て行ってしまえ！　おまえたちはわれわれの修行の邪魔者だ！」と叫んだ。

　上人は三度これを繰り返した。すると周囲の木々の中で大きなざわめきがまき起こり、やがて藪の中から無数の夜鶯の大群が飛び出して行った。森の中はもう一度彼らの悩ましい歌声でいっぱいになったが、やがていっせいに羽ばたきながら、いずれへともなく飛び去って行った。

　そして彼らはホンネフの谷間に住みついたのである。そしてここからはもう二度と追放の憂き目を見ることはなかった。このホンネフの谷間をひとりで、あるいはまた二人で静かにさまよう人たちは、あの聖者ベルナール上人のように俗世間を見限った人ではなかった。否、ここホンネフの庭園には恋に悩む青ざめたほおの若人もしばしば訪れたのである。こういう人たちに夜鶯はある時は悩ましく、またある時は心のおどるような歌を聞かせたのである。そして人々はそれぞれ独白の思いにふけったのである。


Siebengebirge ▶ Das Nachtigallenwäldchen bei Honnef

44 龍の断崖《ドラッヘンフェルス》

▼ジーベンゲビルゲIII

ラインを旅する人が、ボンを出て流れを遡って行くと、まもなく船の左舷には、ジーベンゲビルゲ（七つの峰々）の絵のように美しい稜線が見えてくる。その一番手前に見える山のけわしい峰に、昔の騎士の城の廃墟である塔と城壁が今日もなお残っているのである。夏になるとこの山を訪れる人々の数はきわめて多く、山上は酔客の歌声や酒杯の響きでたいへんなにぎやかさであるが、この山にはおそろしい名前がつけられており、それにはまたきわめて感動的な伝説が残されているのである（現在は、この山に登るには古風な登山鉄道がある）。

救世主誕生後の最初の第一世紀に、ライン左岸に住むゲルマン人たちは、早くもすでにキリスト教を受け入れていた。これは偉大な民族的予言者であった聖者マテルヌスが、ガリア地方からこの教えをもたらしたからである。しかしゲルマニア奥地の異教徒は使徒たちの努力にもかかわらずなかなか感化されなかった。彼らは父祖伝来の宗教

ドラッヘンフェルス　C. J. ビルマルク画、1837 年、ケルン市立博物館蔵
（この断崖の洞穴はジークフリートの龍退治の舞台としても知られる）

を頑固に守っており、遠方のローマ帝国の軍団によって侵略され、そのために早く開けた地方から入り込んで来る他国の僧侶たちが説く新しい教えに対しては激しい敵意を示して、それがゲルマンの諸州に広がることを拒んでいた。

あたかもそのころ、この断崖の洞穴には恐ろしい翼のある龍が住んでいた（今でも龍の洞穴と称する場所は残っている）。そして毎日のように洞穴からその恐ろしい姿を現わして近辺の森や渓谷を荒らしまわり人間やけものを脅かしていた。この怪物の狂暴な力に対しては人間はまったく無力であったので、彼らはこの大蛇のような怪物の中に神の怒りが秘められているものと考え、ひたすら神に対する尊敬の念を現わす意味で罪人や捕虜を犠牲としてこれに捧げたのであった。

山麓には異教を奉ずる未開な部族が住んでいた。ここの好戦的な人々はしばしば略奪の遠征を試み、対岸のキリスト教を信奉している部族を襲っては無慈悲な殺戮や放火をやったのである。ある時、彼らはまたしても夜闇に乗じて河を渡って奇襲し、数多の財宝や捕虜を獲得した。その捕虜の中に、素晴らしい美人の乙女が一人いたのである。二人の部隊の指揮者はいずれも彼女の美しさに魅せられて、彼女を自分のものにしようと考えた。年長の指揮者はホルスリークという有名な頭目であって抜群の腕力の故に人々から恐れられている戦士であり、若い方はリンボルトという名前の、いくらか優しいところもあるが、しかし同様に勇敢な戦士として知られた男であった。

これら二人の頭目が目を怒らせていずれも彼女を自分のものにしようと争い合うところを見て、可憐な乙女はただおそろしさに身をふるわせて立ちすくむばかりであった。それぞれ思う存分奪って来た獲物があるのに、彼らはなおもキリスト教徒の女を腕力に物を言わせて自分のものにしようと争い始めたのである。

いがみ合い怒鳴りまくる二人の声は、周囲に立っている戦士たちの心にも微妙な影響を与え始めていた。人々に恐れられているホルスリークが女は自分のものであると主張した時、大ぜいの人々が喝采したので彼は良い気になった。しかし、若く誇り高き指揮官であるリンボルトが同じように女をよこせと主張した時には、もっと大ぜいの人々から喝采が送られた。ホルスリークは陰気な目つきで相手をにらみつけながら、大きな拳に棍棒を握りしめた。この時、まわりを取り囲んでいる男たちの列の上に灯りが持ってこられた。そしてにらみ合ったままの二人の間に、まっ白な銀髪の恐ろしげな顔だちの老僧が割って入った。老人の鋭い声が高らかに響き渡った。

「異教徒から奪い取ってきた物をめぐる争いに呪いあれ！　わが部族の身分高き者どもがキリスト教徒の女を対象にして相争うようなことは許されない。われわれが異教徒として憎んでいる者の娘に情容赦は不要である。仲間どうしの不和の原因となるような女はいけにえとして龍に捧げるべきである。この女はわれらの神ウォータンの名誉を汚した。ウォータンの太陽の目がふたたび開かれるように、この女は創造主に捧げられなければならない！」と。

人々の間から、老人の言葉に対する喝采がわき上がった。ホルスリークはまっ先に賛成の声を送っていた。しかし、若い方の指揮者リンボルトは、天使のように美しい娘の顔を苦しげにかつ慕わしげにじっと見つめていた。

翌日の朝早く暁の明星も未だ東の空に上らないうちに谷の中は騒がしくなった。森の暗闇の中をやかましい行列が山の上へと登って行ったのである。先頭には僧侶が、そして行列の中ほどには色青ざめた捕虜の乙女がそれでもしっかりした足どりで歩んでいた。僧正が骨張った手で彼女の額に白いいけにえの鉢巻をさせ、ときほぐした彼女の髪の中にやはりいけにえのしるしである草花を編み込んだ時、彼女は天にましますの主のことを考えてじっとこらえていた。彼女のしっかりとしたようすを周囲の大ぜいの部族民たちはひそかに同情の念をもって眺めていた。特に年若い指揮官の勇士は、死神に捧げられる乙女の姿を耐えがたい苦悩とともに燃えるような瞳で見送っていた。

やがて一行は断崖の突出部に近づいた。そこは今までに幾度も無実の人々の血をもって色どられた場所である。僧侶は黙々として彼女のやさしい身体に絞首用の縄をかけ、その一方のはじを崖の縁に生い繁っている昔からの聖なるウォータンの木の枝に結びつけた。このキリスト教徒の娘の口からは一言の命ごいももれなかった。もはや彼女の目には一粒の涙の輝きもなかった。ただ澄んだ瞳でバラ色の空をふり仰いでいるばかりであった。群集は声もなく遠巻きにしてこのようすを望見していた。

太陽の最初の光が山の端に現われた。その光は乙女の髪に飾られた花冠を照らした。また神々しいまでに清らかなその顔の上にまるで栄光の花環のように光り輝いた。キリスト教徒の乙女は、まるで花婿を迎えるときの花嫁のように、喜んで死を待っているかのようであった。彼女の唇が祈りの言葉とともにかすかに動くのが見られた。

折しもはるかの地底からおそろしい地響きのような音が聞えてきた。龍がその洞穴を出て森の間の道を登ってきたのである。もう何度も血なまぐさいいけにえの味をしめたその場所に座っている犠牲者の姿を龍は見つけた。鋭い爪の生えた四肢を踏ん張り、鱗のない腹部を見せて龍はのび上がった。そして蛇に似たその尾部をくねくねと動かしながら、ものすごい大きな口をかっとあけ、おそろしい牙をむき出してただ一呑みとばかりにせまってきた。怪物は喘ぐような呼吸をし、ちらちらと舌を閃めかす。ぎらぎらするその巨眼はまるで炎が燃え上がるかのように思われた。

怪物のようすを一目見た乙女はただ恐ろしさに身を震わすばかりであった。しかし震えながらも彼女は胸の中から光輝く金の十字架を引き出し、身を守る武器のごとくにそれを捧げ持ちつつ、口の中には神に救いを祈りながら龍に向きあった。すると驚くべきことが起こった。高く伸び上がってつかみかかろうとしていた龍は、たちまち雷光にでもうたれたかのように後ずさりして、ぎざぎざの崖を越えはるか下の方へまっ逆さまに落ちて行った。ものすごい叫び声の後を追いかけるように岩石は大きな響きとともに崩れかかり、怪物ははるか下を流れている河の泡立つ波の中に姿を没してしまった。

そばでこれを見ていた異教徒たちは、いっせいに叫び声を上げた。驚愕と恐怖の色が、並みいるすべての者の顔に現われていた。ひたすらに神を祈り夢見るようになかば目を閉じていた乙女は立ち上がり、彼女の救い主にさらに祈りを捧げた。彼女をしばっていた縄はぱらりと解けてしまった。そして力強い二本の腕が彼女を抱き上げ、茫然と立っている人々の方へと進んで行った。彼女が目を開いて見ると、それは二人の指揮官のうちの若い方の男であった。彼はそのたくましい腕でしっかりと彼女をささえていたのである。やがて青年は彼女の前にひざまづき、まるで天使にでも対するようにうやうやしく彼女の指に唇を触れた。人々に愛されていたこの若い頭目は、その場の人々からいっせいに歓声を上げげて迎えられた。

老人の僧侶が歩み出た。人々はかたずを飲んでようすを見守っていた。もう死ぬより他はない筈であった者をいったい誰が助けたのか？　今まさに、死の淵にのぞんでいる者を助けた目に見えぬ神はどこにいるのか？　と老僧はキリスト教徒の乙女にたずねた。乙女はすずやかに目を輝かせて答えた。

「このキリスト様の御像があの龍を打ちのめし、わたくしを助けて下さったのです。この神様によってのみ世の中は救われ、人々は幸福を得ることができるのです」と。

老僧は恐れに満ちた尊敬の念をもってキリストの十字架像につくづくと見入った。「主があなたの魂を救い、またここにいるすべての人々の魂を救いたもうようにお祈りいたします」と彼女はおごそかに語った。「主はあなたがたが今見られたように大きな奇蹟をお示しになるでしょう。なんとなれば神は真に偉大な力を備えておられるからです」
人々はこの乙女を他の捕虜たちといっしょに丁寧に送り帰した。しかし彼女はまもなく一人のキリスト教の僧侶を連れてふたたび戻ってきた。厚き信仰と純潔な魂の声は異教徒たちの心の中に大きな感動を呼び起こした。何千という人々が洗礼を与えられるように祈り求めた。老僧とリンボルトとはまっ先に新しい宗教の信者となった。そしてこの乙女が部族の若い指揮者と結婚することになった時、ここの部族民は歓呼の声を上げた。谷間には寺院が建立され、崖の上には新婚の二人のために新しい城が築かれた。以来ドラッヘンブルクの一族は、ライン中部地方の有力な一門として十世紀もの長い期間にわたって繁栄をつづけたということである。

Siebengebirge ▶ Der Drachenfels

ゴデスベルク城址　K. ボドマー画、1836 年
ミッテルライン博物館（コブレンツ）蔵

45
龍が城《ドラッヘンブルグ》

▼ジーベンゲビルゲⅣ

ケルンの年代記が伝えるところによると、ケルンの選挙侯であったディートリヒ・フォム・ベルゲは僧職にありながら金貸し業までやって、しこたま貯めこんだ上に財力に物を言わせて、当時聖ミカエル礼拝堂のあった場所へゴデスベルクの城を築かせということであり、それは一二〇九年のことであったと伝えられている。これがために、それまでは誰でもおまいりすることができた聖人の墓所もいつしか人々の記憶から失われてしまった。ケルンの僧正は大ぜいいたけれども、聖人の墓所の跡に平気で城砦を築かせるような大胆不敵な人物は未だかつてなかったのである。

しかし、ケルン寺院の大僧正として、まさか聖ミカエルの礼拝堂をとりつぶしたままにしておくわけにもいかなかったとみえ、彼はゴデスベルクの住民たちに命じて山の南側に小さな礼拝所を建立させた。しかし彼自身は新築のゴデスベルクの城をケルン大僧正の避暑用の別荘に当てることとし、その上棟式をあげて盛大な饗宴を催した。ライン中流地方のおもだった貴族の騎士たちはいずれもこの選挙侯の豪華な宴会に招待され、彼らの歓声は新築された城内の光りまばゆい広間の中に響き渡ったのであった。

昔、ウォルムスの皇帝の居城に参集したドイツの諸侯がやったのと同じように、ラインの騎士たちは自分の城や財宝についての自慢話に花を咲かせるのであった。そしていつのまにか話の中心はそれぞれが自慢の種にしている宝石のことに移っていった。その間に一人の騎士は美事な韻を踏んだ詩を作って、この平和な争いをたたえ、「ラインの岸に名を競う、数多の騎士のその中に、たぐい稀なる宝玉の主《あるじ》の君は誰ならむ」と、歌に託して人々の競争心をあおり立てた。

これを聞いた人々はいずれも自慢の宝石をお互いに見せびらかし始めた。一人は素晴らしいダイヤモンドの輝く指環を示し、別の一人は剣のつかに飾られている不思議な光沢の宝石を見せるのであった。そしてまた他の一人は腰帯と軍帽に飾られた貴重な宝石を自慢するのであった。しかしディートリヒ・フォム・ベルゲが、彼の大僧正職の印章指環にはめられている素晴らしい宝石を悠然と示した時には、いずれもかぶとを脱がざるを得なかった。それはまったく比較するものもないくらい立派なものだったので、皆これこそはライン河の上下を通じて最善最美の宝石であろうと異口同音にほめそやさずにはいられなかったのである。

しかし、たった一人この騒ぎに加わらない人物があった。皆から離れて窓際に座を占め、わいわい騒ぎまわっている客人たちを冷然と眺めていた。

それはドラッヘンブルクの城主ゲールムントであった。大僧正は最近までこの男と激しい喧嘩をしていたのであるが、いくら攻撃しても峻険な山上に陣どっている彼の城を陥れることができず、

19世紀末、ドラッヘンフェルスの中腹に新たに建てられたドラッヘンブルク城（▶ 221頁も参照）

いたずらに多数のケルン勢の血を流させるばかりであったので、やむを得ず和睦をしたばかりの相手だったのである。

じっと腕組みをしたまま宴席の客人たちを黙々と観察しているドラッヘンブルク城主に向かい、大僧正は気軽な態度で話しかけた。

「騎士ゲールムント君、皆こうやってめいめい自慢しあっているが、きみひとつ審判者になって、誰が筆頭であるかを審判してくれないか！」

ドラッヘンブルクの騎士は歩み寄り、奇妙な笑いを浮かべながら答えるのであった。「なんと言ってもあなたの指の物がいちばんでしょう。しかし、それもわたしが競争に加わらない場合の話で、わたしの持っている石に比べれば、この場の人々の持物はもちろん、あなたの宝石といえども到底勝負にはなりませんよ」と。

そう言って彼は金の指環を示した。しかしそれにはただの玄武岩の石塊がはめてあるだけのものだった。これを見て満座の客人はこの風変わりな唐変木の馬鹿さ加減に大声を上げて笑いころげた。大僧正もかつての好敵手であった彼に対し、いかにも軽蔑した態度で「こんな石は、わたしが毎日建築場に通う時に馬車の下にゴロゴロしているのをたくさん見ている。戦場の勇士である貴公がいつも振りまわしている剣は確かに光り輝いているが、その指にはめられている指環の石が光ったのは一度も見たことがない。それはなんの光もないただの石ころなのだから当たり前のことだがね！」とあざけった。

するとと騎士は、今まで黙って寄りかかっていた窓のかたわらへ歩み寄って、絹のカーテンを押しあけたので、あたかも沈みかけていた夕陽の金色の光が部屋の中へさしこんだ。その光の中で目を輝かせながら彼は叫んだ。「諸君！　あそこを見られるがよい。あのけわしい峰の上にそびえているのはライン河畔最強の城なのだ。この灰色の見すぼらしい石塊で、わたしのドラッヘンブルクの城砦は築かれているのだ。しかし諸君が所有しているすべての金や宝石にも代え難い値うちがあの城にこもっているのですぞ！」と。

酔っぱらいどもは黙ってしまった。そしてお互いに気まずそうに顔を見合わせるばかりであった。いずれもドラッヘンブルク城の玄武岩に歯を立てることのできなかった連中ばかりだったからである。大僧正も目をふせた。彼こそドラッヘンブルクの価値をいちばん良く知っていたからである。

46 ハイステルバッハの修道僧

ジーベンゲビルゲV

ジーベンゲビルゲの静かな谷間には、昔ハイステルバッハ修道院の建物があった。今ではもうこの場所もすっかり茂った木々におおわれて牧場のようになってしまっているが、それでもなお崩れた石壁の残滓がいくらか残されており、当時を忍ばせるよすがとなっている。しかし修道院の建物がこわされるようになったのは、いまわしい戦国時代の蛮行の結果であって、時の流れの間に自然に朽ち果てたわけではなかったのである。当時の武士たちが修道僧を追い出して修道院の石壁を破壊し、その石材を城砦建築のために使ったのである。ジーベンゲビルゲの土地の人々の言い伝えによれば、この時以来、追い払われた修道僧たちの霊魂が夜ごとに現われて聖堂内陣の跡や柱列のくずれた石畳の間をさまようようになったという話である。彼らを追い出し彼らの住居を破壊し去った人々に対する沈黙の抗議がこれらの亡霊によってなされたのである。それらの中にはハイステルバッハの最後の修道院長であったゲープハルトの霊も含まれていた。彼は修道僧たちの墓石の間を通りそれらを一つ一つ葬いながら、さらにレーヴェンブルクやドラッヘンブルクの城主の墓所をも訪れるのであった。しかし、最後の破壊に際して取り残されたただ一つの墓穴だけは例外にされていたということである。

中世時代を通じてハイステルバッハの学問僧の評判はなかなか大したものであった。このライン河岸の修道院の静かな居住者たちの手によって生みだされた精巧な美術的な聖書の模写や学問的な著述はおのずと世間に広まり、ここの修道僧たちの精進と知識とを物語っていた。そういう僧の中に、まだ年は若かったけれども、その学識の点では一段とずばぬけた人物がいた。この特別に神の思寵を受けた若者の深い学識に対しては、一山の修道僧たちが一様に畏敬の念を抱いていたことはもちろんであるが、時には白髪の修道院長さえも頭を下げずにはいられなかったのである。

しかし彼自身は、その輝くばかりの学識にもかかわらず、疑惑の毒虫に刺され、その信仰の鏡は恥ずべき煩悩の混迷によって曇らされるようになってしまったのであった。神の生ける言葉が記されている古色蒼然とした羊皮紙の古書を前にして、しばしば彼は思い惑い、信仰がくずれ去ろうとするのをなんとかして建て直そうと努め、「神よ、わたくしの不信心を救いたまえ！」と祈ることもしばしばであったが、彼の不安におののく魂をあざけるかのように絶望的な疑惑はますます深まるばかりであり、彼の霊魂はまるで苦悩に満ちた混乱のるつぼと化するかのようであった。

上気した顔で羊皮紙の古文書の上に身をかがめたまま徹夜して暁に及ぶことも一再ならずあった。時間は知らぬまに過ぎて行き、気がついた時には焼の陽光が寺院の側廊の弓なりの天井にきらきらに飾いているのであった。そして、その朝日の光は、修道僧が手にしている巻き物の文字の上に嘲笑し、あるいは誘惑するかのようにおどりはねているのである。しかし、彼はそれにも気づかず、彼の魂を苦しめているただ一行の文字、「千年の歳月も、主にあっては、ただの一日と異ならず」（「詩篇」九〇篇四節）という章句を疑惑にとざされた心でじっと見つめていたのである。

聖書のこの謎に満ちた言葉の意味を、彼は理解し得ないままに何カ月間も考えつづけていた。この理解困難な章句を彼は記憶の中から打ち消してしまおうと努めて見たが、その文字はなおさら彼

ハイステルバッハ修道院跡　W. O. v. ホルンの著書（1881年）より

の苦悩に曇らされた目の前にちらちらとおどりつづけるのであった。そしてその文字はだんだん大きくなり、互いにもつれ合い、ついには巨大な悪魔の群のようになって彼を取り囲みあざけ笑いながら「千年の歳月も、主にあっては、ただの一日と異ならず」と繰り返すのであった。

ついに彼は修道院のおごそかな静寂にとざされた狭い部屋の中にじっとしていることはできなくなってしまった。苦悩を胸に抱いたまま、彼は不安げな足どりで、いつのまにか小道に迷いこんでいた。彼の目は足下の地面に注がれてはいたが、彼の魂は静かな周囲から遠く離れてあらぬ方をさまよっていた。彼はほとんど無意識のうちに修道院の庭を離れ、森の中へと歩みを進めて行った。緑の枝では小鳥の群が親しげに彼に挨拶を送り、ふんわりした苔の間からは美しい花が頭をもたげて彼を迎えていた。しかし、すっかり考えこんでしまっている彼には、なにも聞こえず、また見えもしなかった。彼の疑惑にとざされた魂は、古文書のただ一節を見ているばかりであり、そしてまたただ一つの声、すなわち「千年の歳月も、主にあっては、ただの一日に異ならず」という文句に聞き入っているばかりであったから、無理もないことであった。

さまよい歩いている間にいつしか足も疲れ、頭も朦朧としてきた。修道僧はとある石に腰かけ、悩みに疲れきった頭を木の幹にもたせかけた。悩みをいやす夢が彼の精神を運んで行った。

星のかなたにある光に満ちあふれた別世界に彼はふたたび自分自身を見いだした。そこは最高の主神の玉座のすぐそばであった。永遠の河の流れが周囲をめぐって流れていた。ありとあらゆる神によって造られた者たちが集まって、神の偉業をたたえていた。それは天国の荘厳そのものであった。人間には理解し得ない創造力の産物が、塵の中にうごめく小さな虫類から、恵まれた翼の力によって大空に羽ばたき地上の高山をも悠々と見下ろすことのできる荒鷲の類に至るまで、いろいろな生き物がそこに集まっていた。また海中の砂粒のごとき小さな物から、深い奈落の底に数千年にわたって神の指図による火を燃やしつづけている巨大な山岳に至るまで、あらゆる物がそこには集められていた。そして、それらすべての物はいずれもただひとつの言葉を、それは倣慢な者には聞きとることはできないが、敬虔な者には明らかに理解し得るところの言葉を物語っているのであった。その言葉はかつて無の中から呼び出されたものであり、六日間であったにせよ、六千年の歳月にわたったものであったにせよ、「千年の歳月も、主にあっては、ただの一日に異ならず」というあの言葉であった。

かすかに身震いしながら修道僧はそっと目を開いた。そして「神よ、わたしの不信心を救いたまえ！」とつぶやきつつすっくと立ち上がった。彼が耳を澄ませていると、はるか下方から修道院の鐘の音が聞えてきた。それは夕べの祈禱を告げる入相の鐘であった。夕焼の光がブナの林の上に流れていた。彼は急いで修道院に向かった。寺院にはすでに燈火がつけられていた。なかば開かれた扉の隙間から兄弟たちが合唱の椅子に並んでいるのが見えた。彼はそうっと自分の席につこうと歩み寄ったが、驚いたことに、そこには他の修道僧が席を占めていた。彼は指の先でその男をちょっとつついて見た。ところが、なお驚いたことには、その男は前に一度も会ったこともないまったくの他人であった。そしてその男も他の人々もいっせいに祈禱書から目を上げて不思議そうに彼の方を見ているのであった。

当惑が彼を包んだ。みな知らない顔ばかりである。蒼白になって周囲を見回しながら彼は讃美歌の終わるのを待った。静寂の中に合唱と祈禱はすんだ。つぶやくような不審の問いが列の中を流れていった。重厚な顔だちの老人の修道院長が彼の方へ近づいてきた。雪のような白髪をいただいている彼は八十歳くらいに見えた。「見慣れないお方だが、お名前はなんと言われるのかな？」と彼は優しく、好意に満ちた口調で尋ねた。

修道僧はなにかぞっとするような恐怖の念におそわれた。

「マウルスと申します」とほとんど口の中でつぶやくような低い声で、しかも震えながら彼は答えるのであった。「ザリエル朝の国王コンラートの治世第六年にわたくしは入門の宣誓を行ない、ベルナール聖人にご指導を賜ってまいりました」

修道僧たちの生真面目な顔には、ほとんど信じられないといった驚愕の表情がみなぎった。彼は青ざめた顔を上げて老人の修道院長に向かい震え声で、彼がけさ早く修道院の庭から散歩に出たまま森の中で昼寝をし、入相の鐘の音に目をさまして今帰って来たところであるということを告白した。修道院長はうなずきつつ、「ベルナール聖人がご存命で、国王がコンラートであったのは、およそ三百年以上も昔のことです」と語った。

他の修道僧がこの修道院の古い記録を運んできた。その記録を何枚も何枚もめくったところの、ちょうど三百年前に当たるところに、ベルナール聖人の記録が現われた。年老いた修道院長は声を上げて古い羊皮紙の記録を朗読し始めた。それには、「懐疑者となった修道僧マウルスは、ある日突然、修道院から姿を消したまま爾来杳として消息がわからなくなっている」と記されていた。

この時、聖なる祈りの衝撃が修道僧の全身を揺り動かすかのように思われた。三百年を経て修道院にふたたび帰って来た兄弟マウルスこそ、とりもなおさず彼自身だったのである。修道院長が読み上げた言葉は、まるで審判《さばき》の庭にとどろきわたる天使のラッパの音のように彼の耳に響いた。三

B. ヴェーニヒ画、1908 年

百年経っていたのである。急にどんよりと曇った目を上げ、彼は救いを求めるように震える手を差し伸べた。兄弟たちは彼の身体をささえてやり、恐れおののきつつ彼のようすを注視した。彼の顔はまるで死人のように灰色に変わり、薄いその髪の毛は急に雪のようにまっ白になっていた。

「兄弟たちよ！」と彼は消えて行くようなか細い声で、「決して変わることのない主のお言葉をいかなる時も謙譲の精神でありがたく拝誦することを忘れてはいけません。主がわたくしたちのことを良くお考えになってわざと隠しておられることを無理に捜し求めるようなことをしてはなりません。そんなことをする者には空間も時間も与えられないことになるのです。このわたしの実例を決して忘れないようにして下さい。いま初めてわたしにはあの使徒の言葉『千年の歳月も、主にあっては、ただの一日と異ならず』ということの意味がわかりました。人間には追求することを許されぬ至高の神よ！　この哀れなる罪人に慈悲を垂れさせたまえ」とつぶやいた。

こうして彼は息をひきとり、その場に倒れた。彼の屍体をとりかこんで兄弟たちは深い感動に打たれつつ死者の冥福を祈ったのである。

Siebengebirge ▶ Der Mönch von Heisterbach

47 カシウスの犬

▼ボン

ボン市街の家並みの上に由緒ある伽藍の尖塔が高くそびえている。しかしまだローマ帝国も誕生していなかった前史時代にはライン地方には原住民のウビエル部族が居住していたのであって、この伽藍の場所には異教徒の寺院が建っていたのである。この寺院は当時ライン流域の諸州では最も有名な寺院だったので、ここに置かれていた巨大な石造の犠牲供養の祭壇には、おびただしい数の犠牲がウビエル部族民によって捧げられていた。この石の祭壇は、数世紀の後、寺院の遺跡から発掘され、今日においてもなおウビエル部族時代の記念の祭壇としてボン市に保存されている。数多くの捕虜や奴隷の血がこの祭壇で流されていたに違いない。

しかしコンスタンティヌス大帝の母であった聖女ヘレナが、ボンを訪れた時にこの偶像崇拝の異教の寺院を破壊させた。信仰の念の厚かった皇后はここの異教徒の聖城を取り壊させ、周辺の森林の樫の木を伐採させて、新たに聖カシウスに寄進する寺院をここに建立させた。後にこの寺院はさらに拡張され、壮大な三重構造の堂塔が築かれ、その天辺には大きな釣鐘が下げられた。そしてこの鐘は数千年にわたって良い日にも悪い日にも変わりなく打ち鳴らされるようになった。釣鐘は戦争の時も平和な時も、喜びの時にも悲しみの時にも、この塔の足下を通り過ぎる人々を変わらぬ姿で見下ろしていた。特に清美王といわれたフリードリヒ（三世）や、ボヘミアの父といわれたカール（四世）が、この伽藍へ来てドイツ皇帝として荘厳な戴冠式を挙行した時には、二度とも御堂の鐘は人民の歓呼と相和して高らかに鳴り響いたものである。またボンを別荘地にしていたケルンの選挙侯が、荘厳な大供養の機会に綺羅を飾った高い祭壇の前で法要を営んだ時にも、この伽藍の鐘は大衆の讃美歌に和して高らかに響きわたった。そしてまたフランス人がボンを占領し、ブランデンブルクの軍隊が城門の前で苦戦していた時には御堂の鐘はすすり泣くように鳴り響いたのであった。なんとなればその時、伽藍の主塔は燃え上がる炎に包まれていたからである。

　ボン地方はまた、しばしば暴風雨に襲われたことがある――そういう時には近傍のジーベンゲビルゲまで良く聞こえたということであるが――この伽藍の鐘がその真鍮の口でもって、周辺の人々に危険を知らせてくれたのである。こんな時に雷鳴の怒号の中でも金属的な警鐘の響きは、はっきりと聞こえるのであった。しかし特にものすごい印象を与えたのは、真夜中に暴風雨が襲った時である。伝説によれば、最初の雷鳴が鳴りわたると同時に、異教徒の亡霊が昔ウビエル部族が数世紀にわたって住んでいた

ボンの大伽藍　1860 年頃の石版画

当時の寺院の跡からいっせいに飛び出してくる。そして彼らが崇拝していた異教の神々と一団になって、ローマの英雄カシウスが祭られている灰色の建物の周辺を咆哮《たけり》狂うというのである。人も知るごとくカシウスはその栄光に満ちた殉教者行動によって、かつて数千の異教徒を改宗せしめた偉人である。この異教の神々と亡霊の一団は、その瀆神の狂熱をもって暴風雨の大気をかき乱し、雲の集団を炎のごとく巻き立て、雷電の閃光をもって伽藍を焼き払おうとするのである。

　しかし聖人の霊はいつでも伽藍を守護している。暴風雨の夜、御堂の警鐘が高らかに鳴りわたると、異教徒の亡霊は悲しげに呪いの声を上げる。「聖者が見張っている。わたしたちはどうすることもできないのだ！　カシウスの犬がそれを告げている。カシウスの犬が吠えている。われらに災いをもたらすように」と。悲しい叫び声を上げて彼らはそこから逃げて行く。雷鳴とともに鐘の響きが彼らを追って行く。そして伽藍の壮大な塔は何事もなかったかのように暴風雨の夜の中に屹立しているのである。たとえ稲妻の閃光が脅かすように、なおその周辺にきらめきつづけていても。

　すっかり世の中がひらけてしまった現在では、もはやカシウスの犬も吠えなくなってしまった。暴風雨の夜が来ても、釣鐘がその真鍮の口でもって警告を発するというようなことはなくなってしまった。しかし、この町を見張っている聖者がいなくなったとは考えられない。

　かつてこの町の城壁の外で戦いが行なわれた時にテーベ軍団から進み出て、雷神軍団（Legio fulminatrix）を撃破した時と同じように、彼の霊魂はこの町を守っているに違いないのである。なぜかといえば、雷神の軍団は今日もなお存在しているのであるし、これはまた将来もなくなることはないからである。

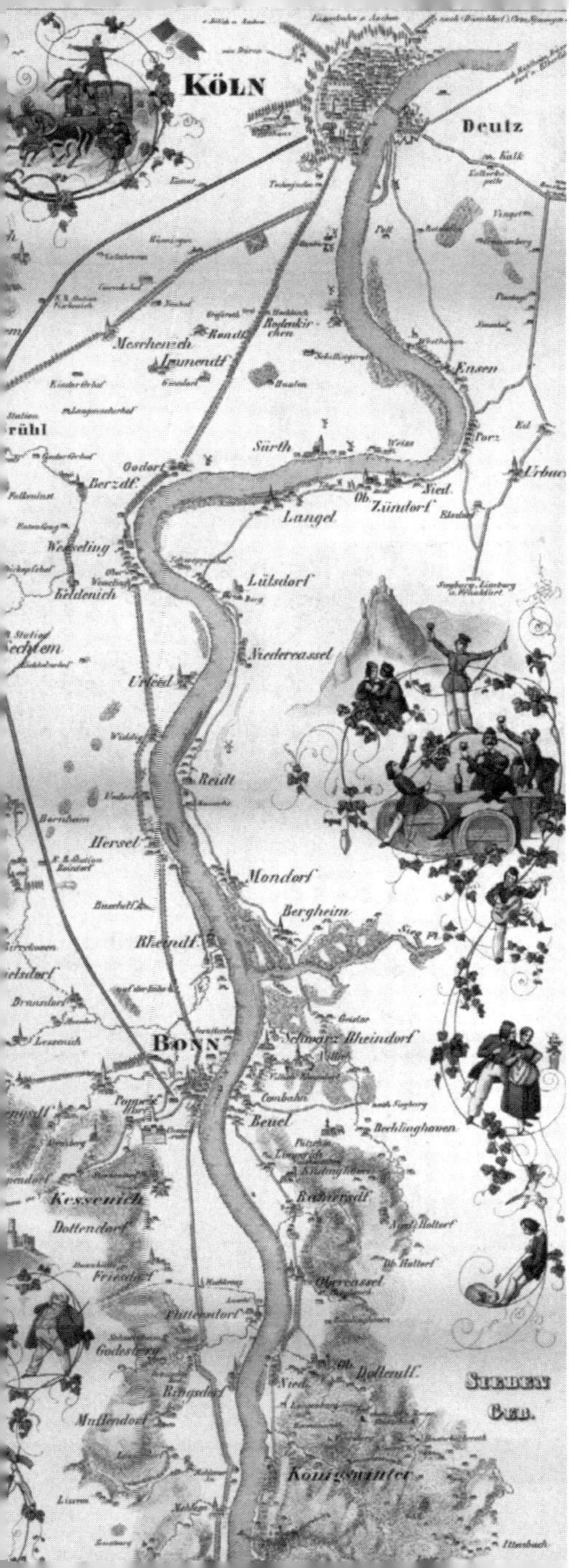

48 アドウフトのリヒモーディス

▼ケルン ー

それは十五世紀のなかばごろの話である。暗い死の影がケルンの町をいっぱいにおおっていた。まっ黒な衣服をまとった女の姿をしていると思われていた黒死病《ペスト》がこの町の大路小路を足音もなく通り過ぎて行くのであった。彼女は毒気に満ちた吐息を宮殿といわず貧しげな小屋といわず片っぱ

◀ライン中流（ケルンからジーベンゲビルゲまで）の絵地図
1845年、ケルン市立博物館蔵

墓を出るリヒモーディス夫人　銅版画、1604年、ケルン市立博物館蔵

しから吹きこんでいった。そして幾千という人命を情容赦もなく吹き消していったのである。

ほとんど無数の家々の人たちが、それぞれの墓所に黒色の十字架を建てていた。あの恐ろしい悪霊の来訪を受けたことの証拠であった。死者の数は日に日に増していき、ついに人々は普通の方法で埋葬するのがまにあわないようになってしまった。不幸な人たちの遺体はまとめて共同の塚穴に投げこまれ、わずかに土をかけた上に十字架を建てるという悲惨な状態になってきた。古い都であったケルンの町の至るところに人々の苦悶の声や悲嘆の泣き声が聞かれるようになったのであった。

使徒を祭った寺院のすぐ近くにひらけた新市街にあった荘麗なローマ風の貴族の館に、富有な名門として有名なアドゥフト家のメンギスが住んでいた。しかし彼の若い妻もついに黒死病に罹って生命を奪われてしまった。メンギスの悲しみは、はたの見る目も気の毒なほどであった。最愛の妻の遺骸のそばに彼は埋葬の最後の瞬間までつきっきりであった。そしてつい二、三年前に着たばかりであった純白な花嫁衣裳を遺体に着せかけてやり、綺麗な生花で棺を飾り、彼女が生前大事にしていたキラキラと輝く耳飾りや貴重な宝石指環などをつけてやった。

リヒモーディス夫人は、使徒寺院のすぐそばの墓地に埋葬され、悲しみの夜が訪れた。死者の安息の庭は深い静寂にとざされていた。この時、寺院の中庭の扉のかんぬきが静かにはずされた。そして二人の黒い影が足音をしのばせた狼のようにこっそりと黒い墓標の列の間をぬけ、勝手を知った新しい墓穴に近づいて行くのが見られた。彼らはその墓をあばきはじめたのである。二人は使徒聖人寺院の墓掘人夫であり、その日の午後、都市貴族の美しい夫人を埋葬したばかりであった。彼らは棺桶の蓋を閉じる仕事を引き受けたのであるが、夫である貴族が亡くなった愛妻に最後の訣別を告げている時に、死者が身につけていた光り輝く耳飾りや貴重な指環をちらりと見たばかりに欲心を起こしたのである。

暗闇の中で棺の上に置かれた花環はがさがさと音を立て鋭いショベルの音が聞こえた。墓穴の土はしだいに取り除かれ、だんだん深くなるにつれてショベルの響きもいくらか低くなってきた。そしてやがてショベルが棺桶の蓋に当たったにぶい響きが聞こえた。提灯の薄明るい光が墓の上でほのかにゆらめいていた。彼らは棺の蓋をはずしそれを横へ押しやってから、まるで貪欲なハイエナのように純白の衣裳に包まれた遺体の上に身をかがめた。片方の男が持っている提灯の光は棺桶の中の夫人の死顔を照らしていた。そしてもう一人の男は大急ぎで組み合わされた手をほどいて、そこに美しく飾られている指環を抜こうとしたのであった。

すると突然に、死んでいるはずの人の身体がぴくぴく動いた。細い白い指が動きはじめたのである。驚きに色青ざめて二人の墓掘人夫は、棺桶の蓋をはずしたまま、仕事の道具をおっぽり出して一散に逃げ去って行った。

墓の中から、なにかを訴えるかのような溜息が聞こえた。数分の後、生きながら葬られていた夫人は力なく立ち上がった。大きく見開いた目で彼女は周囲を見回していたが、驚愕のあまり全身をおののかせるばかりであった。周囲の景色はぞっとするようなものすごい場所であった。彼女は熱病の夢魔にうなされているのではないかと思った。

弱々しい声で彼女は助けを呼んでみた。しかし誰も答えるものはなかった。ただ枯葉がかさこそと音を立てるばかり。それに寺院の庭を囲んでそびえている樹木が風に揺れているのが見えるだけであった。それ以外はまったく死の静寂そのものであった。

突然、彼女は自分が今どういう状態におかれているかということをはっきり理解した。仮死状態に陥っていた彼女を人々が死んだものと思いこんで埋葬したのである。まさに、永遠にとまったままになるかと思われていた彼女の心臓に、新たな生命力がふたたびよみがえってきたのである。彼女は立ち上がって棺の外に出た。そして置き去りにされていた提灯をとり上げ、墓石の間を抜けて、幸い逃げ出した墓掘人夫たちが出口のかんぬきをかけるのも忘れていったので、墓地の外へ出ることができた。

街路には人っ子ひとり見えなかった。まっ白な衣裳を身にまとい、よろめきながらまるで幻影のように、時々街路沿いの家々の壁に身をもたせかけて息を休めつつ新市街の方へ歩んで行く彼女の姿を見下ろしているものは、静かな星くずばかりであった。

古びた灰色の館は沈黙のうちにふたたび戻って来た女主人を迎えた。たった一つの窓だけは未だ灯火がついていた。疲れきった夫人はその窓の下にうずくまった。この部屋こそは、かつての愛の巣であり、また彼女が恐ろしい病魔にとりつかれ、死人と間違われて運び出されたところである。彼女の死を悲しんでいた夫は、おそらくこの時間まで、部屋の中を行ったり来たり悶々の情やる方

リヒモーディスの塔

ないようすでいたのであろう。しかし、ついに疲れきって愛するリヒモーディスの名前を呼びながら頭を枕の中にうずめたところであった。

死装束として結婚式の花嫁衣裳を身にまとった夫人は深い溜息をもらした。そして彼女は最後の力をふりしぼって、入口の扉を叩いたのである。年老いた家僕は、樫の木の扉のそばにあるのぞき窓からしばらく窓の外をうかがっていたが、やがて幽霊のような人が明滅する提灯を手に扉の外に立っているのに気がついた。リヒモーディスは彼の名を呼び、戸を開けるように頼んだ。その声を聞いて老人は後ずさりした。そして恐怖に青ざめたまま大急ぎで階段をかけ上がって、主人の部屋に飛び込みざま、どもりながら叫んだ。

「旦那様！　亡くなられた奥様が戻って来られたのです。いま入口で家の中へ入れてくれと言っていらっしゃいます」と。

しかし、主人は悲しげに頭を振って、「わたしの最愛の妻リヒモーディスは死んだのだ、もう二度と帰ってくるはずはない」と、ひときわ深い悲しみに沈みながら「馬小屋の白馬が階段をのぼって塔の上の部屋まで来るようなことがあるはずはないが、仮にそんなことが起こったとしても、彼女が帰ってくることは到底考えられない」と答えた。

その途端に中庭の石の階段を登ってくる馬蹄の響きが聞こえてきた。アドゥフトが驚いて外を見ると、彼の二頭の白馬が階段を登って来つつあるではないか。

次の瞬間、屋根の破風の窓枠を抜けて二頭の馬がいななきつつ夜の星空に消えて行くのが見られた。そしてこの古い貴族館《やかた》の前では、一人の男が墓場から帰って来た愛妻を抱擁して幸福のあまりに泣いたり笑ったりしていた。

リヒモーディス夫人は、その後、彼女の夫とともに相当長生きをした。しあわせな夫婦は、また可愛らしい子どもにも恵まれた。主婦としての彼女の静かな生活は、内面的な神の恩寵に恵まれたものであり、このことがあってから以後、彼女が声を立てて笑うというようなことは一度もなかった。彼女は墓場で経験したこの出来事を、棺をおおう布に使徒や聖母の肖像とともに刺繍した。この灰色の麻布の上に縫いとられた壁掛は、使徒寺院の合唱団に寄贈され、それは一八七〇年代まで保存されていたのであるが、ついに当時の役僧の不注意から焼失のうき目にあってしまった。ケルンの新市街《ノイマルクト》にある古色蒼然とした屋敷の塔の窓には、今でも木に刻まれた二頭の馬の頭が飾られている。これはリヒモーディス・フォン・アドゥフト夫人の不思議な経験を記念するためにつくられたものである。

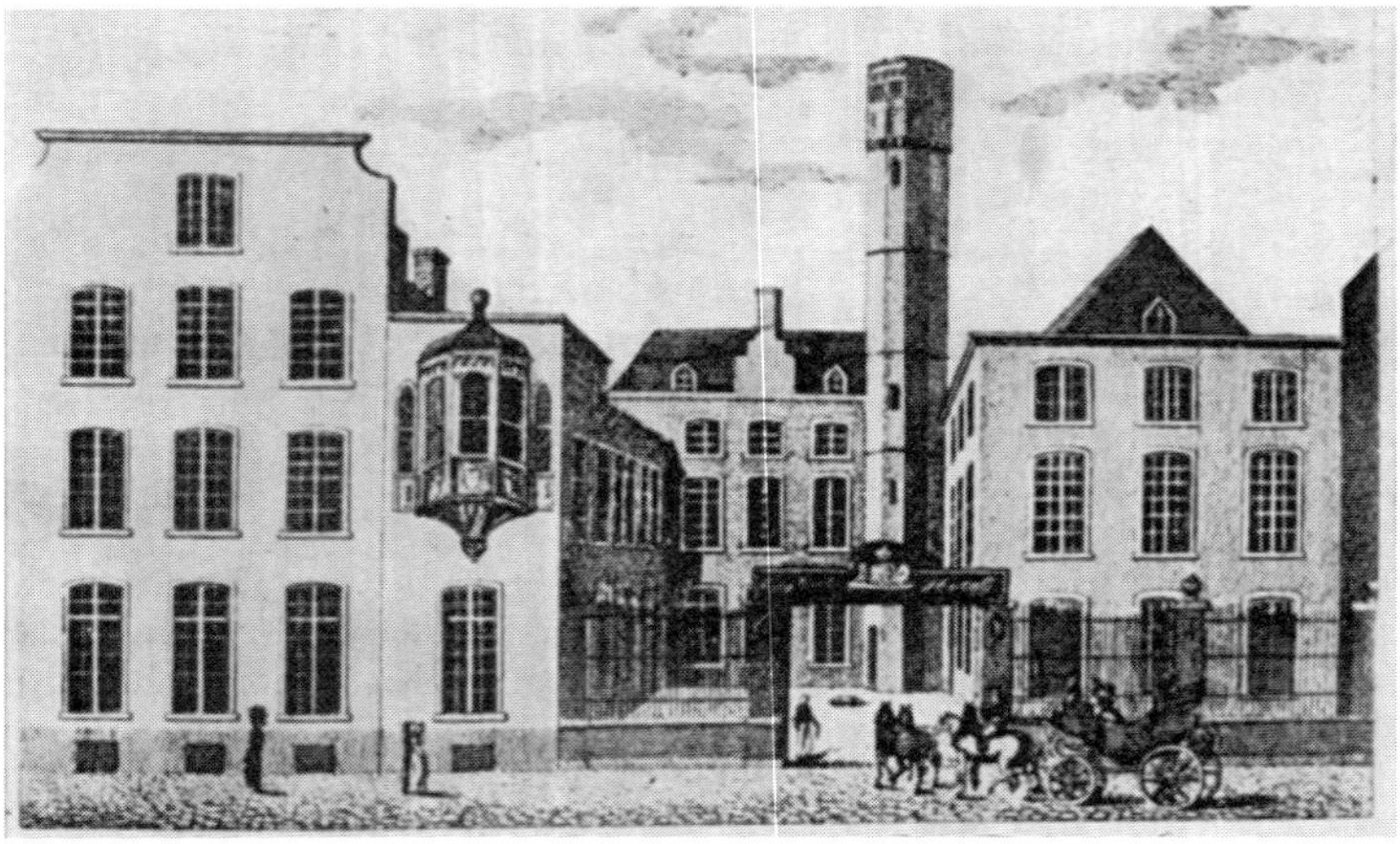
ケルン、ノイマルクトの屋敷　銅版画、1822 年

49 伽藍を建築した棟梁

▼ケルンII

　それは主の昇天の祭の前夜のことであった。ケルンの町で、権勢並ぶもののない大僧正コンラート・フォン・ホッホシュターデン侯の御前で、率直な工匠の棟梁は、寺院の建築に関する彼の意見をおめず臆せず説明していた。彼は雄弁ではなかったが、世界第一の壮麗な寺院を建立すべきであるということを述べていた。この男こそ棟梁（工匠の親方）のゲルハルト・フォン・リールである。この計画の素晴らしい着想にすっかり心を動かされた選挙侯僧正は、勇敢なこの棟梁に対しその実行を命令したのであった。

　まもなく広場に高い石の壁が築かれ始めた。この場所はかつて、最初のフランク国王の時代に伽藍が築かれたことのある場所であった（これを造らせたのは大僧正のヒルデボルトであったが、後に蛮族ノルマン人のために破壊されたのである）。巨大な石柱と大胆なドームとの組み合わせによって荘厳な神の殿堂が築かれることとなったのである。

　きわめて短期間の間に幾千人の人たちを手足のように動かして着々と工事を進めて行く棟梁の創造的才能に対しては、あらゆる人が讃嘆をおしまなかった。棟梁ゲルハルトの名前はたちまちドイツ国内はもちろん遠く外国にまで知れわたるようになった。非常に広い聖堂内陣がまず完成された。するとと近隣の地方からはむろんのこと、ずいぶん遠い地方からも巡礼の群がぞくぞく集まって来る

16 世紀のケルン　A. ウェンザム画、1531 年

ようになり、彼らはいずれも聖堂内陣に祭られている三人の聖王の遺骨をおがむためにケルンの伽藍に参拝したのである。讃美歌の声は広間の高い天井に反響するのであった。

　このことを一番喜んで良いはずの彼は、しかし楽しまなかった。初めの間は喜びにはち切れるかとさえ思われた彼の胸の中に、いつのまにか陰鬱な思想が根を張り始めた。全計画の設計者である彼の耳に、しばしば灰色の憂愁が、まるで婦女子のような思い悩みの声が聞こえるようになってきた。すなわち、彼が生きている間に果たしてこの誇るべき工事を完成することができるかどうかわからないという懸念が彼の心を占領するようになってきたのである。人生最大の勝利を期している彼にも、いつ突然の死が訪れないものでもないということが拭い切れない心配の種となってきたのである。

彼の妻は夫のこの変化にもちろん気がついたのでたいへん心配した。そしてなんとかして、彼の額の深いシワを除いてやろうと努力したが、不可能であった。

心中の不安な予感がしだいに深く根を下ろして行くのにつれて、棟梁のゲルハルトはますます伽藍の建築を急ぎ始めた。こうしている間に四年の歳月が流れた。そして西暦一二五二年となった。すでに北側の塔は天高くそびえ立っていた。以前にも増して棟梁は、ますます熱心に足場から足場へと飛びまわるのであった。

彼はちょうど工事用の起重機のそばに立っていた。ドラッヘンフェルスの洞窟から切り出された巨大な玄武岩の石材を、大ぜいの石工がしだいに高く積み上げているところであった。棟梁はそのようすを満足げに眺めていた。彼の目には喜びの輝きが見られるのであった。この時、突然に見慣れない男が彼のかたわらに現われた。いつどこからやって来たのかは彼も気がつかなかった。背の高い姿に緋羅紗の外套《マント》をまとい、胸には金の鎖をちらつかせ、黒いビロードの帽子には派手な雄鶏の羽を飾っていた。彼は棟梁に対して石工の職人と同じような挨拶をした。そして言うには彼自身もまた建築術の名人であり、ずうっと昔に家を建てたことがあるが――と語り始めた時、その薄い眉の下の目はきらきらと異様な輝きを見せるのであった――その家は何年経ってもすこしもいたまない。これには国王や皇帝たちも、大ぜいの金持や有力な僧正たちもみな一様に驚いていますよ、と自慢げに述べ立てた。

棟梁はこの気取り屋のおしゃべりが言うことを黙って聞いていた。するとこの男は今度は伽藍の工事を引き受けた棟梁の仕事ぶりをほめそやし始めた。

「しかし、それにしても、哀れな人間の身をもって、よくも勇敢にこんな大仕事に手をつけたもんですな！」と、突然いやに真剣な調子で「あなたがせっかくまいた種を刈り入れるのは別の人間だということを御存知ないのはまったくお気の毒と申し上げるほかありませんな」と言うのである。「わたしが着手したこの仕事の完成を妨げるというのは、いったいどこの誰なんだ？」と棟梁は、むっとした調子で聞き返した。

すると相手はいかにも馬鹿にしたような態度で「さあ、それは生命とでもいえばよいかな。いや、死という方がなおいっそうふさわしいでしょう」と答えた。そしてなお嘲笑的に「あなたがた哀れな人間は、小さな虫けらの意思さえも左右することはできないでしょう！ そもそも人間はこの世に生を受けて最初の呼吸をしたその瞬間から、打ち勝ちがたい敵というか絶対の勝利者、すなわち死のためにたえず脅かされていなければならないのですからな」とつけ加えた。

「いやわたしは自分が着手した仕事は必ずやり上げて見せる」と棟梁は昂然と叫んだ。「このことでは、わたしは悪魔と賭けをしたってかまわない！」

「ほほう、いや、おみごと！」とこの見慣れぬ男はからからような調子で笑いながら、「さように大胆不敵なことをおっしゃるなら、喜んで賭けに応じましょう。さて、ここからざっと五十時間くらいは離れていると思いますが、あなたがこの伽藍を仕上げるより前に、わたしはトリールからケルンまで運河を掘り上げたうえに、必ずその流れに鴨の群を泳がせて御覧に入れましょう。このことは必ず請け合いますよ」と挑戦した。

「よかろう！」と陰鬱な態度ながらゲルハルト棟梁はこれに答えて、この見知らぬ男がさし出した右手を握った。その手はまるで魚のような冷たさで、何ともいえぬ不気味な寒気が総身を走る思いがした。途端に彼はいかにも勝利を確信する者のように哄笑し、「賭けに勝ったら、その賞品はあなたの魂ですぞ！」と言った。

度胆を奪われた棟梁はただ茫然と彼を見つめるばかりであった。一方、この男はすでに、その火のような色の外套を風にひるがえして、「では勇敢な親方さん、さようなら！」と叫ぶや否や一陣の風とともに唸りを立てていずこともなく飛び去って行った。

この日以来棟梁の額のシワはますます深く多くなって来たように思われた。ほとんど休む暇もなく足場を伝い歩いて、がむしゃらに仕事に没頭した。しかし仕事のはかどり方を考えて見れば見るほど、これを完成することについての自信がぐらついて来るのであった。朝は未だ夜も明けないうちから起きて職人たちの間を歩き回り夜遅くまでこれをつづけ、良く働いている者がいればこれを励まし、怠けている者がいればしかって歩いた。そしてしばしばトリールの方向を眺めては、何か変わったようすが見えはしないかと気をつけていた。ありがたいことに彼の敵手は何も大したことはやっていないらしいことがだんだんわかって来たので、これなら賭けにも負けずにすむだろうという希望がわいてきた。トリール地方で特別の工事が始められたらしい兆候は何も認められなかったのである。

希望はますます濃くなってきた。ゲルハルト棟梁は、たとえこの賭けに勝てないにしても、負ける心配だけはないという自信を強めてきたのである。

ある日のこと彼は出来上がった苔の先端に上って周囲を眺めていた。すると彼の肩にそっと手をかける者がある。ぞっとしてふり向いた。そこにはあの不気味な建築師が立っていた。いったい彼は悪魔なのか、それとも手品に巧みな魔術師なのだろうか？

「よう！ ゲルハルト親方、仕事のぐあいはどうかね？ 一見したところなかなかはかどっているようじゃないですか！ まあ、しかしありがたいことには、わたしの仕事はもうじき仕上がるところだ。だが、すんでのことで賭けに負けるところでしたよ！」

「わたしが見たところじゃあ」と棟梁はあざけるように「おまえさんの運河掘りの仕事も、あまり大して土を掘り上げたようにも見えないね！」と言った。

「御存知かどうかは知らないが、わたし一人で結構百人の職人以上の仕事はやってのけられるのさ！ だからもうわたしの仕事は、ほとんど出来上がりかけていると言ってもよいようなものなんだ！」と、緋色の外套の男は肩をそびやかした。

「ほんとうかい？」と、ゲルハルト棟梁はすこし自信をなくして目をしばたたきながら「いったい、どんな魔術を使って、おまえさんが仕事をやり上げたのか、教えてもらいたいもんだ」と尋ねた。

「さあ！ どうぞ、それじゃわたしについていらっしゃい」そう言って彼は棟梁の腕をつかんだ。そしてほとんど失神状態の棟梁を伴って空中を飛んで行った。数分後に彼らは地面におり立った。すっかり驚いてしまった棟梁は、そこがトリールであることに気がついた。彼の足下から泉が流れ出ており、その水は岩の裂け目に流れこんでいる。

「さあ、おじいさん、いらっしゃい！」と、悪魔は笑いながら、身をかがめて岩の下へ姿をかくした。ゲルハルト棟梁は、すっかり気をのまれて彼の後について行った。彼は岩の下の洞窟の中にいることがわかった。泉の水は音を立てて運河に流れこんでいた。彼はその運河の起点をはっきり目で見たのである。

「わたしが嘘をついていないことも、怠けていたわけでもないことが、よくわかったでしょう」と、この黒い衣裳の男は勝ち誇るように言葉をつづけた。「よければこの流れについて行って見ましょう。そうすれば、わたしが仕上げた仕事の出来ばえをあなた自身で、はっきり見とどけることができるでしょう」

彼がこの言葉を言い終わるや否や、棟梁は不思議な力に捕えられ、まるで電光のような早さで前へ前へと押されて行った。悪魔はたえず彼の前を進んでいた。まるで亜麻布のように色青ざめた棟梁は、彼の仕事を認めないわけにはいかなかった。疑いもなく彼は賭けに負けてしまった。彼は絶望に捕えられた。しかし、不思議なことが起こった。びくびく引きつっていた彼の顔にまもなく安堵の色が浮かんできた。いやそればかりではなく、なにか抑えきれない微笑のようなものが彼のシワだらけの顔にうかがわれたのである。

出口にたどりついた。彼を連れ去った時と同じ不思議な力によって、ゲルハルト棟梁はふたたび地表に戻ってきたのであった。

「これがわたしの仕事の半分というわけです」と悪魔は白い歯を見せて笑った。「さあ！　これから約束の鴨をお目にかけますかな！　おとっつあん！」

彼は三度手を打って、ゲルハルトに見てくれと言った。ゲルハルトは、興味をもって注意深く見渡した。数分間が過ぎた。しかし流れの出口には何の変化も認められなかった。もちろん鴨のギャアギャアという鳴き声などは全然聞こえないのである。

悪魔はもう一度、初めよりもっと力強く手を打った。そしてじっと待っていたが相変わらず何事も起こらない。伽藍建築の棟梁は初めてあざけるように声を立てて笑った。他方、悪魔はひと声悲

ホーエンツォレルン橋とケルン大聖堂

鳴を残して消え去ってしまった。ゲルハルト親方は「あいつは絶対賭けには勝てないんだ。その理由は、このわがはいゲルハルト・フォン・リールだけが知っているんだ」と気持良さそうにつぶやいていた。

　こうして伽藍建築の棟梁は悪魔をやっつけたのであるが、それにもかかわらずいつまで経っても晴々した気持になることができなかった。いや前よりもいっそう忙しげに足場やハシゴのあるところを行ったり来たりし始めた。一日中何とはなしにいらいらした気持で時を過ごすのであった。彼が大胆にも勝負を賭けた相手は、まぎれもない悪魔の化身であることが今ははっきりとわかったのである。彼自身の肉体はもとより、彼の不滅の霊魂までもが恐ろしい危険にさらされていることを意識せずにはいられなかった。

　おそろしく長時間の瞑想の後で、しかし満足げな微笑を浮かべることもしばしばあった。そういう時には深い呼吸をした後で、勇気を奮い起こしながらつぶやくのであった。「あいつはこの賭けには絶対に勝てるはずはないのだ。そのわけはおれが良く知っているのだ」と。

　しかし棟梁の不可解な昨今の振舞については、彼の若い妻はすっかり当惑していた。特に彼が何にも打ち明けてくれないことは、彼女にとって大きな不満であった。何かしら考えこんでばかりいて黙りがちな夫に対して、何とかして、その秘密にしているらしいことを喋らせようと、なだめたりすかしたりしてみたが全然無駄であった。彼女の優しい態度に接して棟梁はもちろん喜んでいるように思われた。しかしそれにもかかわらず、彼女がいかに懇願してみても、あるいはまた宣誓してみても彼女の好奇心を満たすような返事は得られず、棟梁はただ微笑するのみであり、彼の秘密については、まるで殻の中にとじこもったカタツムリのように一言も漏らさなかった。

ところがある日のこと、ちょうど棟梁が伽藍の工事の監督に出かけた留守中に、地方回りの先生らしい風態の人物が彼の家を訪問した。長身に緋羅紗の外套をまとい、黒いビロードの帽子には派手に雄鶏の羽毛をひらめかせていた。この気どった見慣れない人物は、きわめて礼儀正しく、彼の人柄も言葉つきもなかなか魅力的であった。彼は棟梁に面会を求めて来たのであるが、たまたま行き違って会えなかったので、彼の若い妻と気軽に世間話を始めた。しばらく話している間に、内気な細君もいつのまにかおしゃべりになっていた。この見慣れぬ人物がいかにも気のおけない親切な人のように思われたからである。ほったらかしにされているような女房の状態に対して、親身になって同情してくれるらしい彼の態度にほだされた細君は、溜息まじりに、このごろ亭主がまったく不機嫌のかたまりで、何か悩みの種になっているらしい秘密をかかえているのに、それを彼女にすこしも漏らそうとしないことの不満を訴えたのであった。

盛んに慰めの言葉を連ねるこの異国人の眉毛は不自然に吊り上がっており、またその耳の先は妙にとがっていた。

「どんなことでもそうですが、やはり基礎的な事実についてはっきりした知識が得られないと手の施しようがないもので、あなたの御主人のことについてもお助けしたいとは思っていますが、まず御主人の秘密が何であるかを知る必要がございます」と旅人はもっともらしく語った。「美しい奥様！　まずあなたの優しいお言葉と、おそらく誰も対抗できないあなたの魅力を十分生かしていただいて、旦那様の棟梁の気のゆるんでいる折をねらって、御主人のお心の中に隠されているものを探り出して下さいませ。そうすれば、わたしは必ずあなたをお助けすることができますし、またあなた様はこの聖都ケルン中で最もしあわせな婦人におなりなさるでしょう」

細君は彼に言われたとおりやってみた。しかし彼女が放ったいかなる誘惑の矢も、夫の鉄の沈黙には歯が立たなかった。最初の訪問から三日の後に、このいんちきな学者先生はまたあらためて訪れて来た。

「聖書に出てくるイブの子孫としては、まことに出来の悪いことでしたが、失敗したのはやむを得ません。しかし、わたしには第二の手段があります。ただおそらくあなたはそんなはしたない方法は御免だとおっしゃるかもしれませんがね！」と。

なんとかして夫の秘密を知りたいとあせっていた彼女は、学者先生にもっとはっきりと説明して欲しいと頼んだ。

「ようございます。それではお話しいたしますが」彼はもったいらしく語った。「どうも御婦人というものは同情心に捕われがちなのが欠点でしてね！　特にあなたの場合には、普通の御婦人の倍以上も同情心がお強いのが難点ですよ。実はわたしは素晴らしい薬草を知っているのです。これを煎じてあなたの御主人に飲ませればよいのです。そうすれば御主人は必ず夢を見る。そして夢の中で秘密を漏らすに違いありません。それであなたは秘密の中味を知ることができるわけです」

彼女はこの見知らぬ先生の贈物をありがたく受けとった。夕刻彼女は飲物を用意して、それを夫に飲ませた。ゲルハルト棟梁はたちまち深い眠りに陥った。しかし、まもなく激しくうなされ始めた。何かわけのわからないことをしきりに口走るのである。彼女はまんじりともせずに聞き耳を立てていた。夢の中でまわらぬ舌でぶつぶつ言う言葉の意味を、彼女は女性特有の鋭敏な感覚でこれを理解した。ゲルハルト棟梁が無謀にも大それた賭けをやっているということがわかったのである。

「あいつが賭けに勝つことは絶対ないよ」と眠りの中で彼はしゃべっていた。「その秘密はおれが握っているんだ」

「いったい、その秘密というのは何なのよ?」と、かつて蛇からリンゴを受けとって夫に食べさせたイブの子孫は、胸をおどらせながら尋ねた。

「あいつは何でもできるんだ!」と棟梁は語りつづけた。「しかし、地下の運河から鴨を泳ぎ出させるには、十五分ごとにその中に空気を送りこまなければだめなんだ! ところが、あの馬鹿野郎は金輪際これに気がつくはずはないんだ」と。

翌朝早く棟梁が家を出て留守になるやいなや、この旅の学者先生は訪ねてきた。愚かな妻女は、自分が聞いたことを一切合財克明に彼に話してしまった。これを聞き終わるやいなや緋色の外套を着た男は高らかな笑い声を上げて、たちまち姿をかき消してしまった。棟梁のおしゃべりな妻女はただ茫然と青ざめたままであった。

ゲルハルト棟梁は伽藍の高い起重機の上に立っていた。どす黒い暴風雨を含んだような雲がライン河の方から近づいてきた。棟梁は仕事場の職人たちをせき立てていた。空気は非常にむしむししていた。突然彼の肩に鉛のように重い手がかけられた。色々と輝かしい未来を空想していた彼は驚

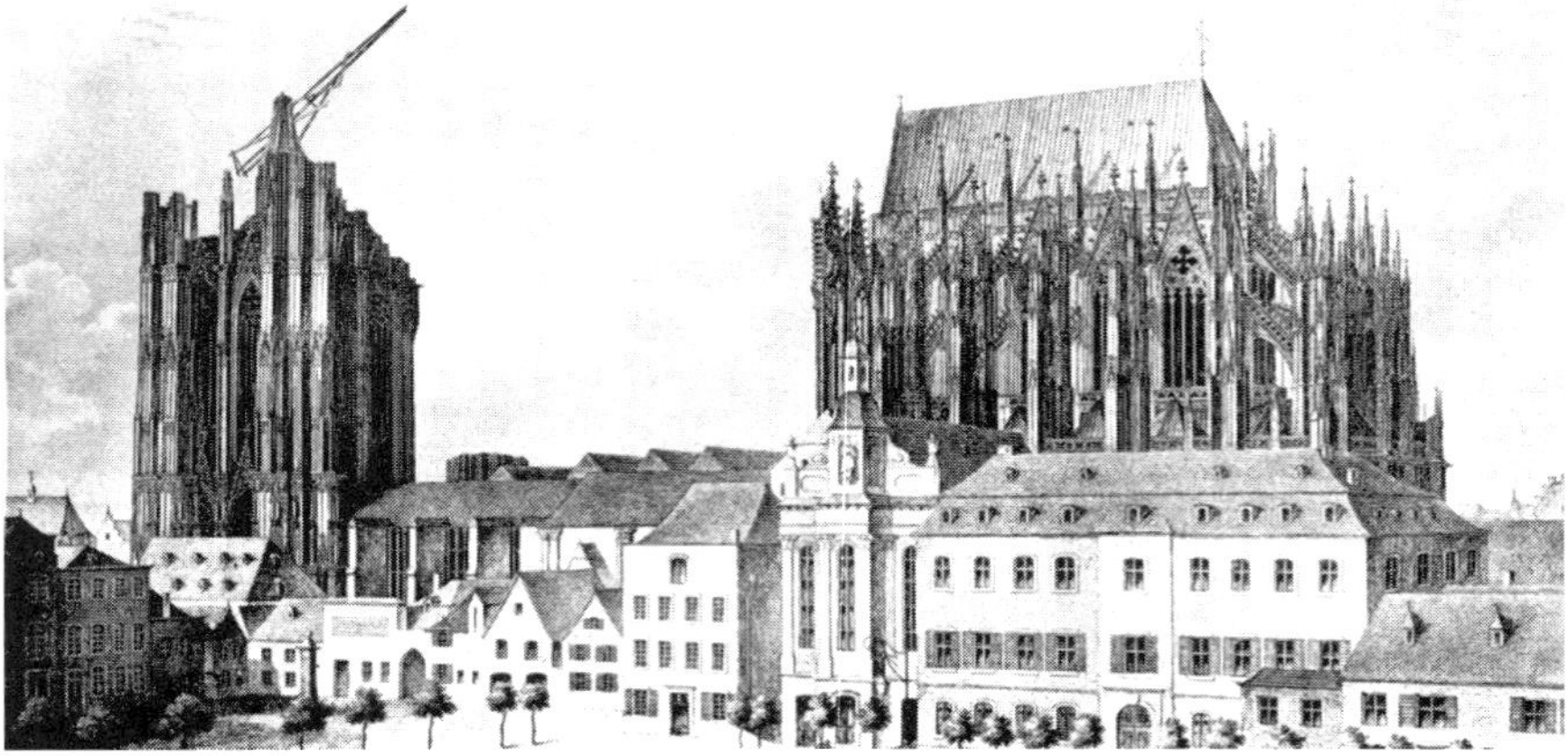

建設再開（1840 年）前のケルン大聖堂　M. ハザーク画、1865 年

いて振り向いたが、たちまち彼の顔色は灰色になってしまった。彼の後には緋羅紗の外套をまとい、雄鶏の羽毛で飾られた黒色の帽子をかぶった悪魔が立っていた。勝ち誇った顔つきであった。黙って彼は眼下を指さした。伽藍の足下には小さな川が流れている。そしてそこには一匹の鴨がガアガア鳴きながら泳いでいた。そして後からはまだ何匹もつづいてくるではないか。

ゲルハルト棟梁は絶望的な憤怒にとらわれた。賭けには負け、彼の霊魂は失われたのである。悪魔は彼のかたわらで牙をむき出し、拍手した両の手を拡げて彼をだきかかえようと身構えていた。

「きさまは絶対に生きているおれを手に入れることはできないぞ！」と、ゲルハルト棟梁は叫ぶが早いか身をおどらせて、はるか下方の流れの中に身を投じた。

雷鳴の響きが彼の死の叫びにつづいた。暴風雨は長時間荒れ狂った。空は炎の海と変じたかのようであった。出火を知らせる鐘の音が塔から響きわたった。稲妻のために棟梁の家が火災を起こしたのであった。

火はさらに燃えひろがって棟梁の計画を焼きつくした。爾来数世紀にわたって巨大な伽藍は未完成のままであった。創始者の業績をいたむかのように、高い天井の広間は荒れたままであり、壮大な塔は未完成の姿をさらしていた。夜になると棟梁ゲルハルトの魂が泣きながらさまよい歩くということをケルンの住民は語っていた。彼の魂は後世の子孫たちに対し、この聖跡を未完成のままに放置している冷淡さを責め、彼らの先人がいかに創造力に恵まれていたかを怒りつつ訴えていたのである。しかし彼の訴えはなかなか聞きとどけられなかった。大ぜいの人たちは去って行き、また新しい人たちがやってきた。そしてついに信仰の浅い人々には想像もできなかった大仕事が完成される日がやってきた。荘重でかつ陰鬱な石柱の森林は完成され、石造の殿堂の中に神聖な讃美歌の声が響きわたった。

　この時以後、棟梁ゲルハルトは二度と姿を現わさないようになった。彼が身投げをした場所には、このことを記念するために石像が建立されたのである。

Köln ▶ Der Dombaumeister

50 ハインツェルの小人《こびと》

▼ケルンIII

現代の不平や不満の多い人たちが、時に溜息をつきながら語り合う古き良き時代の話であるが、そのころは気だての良い小人たちが人間の社会に現われてきて、その好意に満ちた考えのもとに人間を助けてくれた証拠がいくらもあったということである。彼らは峡谷や洞穴の中に立派な宮殿のような住居を構え、地中から掘り出した貴金属やいろいろな財宝をたくさん所有していた。彼らは鉱夫としても、また鍛冶屋としてもきわめてすぐれた技倆の持主であり、立派な装飾品や武器を製作することができたのであって、あの伝説にあるニーベルンゲンの宝物のような物さえも作り出すことができたのである。彼らは昔、地の底で暗黒の友人である冥府の王様の支配をうけており、闇から抜けることも許されず、うっかり太陽の光に照らされると化石になってしまうというので、地表に出ることを極端におそれていたのである。しかし、時の経過とともに彼らも地上に出ることを許されるようになったので、それ以来、彼らは小人専用の抜道や間道を通って時おり地表に姿を現わすようになってきたが、それでも初めの間はなるべく人間どもにはぶつからないように気をつけたのである。そして彼らは住民の幸福のためにいろいろと良いことをやってくれたのであるが、しだいに世の中が進んでくるのにつれて、いつのまにかそういうこともなくなってしまった。

誰も小人たちをはっきり見た者はなかった。彼らの大きさはさまざまであって、親指くらいの大

ハインツェルの小人　絵本表紙、A. シュミットハマー画、1930 年頃

きさのもあれば、親指と中指とをひろげたさしわたしくらいのもあり、四歳くらいの子ども程度の大きさの者もいたということである。しかしいずれも比較的頭でっかちであるという点では共通であって、また背むしのように背中にコブがあって奇形な者が多かったということも言われている。そして鉱夫のような作業衣を着、先の尖った頭巾をかぶっているその姿は、まったくおどけたものであった。人々は彼らのことをハインツヘンあるいはハインツェルの小人と呼んでいた。

あの古き良き時代には聖都ケルンにもこれらのハインツェルの小人たちが住んでいたということであり、朴訥なケルンの町の人々は、彼らがいろいろと人間の役に立つことをしてくれたということをほんとうに信じていたのである。たとえばその時代の大工さんたちは、今と違っていろいろと祭日がたくさんあって仕事を休むことも多かったのであるが、彼らが悠々と遊んでいる間に、どこからともなく敏捷な小人たちが現われて、ノコギリを使ったりカンナをかけたり、あるいはカナヅチをふるったりしてまめまめしく働き、大工さんたちが気がつかずにいる間に、いつのまにか立派な家を建ててしまった、というような話を当時の年代記作者は伝えているのである。

これと同じようなことはパン屋の親方のところでも起こった。若い衆たちが眠っている間に、小人たちが重たい粉袋を引きずって来て、パン粉をこね、ふくらし粉を入れて醗酵させ立派なパンを作ってくれたのである。職人の若い衆が目をさました時には、もう好いにおいの朝食用のパンが板の上にきれいに並べられていたのである。

肉屋さんもこのうれしい助手たちの訪問を受けた。夜の間に小人たちが肉をきざみ、まぜ合わせた上でこね上げ、職人が寝ぼけまなこをこすりこすり起きて来たころには、出来たてのソーセージがみごとに店先に並べられていた。桶屋さんもやはり同じようにこの勤勉な小人たちの沈黙の訪問を受けた。まるでおとぎ話なのだが、仕立屋の親方も同様に小人の応援によって助けられたのである。この町でいちばん偉い市長さんから大礼服を調製するように注文を受けたので、この親方は一生懸命その仕立にほねおっていた。しかし、暑い夏の日にかがんだままで仕事をつづけている裁縫師がみな経験するのと同じように、彼も疲れていねむりをしてしまった。すると、たちまち大ぜいの小人たちがその部屋に忍び込んで来て、みごとな腕前で布を裁断し縫い上げ、しかもコテまで当てて立派に注文の衣裳を作り上げてしまった。親方が目をさましたときに、もう市長さんの礼服は出来上がっていた。これには彼が大喜びしたことはもちろんであるが、彼の女房もまたすっかり感心し讃嘆の言葉をおしまなかった。

この女房はまだ年も若くなかなか茶目っけの多い女であった。親方が座り直して細君に背を向けたまま何とはなしに世間話をしている間に、彼女は途方もない悪ふざけを思いついて一人こっそりとほほえんだ。

夜に入って、親方も寝についた後で、彼女はこっそり起き上がり、ちょうど半分ほど仕立ててある胴衣をのせてある裁縫台と、それが置いてある部屋の中および入口の階段にいっぱいエンドウ豆をまき散らした。そして小さなランプを前掛のかげにかくし持って入口の扉のところに立って、そうっと中のようすをうかがっていた。するとまもなく入口の階段がさわがしくなってきた。つまづいたり、ひっくりかえったり、すべったり、ころころところがったりする物音の間に叫び声や呪いの声が聞こえてきた。それを聞いて裁縫師のいたずら好きの細君はランプを掲げてその部屋の中に飛び込んで見た。だが、その時にはもう腹を立てた小人たちはいずこへともなく姿を消してしまっていたのである。しかし、この時に彼女に不意を襲われてから以後、ハインツェルの小人たちはケルンの町には姿を現わさなくなってしまった。ただケルンの人々のおしゃべりの種として今日まで伝えられているに過ぎないのである。

Köln ▶ Die Heinzelmännchen

51 ヤーンとグリート ▼ケルンⅣ

ケルンで名高いキュンペンスホーフにゃ
ボールシュマン家が住んでいた
そこの娘はグリートで
そこの下男はヤーンだった

ヤーン（ヨーハン）・フォン・ウェルトのことを歌ったライン下流地方の民謡はこういう文句で始められているのであるが、この歌の主のヤーンは、ドイツ国内の混乱に乗じてスウェーデン人やフランス人も参加したあの三十年戦役時代の有名な騎兵の大将であった。しかしこの高名なヤーン・フォン・ウェルトも若い時代にはケルンの農家に雇われていた下男であって、おまけにたいへんな失恋までしたおかげで発奮の結果、出世するようになったのであるということは、ライン河畔のこの古い都の住人だけが知っていることであった。

ヤーンは勤勉な下男であった。しかも誠実な性質で決してやくざな若者ではなかった。だからもしヤーンから結婚の申し込みを受けたなら喜んでそれに応ずるようなきれいな娘たちはたくさんいたはずである。しかし勇敢な若者ヤーンはもうずうっと以前からキュンペンスホーフのお邸《やしき》に働いている娘のグリートのことばかりを思っていた。そしてヤーンはその思慕の心を、そういつまでもかくしていることはできなかった。ある日のこと、彼は彼女に胸の中の積る思いをどもりどもり告白した。そして彼女のためなら普通の百姓の倍も働いて見せるということを告げたのである。素朴な求婚者は長い間心の中でいろいろと思いめぐらしていたことを全部打ち明けた上に、美しいグリートに自分の女房になって欲しいということを頼んだのであった。

いかにも健康そのものといってもよい若さにはちきれるばかりのグリートは、その丸々とした腕を両脇に突張ったままの姿勢で、美しい頭をぐっと後にそらしながら、この率直な求婚者のようすをまじまじと調べるかのように見つめた。

そして、やがてその金髪の頭を左右にふって、微笑とともにまるで馬鹿にしたような調子で、その若々しいふっくらした唇を開いた。

「ヤーン！　おまえさんは下男だろ！　そしておそらく一生そのままなんだろうと、わたしは思うんだけど。わたしは牛や馬をたくさん持っているようなお金持の大百姓のところへお嫁に行くつもりなんだ！　おまえさんじゃしょうがないね！」と答えるのであった。

正直者のヤーンは、こみ上げて来る血潮のためにまっ赤な顔になってしまった。彼女はまったく心ない返事をしたものだが、それでも彼はなお彼女が好きだったので、よくそれを我慢して自制することができたのである。

「じゃ、おまえさんの好きにするがいいさ！」と彼はあっさり答えたが、彼女はつんとすまして向こうへ行ってしまった。このことがあってから後は、彼は普通の挨拶以外にはもう彼女に話しかけるようなことはしなかった。しかし他の下男や家婢たちは、グリートがヤーンにひじ鉄を喰わせたということをお互いにこそこそささやき合ったばかりでなく、女たちよりもむしろ男どもの方が余計にこの不幸な求婚者を軽蔑するような薄ら笑いを見せるようになった。このためにヤーンはついにキュンペンスホーフの邸にいることができなくなってしまい、ある日のこと、この邸を去り、傭兵の支度金をもらって兵隊になったのである。

当時、皇帝は帝国の敵に対して徹底的な戦いをつづけていたので、戦争は長びいたばかりでなく兵隊はいくら集めてもたりないありさまであった。そういう時代であったから、剛勇な戦士でありさえすれば、必ず頭角を現わすことができたのであって、ヤーン・ウェルトも決して例外ではなかった。かつてはキュンペンンスホーフの下男にすぎなかった彼は、まもなくその勇敢な行動のおかげで伍長に昇進した。やがてスウェーデンとの戦争に際してふたたび戦功をあげたため、さらに連隊長に昇進したのであった。そしてついには貴族に列せられ騎兵大将の位まで授けられるようになり、ヤーン・フォン・ウェルトの勇名は、当時恐れられていたフランス軍の進出を彼が叩き伏せたことによってまったく決定的なものとなったのである。

単に武運に恵まれていたばかりでなく、彼はまた結婚運にも恵まれるようになった。高名なヤーン・フォン・ウェルト将軍には、貴族階級の数多い美しい令嬢たちから結婚の申し込みが殺到したのである。

しかし、数年前に貧しい農奴であったヤーンを侮辱した彼女には幸運はおとずれなかった。美しい娘のグリートは、年々歳々牛や馬をたくさん持っているようなお金持の百姓からの求婚を待っていた。しかしいくら待っても彼女が夢見ているような求婚者は現われなかった。それはもう、そのころにはライン地方の農民たちの考えもだいぶ変わってきて、娘のバラ色のほおよりは光り輝くドカート金貨の方が魅力があるし、黒耀石のような瞳よりはターレル銀貨の方がありがたがられるようになっていたからである。光り輝いていた瞳も美しいバラ色のほおもいつのまにか色あせて、しだいに老けて行くばかりのグリートは、やがてかつてのヤーンのような身分の低い下男でも、勤勉でありさえすれば良いから結婚したいと思うようになってきた。しかし誰も相手にしてはくれなかった。バラ色のほおも光り輝く瞳も遠い過去のものとなってしまったグリートは、とうとう恵まれた結婚のことなどは夢のまた夢であるとあきらめてしまった。そして町のセヴェリン門のそばに小さな果物の屋台店を出して貧しい老婆の生活を送る身の上となってしまった。

ヤンとグリート　J. パッサヴァンティ（1886-1908）画

ところがある日のこと、セヴェリン門の付近で群集の間に大騒ぎがもち上がった。それは物見高いケルンの町の人々が、ちょうどその日に凱旋軍の指揮官がセヴェリン門を通って入城してくるのを見物するために集まって来たからである。その指揮官というのは一介の農奴から身を起こして騎兵の大将にまで出世した人物だった。彼は飾り立てた馬にまたがり、金色燦然たる大将の軍装に身を固め、鳥の羽毛のゆさゆさ揺れているつば広の帽子をかぶって意気揚々と入門してきた。彼こそは偉大なるヤーン・フォン・ウェルトである。

彼の後ろには、これまた一群のきらびやかな騎馬隊の列がつづいてくるのであった。輝くばかりのこの町の軍隊を迎えて、太鼓の音は鳴り響き、ケルンの市民は歓呼の声を上げて万歳を叫ぶのであった。しかし門のかたわらの果物の屋台店でちょうど栗の実を焼いていたしなびた老婆は、びっくりしたようなようすでこの誇らしげな騎兵大将を見上げていた。すると大将はその屋台店の前に馬を止め、彼女の顔をのぞきこむようにして、ほほえみつつ、「グリート！　わたしを誰だと思うかね！」と言った。

これを聞いて、彼女のシワだらけの顔はひきつるように見えたが、その白髪頭を振りながら「ああ！　おまえさんはヤーンだね、こんなに出世しようとは誰も思わなかっただろうよ」と答えた。偉大なヤーン・フォン・ウェルトは古い聖都ケルンに入城した。町の軍隊は太鼓を打ち鳴らし、ケルンの市民たちはこの有名な自分たちの同郷人に対して万歳を叫ぶのであった。

やがてケルンの市民たちは彼のために彼の故郷に立派な記念碑を造ってくれた。そしてライン下流地方の娘たちの間には、このヤーンとグリートとの話が語り伝えられた。冷淡な娘たちは、もっと求婚者をだいじにするようにいましめられた。あの偉大なヤーン・フォン・ウェルトと同じように、将来誰が騎兵大将にならないとも限らないのだから、求婚者にあまりすげなくすると後悔するようなことになるよと、ケルンの町では娘たちをたしなめたのである。そしてこの話は、ケルン以外の町の娘たちの間にもしだいにひろがって行き、あまりぜいたくな婿選びをしているとグリートのようにお婆さんになってしまってから「わたしは気がつかなかった！」と悔やむようになるから気をつけなければいけないという教訓にされたのである。

Köln ▶ Jan und Griet

52 アルベルトゥス・マグヌス ▼ケルンV

十三世紀のなかばごろケルンに新設されたドミニク派の学問所に一人の教授がいた。その人はおよそこの世の中のことは何でも知っているといわれたほど該博な知識の所有者だったので「全科博士」(Doctor Universalis) と呼ばれていた。彼はシュワーベン地方の騎士の名門として知られていたフォルシュタット家の出であった。初め、イタリアの有名なパドヴァの大学で学んでいたが、後に僧団に加入し、聖ドミニク教団からドイツ領内の教団の首領に任命された。

したがってアルベルトゥスの名声は学識の点においても、またその説教の巧みな点においても、はるかケルンの寺領の外にまで聞こえていたのであるが、特に彼の一番弟子のトマス・アクィナスが神学の泰斗として仰がれるようになってからは、その人の偉大な教師であるということから、さらにその名声はいやが上にも高まり、ドイツ国内のみかフランスやイタリアの諸地方まで、およそ神学の研究されているところには、くまなく知れ渡るようになったのであった。

アルベルトゥスの知識と思索の及ぶところは誰もが不思議に思うほど広かった。その当時における学問のあらゆる領域にわたっていたといっても過言ではなかった。古代の賢人やアラビアの学者たちに比肩し得る知識を備えていたことはもちろんであるとともに、歴代の教父たちの書き残されたものにもくまなく通暁していた。特にまだ彼が若かったころには、神学者として名をなすのか、

アルベルトゥス・マグヌス（1622年列福、1931年列聖）伝　銅版画、1923年

それとも哲学者として名をなすのか、あまりに研究学問の幅が広くて時には魔法の大家にでもなるのではないかと噂されたほど、その八宗兼学ぶりは他に類を見ないものがあった。それで彼を嫉む者の間では、アルベルトゥス青年は大学生としてはそう大した秀才というほどではないが、ただ彼は特殊な才能に恵まれており、その資質は何か悪魔的なものと関係があるらしいというような噂をまく者もあった。彼が古代の魔術師の呪術等について研究を企て、実験をしたり論文を書いたりした時には、彼は悪魔の仲間になったとまでは言われないにせよ、何か霊界の鬼神との交流を期待しているに相違ないという評判までたてられたのであった。

　実際はどうであったかといえば、まだ三十歳にもならなかったこのドイツ人の青年は、パドヴァの伽藍のマリアの祭壇に膝まづいて胸の苦しみに耐えかね、ただ一人涙を流しながら祈りを捧げていたのである。燃えるような向学心を抱いているのに何らの成果も得られず、教師からは叱責され仲間の学生からは嘲笑され苦悩に圧倒されようとしていた。それで彼は、聖母マリアに自分の研究を助けていただきたいということを熱誠をこめて祈ったのである。

　すると不思議なことに、マリアの聖像はまるで生きた人のように動きはじめた。そして突然光明に包まれたかと思うと、二人の神々しい女性がそれぞれ一冊ずつ書物を捧げもって彼の前に現われた。一方は神学の本であり、他方は哲学の書であった。「良い方を選びなさい！」という声が聞こえた。青年は震えながらも哲学の書に手をさしのべた。マリアは同情と憐れみに満ちた表情でほほえみかけられたように思われた。そしてまもなくこの幻影は消え去ったが、彼の耳にはなお一つの声が聞こえていた。「今日汝に与えられたものは、いずれの日かふたたび汝の手から取り上げられるであろう！　そのことを忘れないように」と。

この日以来アルベルトゥスは、パドヴァ大学の誇りとしてその名をたたえられることとなった。新しい著書が発表される度ごとに若い哲学者の名声はますます輝かしいものとなるのであった。毎年毎年彼の令名は高くなる一方であった。そしてついに彼は哲学界の師表と仰がれるようになった。ドミニク派の人々は彼を教団最高の兄弟と呼び、法皇は彼をレーゲンスブルクの僧正に任命した。しかし二年の後にアルベルトゥスは自発的に僧正の栄職を捨て、一介の書生として、第二の故郷となったケルンの町に戻り、教師ならびに説教師として学問に精進したのである。

教団の兄弟たちはこの偉大な思想家に対し大僧正にも劣らぬ敬意を払い、市民たちもまた感謝の念をもって彼を迎えた。彼はいろいろと市民生活の平安のために尽力したが、特に市民の永遠の平和を祈念する表徴として巨大なゴチック式の尖塔を備えた寺院の建立を発意し、伽藍の礎石を置かせたが、これは後々までケルンの町の誇りとされるに至った。その後まもなくアルベルトゥスはローマ法皇の使節に任命され、新たな十字軍の編成のために遊説することとなったのであるが、彼の火のごとき弁舌はケルンの闘技場に参集したライン地方の騎士たちに深い感銘を呼び起こし、彼らをして神のために協同一致の行動をとらせることに成功したのみにとどまらず、そこに同席していた皇帝までが、彼を抱擁して誓いをたてるほどの感激を示したのである。

それから数日の後に、皇帝——彼の名はウィレム（ウィルヘルム）といい、皇帝選挙の前まではホラント伯であった——はケルンでキリスト降誕祭を祝うことになり、そのお祭りの宴会にアルベルトゥスを招待したのである。皆が上機嫌の時にはよくあることだが、アルベルトゥスは主人に懇望されて彼の魔術を実演して見せることになった。皇帝の賓客たちはすっかり度胆を抜かれてしまった。というのは、アルベルトゥスが立ち上がって、何か呪文のような言葉をつぶやいたとたんに彼が手に持っていた酒杯から青い火花の飛び散るのが見えたからである。彼が酒をテーブルにふりかけるとそれは火の雨となって落ちて来るのであった。テーブルの客たちがあわてて飛びのくと、今までの火の粉はたちまちきれいな鳥の姿に変わって美しい鳴き声を立てて部屋の中を飛びめぐるのであった。アルベルトゥスは列席の人々に対し、皇帝の健康を祝して酒杯を上げようではないかと勧めるのであるが、酒杯からは青い炎が燃え上がっているので人々は手が出せない。しかしその火もアルベルトゥスが一言呪文を唱えるとたちまち消え去ってしまったので、一同ますます驚愕して気を奪われるばかりであった。

なお伝説によれば、その時の皇帝の食卓の料理があまり十分ではなかったため、賓客たちは多少期待を裏切られたような顔つきをしていた。そのようすに気がついたアルベルトゥスが、三度テーブルをたたくと見るまに、いろいろな変わった御馳走が山のように現われた。客人たちが大喜びで食べ始めようとした時に、アルベルトゥスは姿を消してしまった。そして彼の姿が見えなくなると同時に御馳走もまたなくなってしまった。気がついて見ると、立派な紳士たちが皆自分の指をくわえていたり、一部の人たちは外套の端をかんでいたりしていたのである。しかし道化者だけは皇帝の足もとで牛の尻尾をしゃぶっていたともいう。

宴会に招かれた人々はすべて、これらの魔術を見せられて、すっかり感服してしまった。翌日皇帝が従者を引きつれて修道院にこの偉大な魔術師を訪問したところ、彼はまた新しい魔術を大ぜいの人々に公開した。狭い入口を通って彼は人々を「パドヴァの奇蹟の庭」と名づけた場所へ案内した。そこへ行って見ると屋外はまだ冬の寒さであるのに南国の花々がいっぱいに咲き乱れていた。しかも色あざやかな珍しい鳥類が楽しげに木の枝の間で歌っているのであった。客人たちがまだその驚きからさめきらずにいるうちに、早くもそれらすべての物はかき消されてしまった。しかし皇帝はアルベルトゥスの手を握って「貴公はまさに前代未聞の大魔術師である」と賞讃をおしまなかった。

アルベルトゥスはうやうやしく皇帝の手を押しいただいていたが、やがてその掌の手筋を注意深く観察した後に「たいへん申し上げにくいことをお伝えいたさねばなりませぬが、お許し願えましょうか？」と尋ねるのであった。皇帝は何事も包みかくさず言って欲しいと答えたので、アルベルトゥスは「来年のキリスト降誕祭には、あなた様はあの世でわれらの主とともにお祝いをなさることになりますでしょう」と予言した。それから一年の後、皇帝は反乱にあい暴徒のために命を失うこととなったのであった。

アルベルトゥスは老人になった。八十歳になっても、彼はまだ自分が死ぬとは思っていなかった。昼も夜も彼は著述に熱中していた。それは彼を魔法の師として讃仰している者たちのために遺著を完成してやろうと思っていたからであった。魔術の秘法、解きがたい謎であると思われているような事柄について、彼の全精力を傾けてこの著述の中で解明しようと考えていたのである。

長い冬の夜を彼は部屋に閉じこもったまま倦まずに仕事をつづけた。彼の斜面机の上には一枚また一枚とうず高い原稿が積まれていった。休息することを知らぬ彼の精神は、ますます若さを加えていくようにさえ思われた。

ただ一度彼は書く手を休めた。その時彼の目の前の壁に一行の文字が現われた。そこには「青年の日に汝に与えた物は、今日老人となった汝から取り戻されるであろう」と記されていた。彼がそれを読み終わった時、かたわらに天使が立っていた。そして静かに彼の右手の鵞ペンを取り上げたのである。それと同時にアルベルトゥスは、彼のあらゆる記憶がまるで秋の霧のように消え去って行くのを感じた。彼は目の前の十字架の聖像に力なく手を差し伸べ悲しげに頭を振った。そして書き上げた多数の原稿をかき集め、暖炉の前に歩み寄るとそれらのすべてを燃え上がる火焔の中へ投げこんでしまった。

数時間後、同僚の修道僧が灯明を手にしてアルベルトゥスを修道院の食堂に案内しようと思って来て見ると、彼がじっと目を見開いたまま胸の前で合掌して、身じろぎもせずにひじかけ椅子にもたれかかっているのに気がついた。斜面卓の上のロウソクは燃えつきており、部屋の中は暗くなっていた。驚いた彼は仲間の修道僧を呼び集めた。

「偉大なわれらの兄弟アルベルトゥスは主に召されんとしておられる」と僧院長は皆に告げた。すると、この八十歳の老人は弱々しく手を上げて自分の額に当てながら「アルベルトゥスのここは死んだのです」とつぶやいた。アルベルトゥスはそれからなお二年ほど生きていた。「彼の魂はもう神様のもとにおられるのだ」と兄弟たちはお互いに語り合った。そして、ついにほんとうに彼が主の御許で永遠の眠りにつく日が来た。修道僧の合唱の中に彼はおごそかに葬られた。いつしか人々は彼を「偉大なるアルベルトゥス《アルベルトゥス・マグヌス》」と呼ぶようになり、（十七世紀には）法皇グレゴリウス十五世によって福者に列せられた。

第Ⅳ部

周辺の渓谷等および丘陵地帯

タウヌス連山からベルク地方まで

Seitentäler und -Höhen

vom Taunus bis zum Bergischen Land

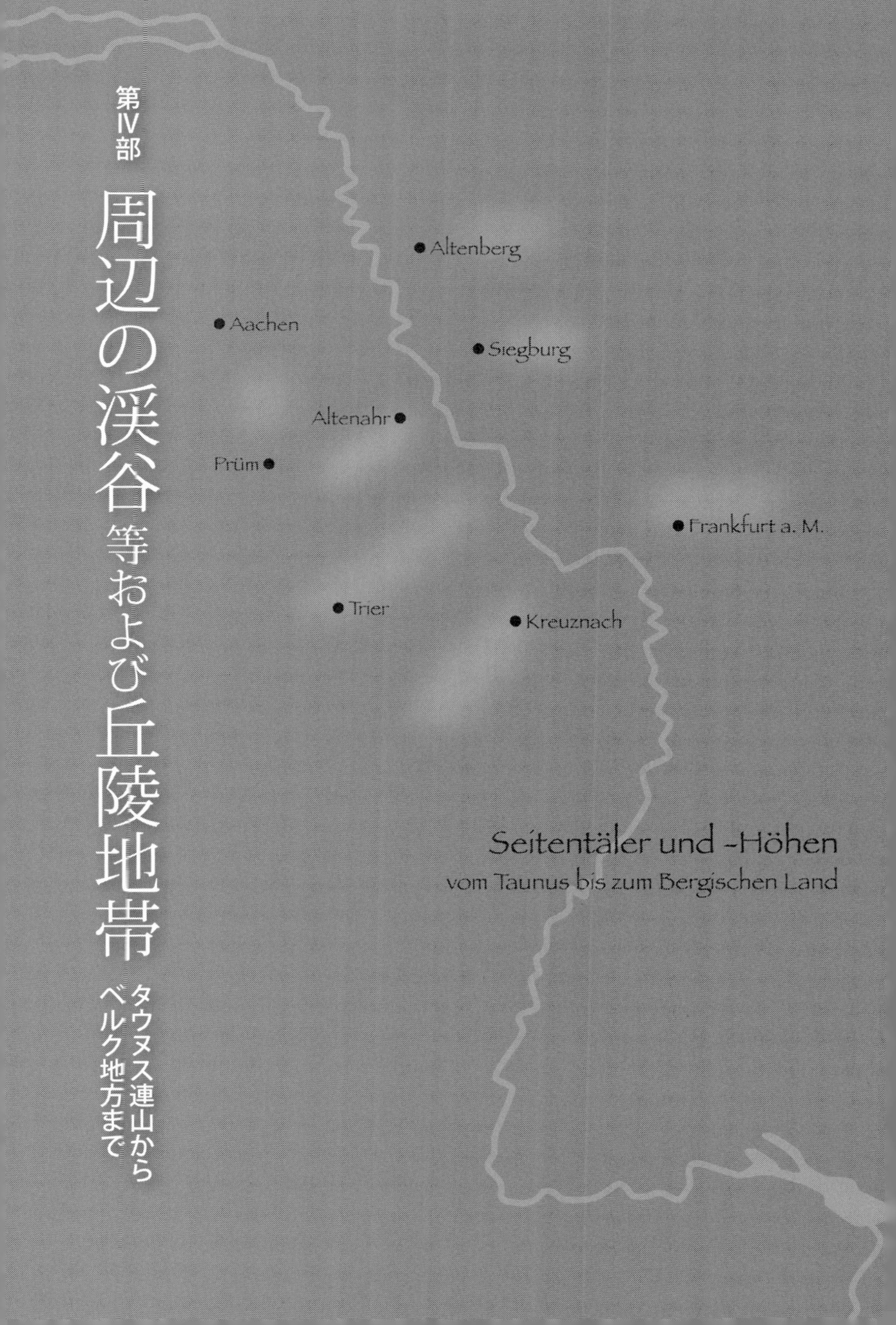

53 ベルゲンの悪党

▼フランクフルト・アム・マインI

フランクフルトで皇帝の戴冠式が行なわれた。皇帝の栄誉を祝うために、レーメル（ローマ人の館）と呼ばれている市庁舎の広間には、多数の仮装した舞踏者の群れが集まっていた。貴婦人たちも王侯たちもいずれ劣らぬはなやかな衣裳を競っていたのであった。何とも言えぬ楽しいお祭り気分が、波のように揺れ動いている人々の群の上に漂っていた。しかしこの大ぜいの客人の中にたった一人だけ何となく物思わしげな生真面目なようすで重々しい態度をくずさずにいる男がいた。彼はまっ黒なよろいを身につけていた。そしてかぶとの面甲を下ろして顔を見せないようにして、かぶとの上にはやはりまっ黒な鳥の羽根をなびかせていた。誰も彼を知っている者はいなかった。そのうちに彼はいかにもうやうやしい態度で皇后のかたわらに歩み寄り、ひざまづいていっしょに踊っていただきたいと願い出た。彼女も、立派な騎士から申し込まれたこととてそれを断わるわけにはいかなかった。その騎士が祭典の女王である皇后とともにはなやかに踊りはじめると、王侯や貴婦人たちの間にささやきが流れた――それはあちこちで、このまっ黒な衣裳の騎士はいったい誰なのかと、お互いに尋ね合う声だったのである。

皇后は彼の巧みな舞踏ぶりと上品な会話にはすっかり魅せられてしまったので、二回目も三回目も彼と組んで踊ったのであった。そのためこの仮装の騎士が誰であるかということに対する一同の

ベルデンの悪党　A. メンツェル（1815-1905）画

好奇心はますます高まっていったところへ、やがて皆が仮面をはずさなければならない時が来た。他の大ぜいの人たちに劣らず皇后もまた、自分の舞踏の相手が誰なのか知りたいと思っていたが、彼のほうは躊躇している上に仮面をはずすことを断わろうとしたので、皇后は怒って、どうしてもその面甲をとりなさいと命令した。それで騎士はしぶしぶながらも命令に従って面甲をぬいだのだが、その場には誰一人彼を知っている者はいなかった。ところがちょうどこの時、それまで外で衛兵とともに見張りに立っていた二人の隊長が部屋に入ってきた。そしてこの謎に包まれた男を見るやいなや、いっせいに驚きの叫びを上げて周囲の群集をかき分けて近づいていくと同時に、

「やっ！ これはベルゲン（フランクフルト近傍の地名）の刑吏ではないか！」と言ったのだった。

二人は揃ってそう認めるので、激怒した皇帝は、皇后に恥をかかせ王位を侮辱したこの恥知らずの罪人に重刑を課すよう命令した。

すると彼は皇帝の前にひざまづき、それでも敢然と顔を上げて語り始めた。

「陛下！ わたしはあなた様に対してもまた皇后様に対しましても確かに非礼の罪を犯しました。特に皇后様を侮辱いたしました罪はたとえわたしの血を以てしてもあがなうことはできないと存じます。それで皇帝陛下にお願い申し上げますが、この罪を消すための方法についてのわたしの考えを聞いてい

ただきたいのでございます。それはわたしに騎士号授与式を挙げていただくことでございます。そうしていただけば、皇后様に対する侮辱も消されることと存じます。騎士に取り立てて下されば、わたしは皇后様の名誉をお守りいたすためには命がけでどんな強敵をも恐れず戦うことをお誓いいたします」

皇帝はしばらく考えていた。すべての人々の目はこの大胆不敵な男の方へ注がれた。

「きさまは悪党じゃ!」と、皇帝はしばらく間をおいてから口を開いた。「しかし、その方の弁舌はなかなか智慧のあることを示しているし、きさまの過失はまた勇気のある証拠であるともいえるだろう。よし、おまえを騎士にしてやろう」と言いながらひざまづいている彼の背中に佩刀を当てられた。「きさまがやってのけたことはまったく悪党のしわざであるという他はない。だからおまえは今後『ベルゲンの悪党』(シェルム・フォン・ベルゲン)と名乗るのがよろしかろう」と言われた。

歓呼の万歳の声が広間いっぱいに響きわたった。そして新たに騎士に取り立てられた彼は、ふたたびこの祭典の美しい女王とともにはなやかな舞踏をつづけることを許されたのであった。

熱心な研究家が調べたところによれば、これはザリエル朝の皇帝の時代の出来事であり、紀元一〇九〇年および一一〇二年の記録に、ゲルハルト・シェルム・フォン・ベルゲンという名前が記録されているということである。爾来約八〇〇年にわたって、この古い家柄の家系は連綿とつづき、一八四四年にシェルム・フォン・ベルゲン家の最後の主人がその所領のウェッテラウの邸で息をひきとったと言われている。しかし、他に多数の「悪党ども《シェルム》」が元気でいることは相変らずだと言わねばならない。

54 風信旗の九つの弾痕

▼フランクフルト・アム・マインII

フランクフルトの市民たちは、ずいぶん長い間さんざん追いまわしたあげくにようやく悪漢を捕えることができたので、その男を絞首刑に処することにした。悪漢の名はハンス・ウィンケルマンといい、十人の仲間といっしょに市の猟区を勝手に荒らしまわっていた密猟者であった。彼は追跡されている最中に捕吏の一人を殺害したために、市参事会は絞首刑を言い渡したのである。みじめな罪人は塔の牢屋の中で淋しく最期の時を待っていたが、その部屋の外では刑吏がずっと見張っているのであった。

いよいよ処刑の日が来て、彼に最後の懺悔の機会を与えるために教悔師の僧侶がやってきた。しかし何も自分が悪いとは思っていないハンスは、てんで僧侶に敬意を払う気持などは起こらなかった。それというのも、彼に言わせれば自分のやったことは正当防衛であって、たまたま運悪く弾丸が追跡者の心臓に命中したけれども、彼自身としてはその時はただ相手の足を狙って撃っただけで殺す気持などは全然なかった、というのである。

しかしカプチン派の僧侶は彼をキリスト教徒にあるまじき凶悪犯人だと思っていた。いな単にそれのみに止まらず、当時のフランクフルトの町の人々が小さな子どもに至るまで信じていたように、悪魔に魂を売り渡せばその代償として百発百中の手練を与えられるという話があるが、まさにハンス・ウィンケルマンこそ悪魔に魂を売り、神様にそむいた外道であると思っていた。しかし密猟者ではあったが元来正直者であった彼は、こんな迷信じみた話には承服できなかったので、あくまで頑強にそれを否認し、彼がよく鉄砲を的に当てることができるのはまったく彼自身のすぐれた腕前によるものであって、悪魔の力などを借りているのではないということを力説した。そして裁判官たちに対しても、あらゆる方法によって、ほんとうに彼の射撃術がすぐれているかどうかを試験してもらいたいということを申し立てたのである。

そこで僧侶も、疑いながらもついに彼のいうことを聞いてやることにした。

「どうぞ最後のお慈悲にもう一度鉄砲を持たせて下さい。そして、あの塔の上で音を立ててまわっている風信旗（風見）を的に三発ずつ三回撃たせて下さい。そうすれば、まるで鍛冶屋が自分の鎚でたたきつけたのと同じように正確にきれいに九発の弾痕模様をつくって見せます。もしそれが嘘だったら即刻絞首刑に処せられても恨みには思いません」と、密猟者は陳述した。

カプチン派の僧はこれを聞いたままに市参事会の幹部に報告をした。参事会はどうすべきかということについて熱心に討議した結果、ついに寛大な態度をとることに一決し、とにかくハンス・ウィンケルマンが自信をもって主張していることを、判決執行の前にやらせてみようということになった。

この悪名高い密猟者が最期に与えられた十五分間にやることを見物しようというので大ぜいの人が集まってきた。絞首台のかたわらに立たされたハンス・ウィンケルマンは、彼の愛用の旋条銃をこわきにかかえ、折しも秋風の中に音を立てて回転している塔の上の風信旗に狙いを定めた。最初の射撃の音が響いた。息を呑んでじっと見つめている観衆の前で、つづけて第二、第三の射撃が繰り返された。やがて沈黙の観衆の間からいっせいに歓呼の声があげられた。塔の上の風信旗にはまるで鍛冶屋が上手に打ちこんだようにはっきりと九つの弾痕が並んだのである。

密猟者は悠然として愛用の旋条銃を刑吏に手渡した。参事会はすっかり感動している市民たちに向かって被告人の無罪をおごそかに宣言したのであった。そして彼に対しては恩赦の命令とともにあらためて彼を自由都市フランクフルトの狩猟隊長に任命したのである。ハンス・ウィンケルマンはそのヨモギのような頭髪を振りながら与えられた光栄に対して礼を述べた。この無罪の判決に対し心から感謝しつつ群集の前を去って愛する森林へと帰って行った彼は、ついにこの森を彼の故郷とすることができたのである。フランクフルトの人々も二度と彼を追いまわすようなことはしなかったし、彼もまた感謝のうちに暮らすようになったのである。風信旗に打ちこまれた九つの弾痕は、今日でもフランクフルトの町のお祭りの際、塔の上に飾られる旗には、模様となってそのまま残されているのである。

エッシェンハイマー塔とその風信旗、1910年頃

55 悪魔の湯治

▼ウィースバーデン（タウヌス山麓）

ウィースバーデンの温泉が病気にたいへん良く利くということはローマ時代から有名であったので、ローマの博物学者プリニウスもそのことを書いているが、これはほんとうの話である。人間と同じような肉体を備えている悪魔が、みずからその身体でこの温泉の効果を試したことについておもしろい物語が伝えられている。

悪魔の化身であったウリアン先生が当時の神聖ローマ帝国領内の僧侶街《パッフェンガッセ》、すなわち大伽藍の立ち並ぶライン河左岸一帯を徘徊して人間の魂を捜し求めていた時のことである。さんざん歩いてすっかり疲れてしまった彼は、マインツの城門の前にある酒場でひと休みすることにした。なにぶんにもマインツの市からはここ数年来ただの一つの魂も地獄に送られて来ないので、地獄の帳簿にも記録がないために、この古い信仰の町の中のようすは、さすがの彼にもまったく見当がつかないのであった。おまけに、ちょうどその時この酒場に集まっていた酒飲み連中が御機嫌になって大声で話し合っているのを聞いていると、まぬけの悪魔がこのマインツの町には手も足も出ず、まったく商売あがったりになってしまっているというようなことを話題にしているので、彼はますます弱気になってしまった。

彼はそのとがったあごひげをしごきながら、酒場の主人に向かって、すこしきまりの悪そうなようすで、このマインツの町の近辺の人たちは「死」というものについてあまり気にしていないらしいが、いったいそれはどういうわけであろうかと尋ねてみた。酒場の主人は狡猾そうな微笑を浮かべながら、色あせた法服の旅人に答えて、この土地の酒飲みの人々はとびきり上等の白い火酒を飲んでいるが、この酒はブドウ液の中の火の精を静め、しかもあらゆる病気や不具の根源を癒やす力を備えているので、たとえ悪魔の従兄弟である死神が大鎌を持ってやって来ても、てんでそばに寄りつくこともできないのであるということを話してやった。

この話を客人は耳をかたむけて聞いたが、不思議な薬効を備えた飲物はウィースバーデンの土地から湧き出す湯によって作られるものであり、コッホブルンネンという源泉の持主がその湯をふんだんに所有しているということがわかった。翌朝、源泉の所有者のもとを一人のみすぼらしい法服を身にまとった客人が訪問した。そしていかにも同情を求めるような態度で、人間のあらゆる種類の病気が彼の衰弱した骨骸の中に巣喰っているので、ただウィースバーデンの不思議な酒以外には彼を死や悪魔から救ってくれるものはない。あなたのところへ行けば必ず助かるだろうということをマインツの酒場のおやじから聞いて来たので、ぜひ助けて欲しいということを訴えた。

「神様はこの不思議な湯の力であなたをあわれな悪魔から守って下さるでしょう」と、コッホブルンネンの主人は気の毒そうに述べたが、同時にこのとがったあごひげの男の顔が悪魔のような牙を備えていることに気がついてびっくりした。代々この家の主人は人々の幸福や安寧のことについて絶えず考えている賢い人がつづいていたのであるが、この時のウィースバーデンの源泉の主人も決して例外ではなかった。彼はこの見慣れない客のようすを黙ってじっと見つめていたが、やがて落ち着いた態度で彼の肩をたたきながら、率直に言ってのけた。「おまえさんは立派な先生の姿は

現在のコッホブルンネン（1887 年頃改築）

しているが、悪魔の化身だな！」と。
見破られてすっかり度を失っている彼に向かって、主人は微笑しながらさらに言葉をつづけた。「ここではほんとうに大ぜいの人たちがこの源泉の湯を飲んで健康を取り戻しているのだから、悪魔だからといって断わる気持はちっともない。ゆっくり療養して行きなさい。ただ、これから七日間は毎日正午から次の時刻の鐘が鳴るまでの間にウィースバーデンの湯を五十ぱい飲みつづけなければいけない。そうすればおまえのあらゆる病気もすっかり直ることは間違いない。しかし、もしもおまえがこの療養を途中でやめるようなことがあれば、わたしの魂は天国の方へ行くことになってしまって、おまえには何の権利もなくなってしまうだろうということだけはよく承知しておいてもらいたい」と言った。

この約束は、悪魔にとってはまことにうれしい話であった。彼は早速その日の正午、地下からとうとうと泡立ちわき出してくるウィースバーデンの温泉で作られた火酒を賞味し始めた。五十ぱいはさすがにすこし多過ぎるような気がして、何か多少不安な感じもしないわけでもなかったが、彼はコッホブルンネンの主人が気軽に約束してくれたので、主人の哀れな魂が自分のものになることを考えてみずから慰めた。

悪魔は夜になってもよく眠れなかった。だんだん不安な気持がつのっては来たが、翌日もコッホブルンネンの主人が気持よくすすめてくれるので、彼はまた契約どおりの量のウィースバーデン酒を飲んだ。するとその晩は前夜よりもさらに気持が悪くなるのであった。彼はこの不快な飲み物をさんざん呪っていたが、三日目の正午になった時たまりかねて一日だけ休ませて欲しいということを温泉の主人に申し入れた。ところが主人は契約を楯にとってすげなく拒絶したばかりでなく、約束どおりに三度目の五十ぱいを飲めと言って泡立つ酒杯をたてつづけに飲ませたのであった。

悪魔は夜の苦痛を思うとたまらない気はしたが、それでもとにかく三日目の分だけは飲んでしまった。しかし四日目の正午に、まるで影のようにふらふらになって彼がコッホブルンネンのかたわらにやって来た時には、それこそ人間の四百四病を全部背負いこんだような哀れな姿になっていた。しかし主人は容赦なく約束の実行をせまった。悪魔は過去の罪悪の償いを命ぜられた者のように契約どおりの分量をやっとの思いで飲み下した。

その次の夜は、ウィースバーデンに温泉療養に集まって来ている多数の男女は、何かわけのわからない地獄のような叫び声で一晩中眠りを妨げられてしまった。そのうちに誰だかわからないが、大声で神様とウィースバーデンの泉のことを呪い罵りながら飛び去って行った者があった。「もう二度とふたたびこのウィースバーデンには来ないぞ！」と言うのが最後に皆が聞いた言葉であった。

翌朝になって集まって来た湯治客たちは、昨晩の大騒ぎが、人間に化けて来た悪魔の苦悶の声であったことがわかったので、何もかも心得ているコッホブルンネンの主人に対し、この不思議な湯治客のことについていろいろと質問を繰り返した。しかし主人は、「馬鹿な悪魔さ」と笑って肩をすくめるばかりであった。

Der Taunus – Wiesbaden ▶ Des Teufels Kur am Kochbrunnen

56 長靴で酒を飲んだ話

▼クロイツナッハ（ナーエ渓谷Ⅰ）

その昔クロイツナッハにあったライングラーフェン城の高楼で、ライン騎士たちのはなやかな饗宴が催された時のことである。彼らライン貴族の武者たちはいずれ劣らぬ酒豪の集まりであったが、中でもこの城の主人公、誇り高きライン伯は音に聞こえた酒豪であった。満堂の来賓たちの健康を祝して彼はすでに幾杯となく大杯を飲みほしていた。突然彼は彫刻で飾られた樫の木の椅子から立ち上がって、いかにも楽しげに上機嫌で一堂の人々に向かって呼びかけた。

「諸君！　ここに騎士の長靴がある。これは先刻急使が届けて来たものだが、わがはいは今、わが家の名誉にかけて諸君に告げる。諸君の中の誰でもよい、この長靴に注いだ酒を一息に飲みほすような勇者があれば、おれはその人にこの山の麓にあるヒュッフェルスハイムの村を進呈しよう！」

こう言ってライン伯は破顔一笑、手に持った長靴になみなみと酒を注がせ、縁のところまでいっぱいになったのを高くささげながら一座のまん中に進み出た。

「さあ！　誰でもよい、これを一息に飲んで見せる勇士はおらぬかな！」と呼びかけた。

そこにはまず勇士の名の高いヨーハン・フォン・シュポーンハイムがいた。彼は酒にかけても豪の者として知られた男であったが、立ち上がろうとはせずおし黙ったまま彼の隣席の騎士マインハルト・フォン・ダウンの顔色をうかがっていた。ダウンはなみなみと注がれた大杯を手に、すでに

ナーエ河畔の断崖にそびえるライングラーフェン城　B. ヴェーニヒ画、1908 年

酔いしれたような恰好で敢えて名乗りをあげようとはしなかった。老勇士のフレールスハイマーもあきらめたような顔つきでその灰色のあごひげをしごいていた。やせぎすのクンツ・フォン・シュトロームベルクは酒よりはむしろ女の方に自信がある勇士であったが、このまるでノアの大洪水を思わせるような大量の酒を飲んだら果たしてどんなことになるかと怖気をふるっていた。ラインブドウ酒の申し子と言ってもよいくらい酒好きの守備隊長も、いつもの豪気はどこへやら、この長靴の酒を一息に飲まされては到底たまらないと思ったのか、おそるおそる一同のようすをうかがっているばかりであった。

　あたかもこの時テーブルの一隅から、ひげだらけの男が破れ鐘のような声で、大きなげん骨で卓をたたきながらいとも愉快そうに呼びかけた。

「さあ、そんなものは一飲みだ、ここへ持って来い」

　一堂の者はいずれもこのボース・

長靴の酒を一気に飲み干すボース・フォン・ワルデック

フォン・ワルデックのたくましい姿に注目した。彼は長靴をわしづかみにして、「諸君の御健康を！」と力強い声で叫ぶと同時に、長靴の酒を飲み始めた。

そして一息に飲み終わったボース・フォン・ワルデックは、卓の上にその長靴を音高く投げ出して自分の椅子に深々と腰を下ろした。そしてライン伯に向かい、笑いながら、

「急使の長靴のもう一つの方もここへ持って来てくれませんか？　わたしはもう一度賭けをして、レクスハイムの村も頂戴したいと思っているのだが」と話しかけた。

ライン伯はすっかり渋面をつくってしまい、目をしばたたきながら降参したので、この誇り高き酒豪はさも気持良さそうに哄笑するのであった。この時からヒュッフェルスハイムの村は大酒豪ボース・フォン・ワルデック騎士の所領とされることになったという話である。

Das Nahetal – Kreuznach ▶ Der Stiefeltrunk

57 シュポーンハイム城の創設

▼シュポーンハイム（ナーエ渓谷 II）

フンスリュックのシュポーンハイム城が築かれたいきさつについては、次に述べるような伝説が残されている。ナーエガウのラーフェンスベルク家の一騎士が、ハイムブルク伯家の美しい令嬢に恋いこがれて熱烈に求婚していた。ところが、この求婚者と令嬢との間にはたいへんむずかしい障害が横たわっていた。というのは、数年前にラーフェンスベルク家の一族の者が血なまぐさい決闘の末にハイムブルク家の者を殺したことがあったために、それ以来両家の間にはどうにもしようのない敵対関係ができてしまっていたからである。これがために、ラーフェンスベルク家の求婚者のあらゆる努力にもかかわらず色良い返事はなかなか得られなかった。しかし、彼の忠実な気持は令嬢の心に通じたため、ある日のこと彼女はこの熱心な求婚者に次のような返事を与えたのであった。

「騎士よ！　もしあなたが一族の犯した罪の償いに聖地に行って、われらの救世主の記念となるような品物を聖蹟から持って来て下さるなら、あなたのわたくしへの求婚は皆から認めてもらえるでしょう」

騎士は大喜びで愛する婦人の手に接吻し、彼女の微笑に送られてその場を去って行った。あたかも時を同じくして赤ひげ皇帝の異教徒征討の詔命がドイツ領内の諸州に発せられたので、ラーフェンスベルクは直ちにシュタウフェン家の皇帝の誇り高き軍勢に参加することになった。十字軍の遠征は苦難に満ちたものであった。彼らの軍勢があらゆる困苦と闘いながらレバンテの荒野を進撃していたころ、勇敢なラーフェンスベルクも美しいナーエタールの静かな城や、その城でゆっくりくつろいでいきとどいた御馳走に舌つづみを打ったことなどを思い出していた。しかし今は、いつ夜闇と黒い霧を利してトルコ人の軍勢があの彎曲した軍刀を振りかざして夜襲をかけてくるかもわからないので一刻も油断するわけにはいかなかった。彼らはいずれも至るところで勇敢に戦ったけれども、ついに赤ひげ老皇帝も彼の子息も戦死してしまったので、その後彼は当時トルコ軍から最も恐れられていた英国の王子（獅子心王と呼ばれていた）の手に所属して相変わらず奮戦をつづけていた。

ラーフェンスベルクは東方の国を転戦している間、片時もナーエガウに残して来た愛人のことを忘れることはなかった。そして彼の憧憬の念はしだいに強まるばかり、ついに我慢することができないまでになってしまった。一方、英国の獅子心王リチャード王子も、彼の故郷の島国で王位継承の問題が起こったため急遽帰国することになった。王子が乗り込んだ船に行をともにした軍人たちの中に、騎士ラーフェンスベルクも加わっていたのである。騎士はうれしくてたまらなかった。英王の船がギリシアの海やまっ青なアドリア海を航海している時、彼はしばしば船の舳先に立って、なつかしげに北の空をふり仰ぐのであった。そして誰も見ていない時に、そうっと黒檀の小箱を取り出してひとりでそれを愛撫するのであった。その小箱の表面は美しい宝石で飾られ、蓋には金色の文字で婦人の名前が刻まれているのであった。箱の内側は立派な紅色の絹がはりつけてあり、その中に小さなみすぼらしい木片が一つ入れてあった。ラーフェンスベルクはその木片をうやうやしくおし戴きながらそっとそれに接吻するのであった。彼はその小さな木片に莫大な金を払って、聖地のユダヤ人の商人から買いとったのである。ユダヤ人が彼らの多数の予言者の名にかけて誓って言ったことは、この木片こそは、ナザレの聖者、神の子をローマの兵隊が十字架にかけた際に、その殉難の磔刑に使われていた材木の一片であるということであった。

航海の途中ラーフェンスベルクは絶えず楽しくてたまらないようすであった。しかし、まったく思いがけないことが起こったのである。帰航中の十字軍の戦士たちが、もう目の前にイタリアの陸地を見るばかりのところまで来た時に、突然彼らの船が難破することになってしまったのである。英国の王子の一行はやっとの思いで少数の部下とともにアクィレイア地方の陸地にたどりつくことができた。その中にまたもラーフェンスベルクは加わっていたのである。しかし何という情けないことであったろう。このことは後に大詩人ルイス・デ・カモインスがその詩『ウズ・ルジアダス』の中で詠じているが、彼はその尊い小箱を終始波の上へ高く捧げて泳いでいたのであるが、大波一過もぎとられてしまったのであった。彼が気がついて目を開けた時に、彼は岸辺にたどりついていた。尊い木片が彼の生命を救ってくれたのである。しかし、どうしたことか、その大切な木片は消えうせてしまったのであり、それとともに彼が待ちこがれていた幸福はあらゆる希望といっしょに失われてしまったのである。

美しいナーエタールのハイムブルク家の城に、ある日のこと疲れきった十字軍の戦士が戻ってきた。そして、おそるおそる城主の姫に面会を求めたのである。令嬢は優しい微笑で騎士を出迎えた。しかし騎士の陽に焼けた顔はまったく困惑そのものというような表情を浮かべていた。優しい顔を傾けて、彼女は騎士の苦難に満ちた報告を黙って聞いていた。しかし、彼の話が終わった時、彼女は美しい頭をあげてほほえみつつ、

「その小箱は美しい宝石で飾ってあり、蓋にはわたくしの名前が金文字で彫ってあったのじゃご

シュポーンハイム城址　J. C. ショイレン画、1834年

ざいませんか?」と尋ねた。

「そのとおりです、姫!」とラーフェンスベルクは驚くと同時に、またなお悲しくなって「わたしは何度も聖ゲオルクにお祈りを捧げ、大切な救世主の十字架の一片であるその木片を一生懸命守っていたのですが、とうとうそれも海の底に沈んでしまいました」と答えた。

これを聞いて城主の令嬢がかたわらの小姓に目で合図をすると、間もなくそのクッションの上に黒檀の小箱を捧げてそこへ運んできた。見るとその小箱は宝石が飾られたものであり箱の表面には姫の名前が刻まれているではないか。喜びと驚きの叫びを上げて、ラーフェンスベルクはそれが、彼の大切にしていた宝物であることを認めた。

「あなたの聖なる守護神に、お祈りを捧げて下さい!」と令嬢はやさしい笑みを浮かべつつ、「数日前のことです。見慣れない若い武士がこの小さな宝物を城の代官のところへ届けて来たのです。それでわたくしが会いたいと思って呼ばせた時には、もう姿が見えなくなっていたのです」

「ああ！　それこそは騎士の守護神、聖ゲオルクの化身であったに相違ありません」と、ラーフェンスベルクは言うとともに、うやうやしく十字を切るのであった。「これで、あの木片がほんとうの聖なる遺物であることがよくわかりました」

「メヒティルディス姫よ！」

そう言って彼はうるわしい姫の前にひざまづいた。そして姫は恥かしげに、長い間心の中で愛しつづけて来た彼に最初の接吻を与えたのであった。

ナーエガウのゾーベルンハイム近くで、はなやかな結婚式が挙行された。そしてここの本城はシュパンハイム（木片の家）と名づけられたが、後にはシュポーンハイムと呼ばれることとなった。そしてその後数世紀にわたってこの城は残っていたのである。同時にこの夫妻の結婚記念に寄進された修道院もまた長く栄えたのである。

Das Nahetal – Sponheim ▶ Der Burg Sponheim Gründung

58 密猟の獲物と野猪城

▼エーベルンブルク（ナーエ渓谷III）

湯治場として有名なクロイツナッハの近くにエーベルンブルク（野猪城）がある。この城が築かれたのは十一世紀のことであると伝えられている。当時はザリエル朝の皇帝の所領であったが、十四世紀にはシュポーンハイム伯家の所領となり、十五世紀にはジッキンゲン家のものとなったのである。ジッキンゲンのフランツは法律の保護を奪われた、いわゆる法外者《アウト・ロー》にされていたが、彼と彼の同志たちのためにこの城は「正義の避難所」という名で隠れ場所に使われていた。ジッキンゲンの死とともにこの城は破壊されたが、その後この土地がファルツ選挙侯の領地にされるようになってから彼の子孫によって再建された。ふたたびフランス軍の砲撃で破壊されはしたが、それまでは古い歴史を物語る古城として残されていたのである。

この城址の部分的に再建された城門には野猪の像が彫刻されていた。この野猪が城の名前とされエーベルンブルクと呼ばれることになったいきさつについては次のような伝説が残されているのである。昔この城は荒地伯《ラウグラーフ》のルペルトの所領であったことがある。彼は当時財産家であり、しかも美人の誉れ高かったモンフォール伯の令嬢に対し久しい間ひそかに恋いこがれていた。しかし、ある日、彼が令嬢に結婚の申し込みをしたところ、あっさり断わられてしまった。その理由は彼女はすでに他の人を自分の恋人として思い定めていたからである。その幸福な男とはルペルトの竹馬の友

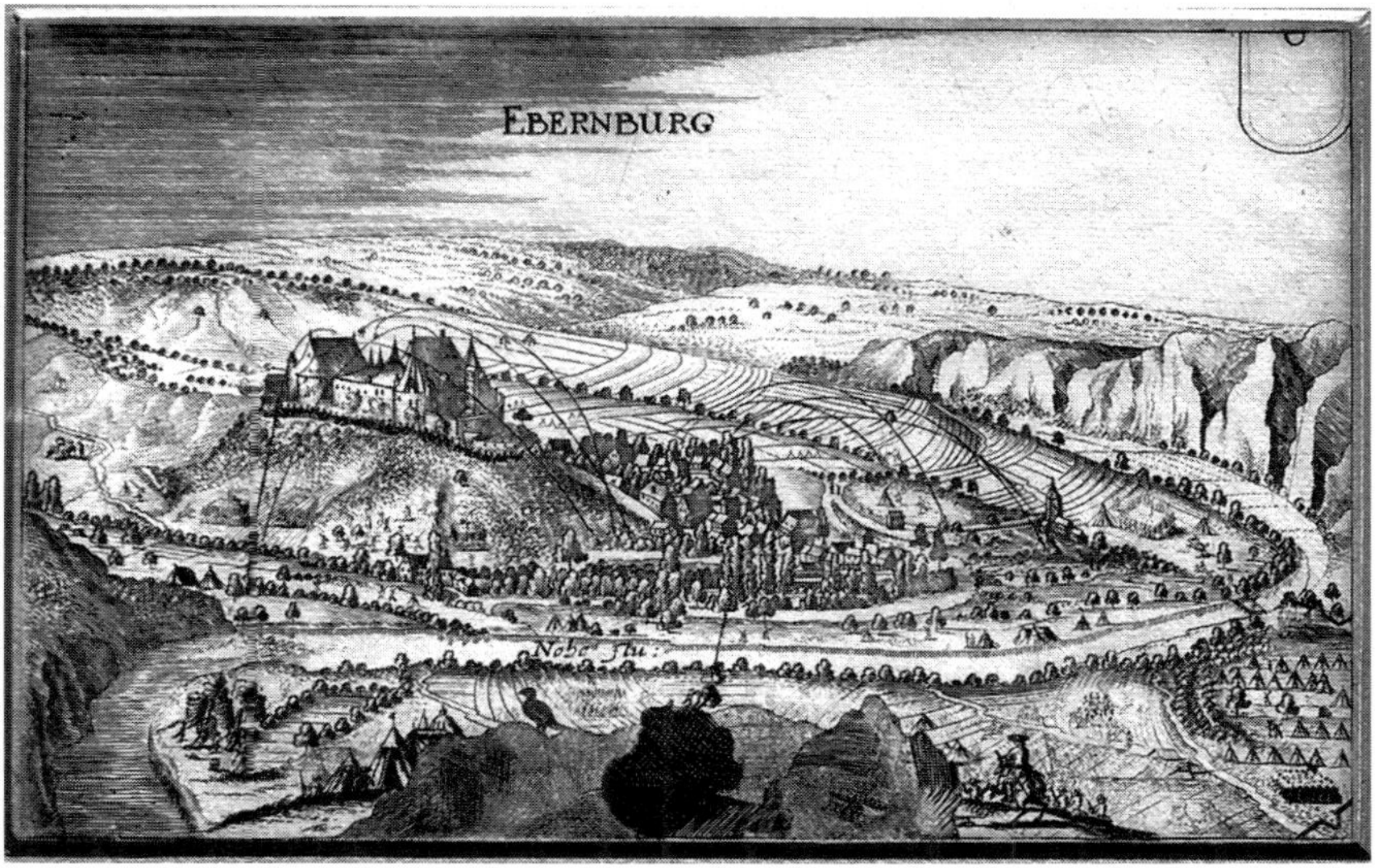

エーベルンブルク城　銅版画、1523年

であったライン伯のハインリヒであった。

求婚を拒絶されて激怒した荒地伯ルペルトは、このことがあって以来古い友だちとも縁を切ってしまった。騎馬試合にも顔を出さず、もちろん祭礼の仲間入りもせず、まったく社交界から身をひいてしまって、ひとり鬱々として暮らすようになってしまったので、旧友はいずれもそれを残念がっていた。しかし、狩猟だけをただ一つの慰めとして、彼はしばしば愛犬を連れては終日森の中で獲物を追っていたのであった。

ある日のこと彼はまた狩に出かけての帰り道にライン伯の居城の近くにさしかかった折しも、今まで彼自身の猟区では見たこともないような大きな野猪が飛び出して来た。荒れ狂う野獣は吠え猛ける猟犬を追い散らし、まっすぐに狩人に向かって突進してきた。彼は直ちに一矢をむくいたが、それは獣を傷つけただけで倒すことはできなかった。ルペルトはまっ青になってしまった。彼は特に武装はしていなかったので、ただ心の中で神に救いを求めるだけであった。その時思いがけなく、近くの藪の中から投げられた槍によって、野猪は彼のほんの一歩近くまで来たところで、呻き声を上げて倒されたのであった。木々の枝をかき分けて、そこに近づいて来たのはライン伯のハインリヒであった。ルペルトは黙ったまま大急ぎで友だちのそばに歩みより、その頸に抱きついて深い感動とともに声をかけた。

「君は僕の恋を殺してしまった。その代わりに僕の生命を助けてくれたのだ！」と荒地伯は苦しげに語った。また一方ライン伯の方は、三日前にこの野猪を自分の森の中で見つけてからその跡を追いかけていたところ、はからずもその野猪の通路が自分の猟区に通じていることを発見したところであると語った。

「他人様の猟区に侵入するという罪を犯したおかげで、一時も忘れたことのない大事な旧友の生命を助けることができた」とライン伯は言った。ルペルトが幼友だちに対して抱いていた憤怒は、このことのおかげですっかり消えてしまった。ライン伯とモンフォール伯令嬢との結婚式が挙行された日に、荒地伯ルペルトは旧友の友情にあふれる英雄的な行動を後世に伝えるため、彼の城の大手門の上に野猪の頭の彫刻を飾らせ、爾来この城をエーベルンブルク（野猪城）と呼ばせることにした。そしてその名前は今日に至るまで残されているのである。

Das Nahetal – Die Ebernburg ▶ Der heilsame Wildfrevel

59 ベルンカステルの薬酒《ドクトルワイン》

▼モーゼル渓谷Ⅰ

ベルンカステルのブドウ酒は、ドクトル・ワイン（医師の酒）、あるいはもっと簡単にドクトル（医師）と呼ばれているが、この名前がつけられてから、もう五百年以上にもなっている。その昔——十四世紀のなかごろのことであるが——ベルンカステルの城主であった大僧正のボーエムントがひどい熱病に苦しめられたことがあった。苦い丸薬や辛い水薬をいやになるほど飲まされたけれども、藪医者どもの手当は何の効き目も現わさなかった。僧職としては最高位に達している選挙侯もすっかりこわくなってしまった。宗教的な修業においても奥義をきわめているはずであったが、それでも彼にとっては天国のいかなる場所よりもこの地上の美しいモーゼル地方の大僧正職の方がはるかに魅力があったのである。

だから彼は全僧正管区に布告を発して、誰でも良いから彼の熱病をいやしてくれる人がありさえすれば、それがずぶの素人であろうが、旅の僧であろうがあるいは専門の医師であろうがそんなことはおかまいなしに、彼の僧正職の権限内で出来得る限りの恩賞を与えるということを発表した。

あたかもそのころ、トリール地方に一人の騎士が住んでいた（その人の名は残念ながら今では忘れられてしまっている）。この人が僧正の苦しんでいることを聞いてすっかり同情してしまった。もともと彼は僧正にはたいへん心服していた。それは数年前のことではあるが、ボーエムント侯が彼の軍事上の指揮官の地位にあったことがあり、そのころシュポーンハイムで激しい戦闘が行なわれ、彼が敵に囲まれて苦戦していた時助けられたことがあったからである。当時、寺院領の武士たちが非常に不利な情勢の中で苦闘していた際であったから、この時の救援に対する感謝の念は彼にとっては忘れることが出来なかったのである。それに彼自身もかつてひどい熱病におかされて、秋の夜長をさんざん苦しめられた経験を持っていたので、なお一層僧正の苦しみに対して深く同情したのである。彼が病気になった時も藪医者どもは水薬を飲ませたり丸薬をすすめたりしたけれどもいっこうに効き目はなかった。その時彼の家来の一人が大きな杯に火のような酒を注いで彼にすすめたのである。その酒こそはベルンカステルの酒だった。高熱に苦しんでいた騎士は、この酒をすすめられた時にはどうしようかと迷ったけれども思い切って一息に飲んでしまったのである。ところがその結果、十二時間ほど深い眠りに落ちこみ、目がさめた時には、さしもの熱病もけろりと直ってしまっていたのである。

あんなに素晴らしい効き目のあったベルンカステル酒のことだから、大僧正にだって効かないはずはあるまい、と考えたこの老騎士は、ゾーンワルトの彼の居城を出て、まっ直ぐに病床の大僧正のもとへかけつけた。誰も連れずただ一瓶の酒をかかえて見舞いに行ったのである。

病床で呻吟していたボーエムント侯は、思いがけなくも顔見知りの彼が、よい薬だと言って大きな瓶を下げて来たのですっかり驚いてしまった。そして、侯が目顔で合図をすると付添いの僧侶たちはその席をはずしたので、彼は落ち着いてわざわざ訪れて来たわけを話すことができた。彼は器用な手つきで瓶の口を開け、大きな薬用の杯の中にその香の高い真珠のような飲物をなみなみと注ぎいれた。敬虔な高僧はその火のような飲物で満たされた杯を取り上げると、ぐっと一息に飲みほした。そしてさらに二杯、三杯と同様に強い酒の杯を重ねたところ、たちまち深い眠りに落ちこんでしまった。

翌朝トリールの騎士は、大僧正の熱病がすっかり癒ってしまったということを聞かされて、心から満足した。ボーエムント侯はその朝ふたたび、昨日の贈物をさらに半リットルほど飲んで感激に満ちた気持で高らかに次のような詩句を口ずさんだのである。

酒よ、酒よ、
おまえが私を健康にしてくれた
おまえこそは百薬の長、最上の医師《ドクトル》だ！

もし当時現今の大学生が歌うような学生歌があったとしたら、おそらくボーエムント侯は、この詩句にふしをつけて大学生のように陽気に歌ったに違いなかったであろう。

Das Moseltal ▶ Der Bernkastler Doktorwein

「ベルンカステル・ドクトル」 古いワインのラベル

60 みすぼらしい酒杯

▼モーゼル渓谷 II

天国の門番であった使徒聖ペテロがある時アール渓谷に下りて来て、有名なブドウ酒の醸造場であるワルポルツハイムに天国の鍵を忘れていったという話は、ライン地方の人なら誰でも知っていることである（第65話参照）。そして、モーゼル地方の酒飲みたちは、この使徒の若い時代の逸話として別にもう一つ愉快な伝説を知っている。この話はハンス・ザックスの時代以来、面白く脚色されて聖徒物語の一つとして伝えられているのである。

そのおとぎ話の筋はだいたい次のようなものである。われらの主キリストは、ユダの言うことを信用しておられなかったので、モーゼル地方の異教徒たちに自ら神の言葉を伝えようと思いたたれ、ある時弟子たちを連れてこのモーゼル地方に来られたことがある。主およびその若い使徒たちは、この曲がりくねっているモーゼル河の流域の住民たちが思いのほかに正直で朴訥なことにはたいへん感心された。しかし、あまりにも大小の山々が重なっている上に、暑い夏の日中を歩かれたのですっかり疲れてしまわれた。

それで一同涼しい木かげに腰を下ろしてひと休みすることになったが、主は

やさしい微笑を浮かべて聖ペテロをお招きになった。

「ペテロや！　おまえひとつ村までひと走りして皆にブドウ酒をもらってきてくれないか？　皆おまえが持ってきてくれるのを待っているからね」と言われた。

聖ペテロは二度まで言われないうちにたちまち目で承知の合図をし、早速炎天の下を嫌な顔もせず埃っぽい道を村へと急いだ。そして彼が大きな木製の杯になみなみと注がれた酒を受け取った時には、その素晴らしい芳香に思わずうっとりせずにはいられなかった。大汗をかいて駆けつけた青年が、物も言わずにそれを一息に飲んだからと言って、それが罪だと言えるであろうか？　なにしろ喉はからからに乾いていたのであるから、それは当たり前だといわねばならないであろう。さて、あらためて彼はその大杯に縁のところまでなみなみと注いでもらって、それを主や他の弟子たちのところにとどけるべく持って帰ることにした。

太陽はじりじりと山腹に照りつけていた。上り下りの多い山道を歩くことはそれだけでもほねがおれる仕事であるのに、ましてあふれるばかりに一ぱいに注がれた酒杯を手にして運んで行くことはまったくたいへんなことであった。その黄金色の飲物を一滴も地面にこぼさずに持ち運ぶなどということは不可能であった。青年は注意深く運んでいたが、どうしてもこぼれそうなので、この神の贈物をすこしでもむだにしないようにと思って大杯の縁のこぼれそうな部

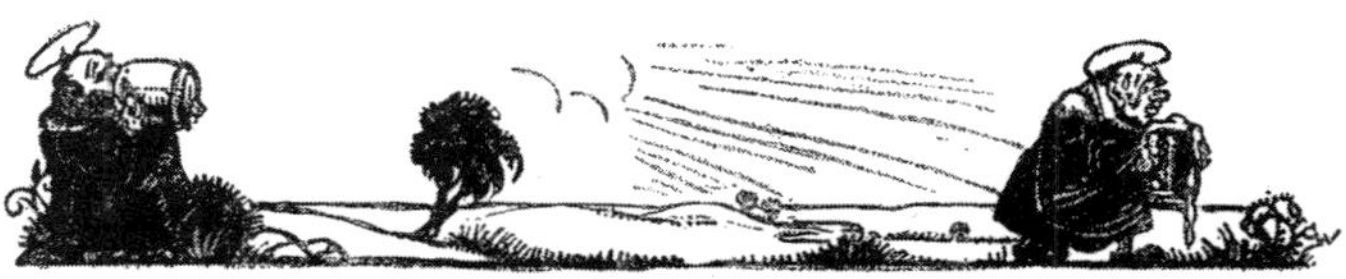

分だけをなめることにした。ところがなかなかそう上手になめるということはむずかしく、ついすこし余計になめすぎたために、今度は酒杯の上のほうがすこし幅広く残りすぎるぎようになってしまった。どうもこれでは体裁が悪い。どうしたらよかろうかと彼は考えた。モーゼルの木杯は上の縁がかなり高くかつ幅が広く出来ているので、聖ペテロは、その余った部分を大急ぎで削りとることにしたのである。そうしてさらに歩んで行くうちに、また二、三滴こぼれるのを防ぎ得ないのであった。聖ペテロは、この貴重な酒をただ岩山の石塊に飲ませるのももったいないことだし、こうしてこぼれるような部分は当然自分に飲む権利があると思い、さらにまたもうすこし飲むとことにした。ところがまたすこし飲みすぎたことに気がついたので、またさっきのように酒杯の縁を削ることにしたのである。まあこんなぐあいで歩くほどに飲むほどに、まことに遺憾ながら酒杯はだんだん小さくなってしまったのである。

ようやく主の休んでおられる場所へ戻っては来たが、聖ペテロもさすがにちょっと困ってしまった。主は黙って若者のようすを見ておられた。彼は一瞬言葉につまったようであったが、しかしすぐ気を取り直して思い切って話し始めた。

「主よ！　わたしが持参いたしましたこの酒杯はみすぼらしいとお思いになるでしょう。わたしも今さらながらこの地方の酒がたいへん高価なことに気がついたようなしだいでございます。しかし、あなた様はたった五片のパンとほんの少々の魚だけで五千人もの人々を腹いっぱいにしてやることのお出来になった方ですから、そのつもりにさえおなりになれば、このみすぼらしい酒杯の酒でも十分皆の者の渇をいやしていただけることと存じます」

静かに彼の言うことを聞いておられた主はやがて微笑を浮かべ、手を高く上げて答えられた。

「おまえが持って来くれたこのみすぼらしい酒杯で、わたしは皆の者が十分に渇をいやすことが出来るようにしてあげよう。しかし、ペテロや、お前だけはその小さな酒杯一ぱい分だけしか飲めないよ。なぜかと言えば、おまえはもう十分に自分の分け前以上に飲んで来たはずだからね」と言われた。

この時以来、モーゼル地方の酒杯は小型のものが使われるようになり、今日に至るまでそれは「みすぼらしい酒杯」（ミゼレーベルヘン）と呼ばれているのである。

Das Moseltal ▶ Das Miseräbelchen

61　ワインフェルトの旧火口《マール》

▼アイフェル連山Ⅰ

アイフェル連山を歩いて見た人ならば誰でも、小都市ダウンの南側にある三つの陰気な死火山の火口の跡を知っているはずである。この三つの旧火口のうちのまん中のものが、ワインフェルトの火口跡なのである。この火口に水をたたえた湖は死の静寂そのものであり、湖畔の古い寺院とこれをとりまいている寺院の庭園もまた死の静寂そのものだと言ってよい。かつては騎士たちのはなやかな生活がくりひろげられたこともあるその場所に、今はただ黒々と悲しく水がたたえられているのみである。昔ここには富有な伯の居城があったのである。そしてこの城の奥方は、古い立派な騎士の家系の出であり、しかもたいへん美しい人であったが、心はまるで大理石のように冷たく、いつでも身分の低い下層の人々をまるで虫けらか何かのように軽蔑していた。彼女は召使いたちに対しては遠慮会釈もなく鞭を打たせたし、また城に近づいて来る貧しい人々は片っ端から追い払わせた。そのために、何も知らずに空腹をかかえて何かこの城で助けてもらえるかと思ってやって来た人々は皆恨みを残して立ち去るのであった。城主はこの気位の高い婦人の美貌にすっかり魅せられていたので、時には多少気になることはあっても、あえて彼女の行動をとがめだてする勇気はなかった。それで彼女は一年中誰に気兼ねをすることもなく癇癪持ちの性質をまる出しに、わがもの顔の振舞いをつづけていたのである。

ワインフェルトの火口湖　F. v. ヴィレ（1860-1941）画

ある日のこと、それはもう降誕祭《クリスマス》もま近い冬のことであったが、彼女は窓にもたれて戸外に降る雪片の舞踏に見とれていた。ふと気がついて下を見ると門のところに乞食が一人立っている。そこへ家来の代官の妻女がやってきて、その病み衰えた年老いた乞食に一片のパンを恵んでやっているではないか。城主の夫人は大急ぎで下へ降りて行った。そして老人の手からそのパンを奪いとって足で踏みにじりながら、恐ろしさに震えている家来の女房をはげしく叱責した。なぜ主人の意思にそむいてこんな怠け者を城に近づけるようなことをしたかということを。老人はその腕を高く差しのべながら、怒りたけっている夫人を黙ってじっと見つめていたが、やがてそのままいずこへともなく去って行った。

一方、城主の方はこの日も狩猟に出かけていた。そして途中で手套をどこかでなくしてきたことに気がついた。それで供をさせていた召使いに、後戻りして捜してくるように命令した。ところがまもなくその召使いがまっ青な顔をして戻って来て言うには、お城が消えてなくなってしまっている。しかも確かにお城があったはずの場所に、どす黒い水が果てしなく広がっているばかりだというのである。

城主はこの召使いの報告を信じることができなかった。

「そんな馬鹿なことがあるはずがないじゃないか！　そりゃまるで今おれが乗っているこの馬の足もとから泉がふき出したというのと同じようなもんだ！」と、彼は頭をふりふり口走った。するとそのとたんに、彼の乗馬の蹄の当たっていた場所の砂の下から、猛然と水がわき出してきたのである（この泉は今日でも馬蹄泉《ファルヘルツボルン》と名づけられている）。

愕然とした城主は、直ちに馬を飛ばして城へ戻って見た。ところがなんという恐ろしいことであろう。そこには満々と水がたたえられているのである。騎士はただおそろしさに身を震わせながら陰鬱な水面を凝視するばかりであった。ふと気がつくと揺り籃が一つ岸辺で波に揺られているではないか。不思議にも助かった子どもを抱き上げた騎士は、その子をしっかりと胸に抱きしめながらこの場所から去って行った。そして二度とふたたびこの不気味な火口湖を訪れることはなかったのである。

62 プリュムに届けられた矢

▼アイフェル連山 II

アイフェル地方の小都市プリュムに教区寺院があるが、この寺はあの敬虔な帝王ということで有名だったルートヴィヒ王の不肖の息子ロタールが修道僧として暮らし最後の息を引きとった場所であって、ここには古い二枚の絵画が飾られている。一枚の方には一人の騎士が、岩の上に立ち、奥方や大ぜいの家来たちが敬虔な面持で見上げている空に向かって弓を引きしぼっている絵が画かれている。そしてもう一枚の方には祭壇のそばに立っている僧侶が、天使の差し出す矢を受けとろうとしているところが画かれている。いったいこの騎士は誰であり、この坊さんは誰なのであろうか？

騎士の方はグイゼの城主ニタールトであり、この人は九世紀の終わりごろ北部フランスに住んでいた人である。彼の妻のエルカンフリーダはきわめて信仰心の厚い婦人であったが、残念なことに子どもがなかったので、騎士はその財産を何か宗教的な信仰に役立つような方法で処分しようと決心した。そして結局修道院に寄進をすることにきめたのである。こうしておけば、彼や彼の妻が死んだ後でもおまいりする人々が祭壇を拝む度ごとに彼らの冥福を祈ってくれるだろうと考えたからである。ところがさて寄進をすることだけはきめたものの、どこの修道院に寄進するのが良いのかはなかなか決心がつかないのであった。そこで結局、平素信仰していた僧侶に相談をした結果、この選択は神様におまかせすることにしたのである。彼は自分の財産を修道院に寄進するために必要

プリュムの教区寺院

な書類をととのえてこれを一本の矢にしっかりと結びつけた。そしてこの矢が落ちた場所の修道院に寄進をするつもりで、奥方や大ぜいの家来たちを連れてお城の近くの岩山に登ったのである。ここで心をこめたお祈りを捧げた後に矢を射たのである。信心深い人たちの間に残されている伝説によれば、その矢は天使の手によって何日もかかるほど遠方のプリュムに届けられたというのである。プリュムの僧院は聖ボニファチウスの在世中に創建されたが、その後ノルマン人の侵入によって略奪されいったんは廃墟になったが、また法皇レオ三世の時にカール大帝の寄進によって建立されたものであると伝えられている。

　矢が飛んで来て足もとに落ちた時、修道院のアンスバルト僧院長はちょうど祭壇のそばに立っている時であった。彼は驚きと感謝の念に満ちてその矢文を読み、直ちに院内の兄弟たちを呼び集めてこのことを告げた。騎士のニタールトは約束どおり財産を修道院に寄進した。このことがあってから、大ぜいの信心深い人たちは、天使の手によって運ばれたという矢を見るために、たくさんプリュムにやって来たのであった。その修道院は後の世の動乱のあおりで廃されてしまったのであるが、この伝説をいつまでも記念するために、二枚の絵は今もなお、もと修道院のものであった教区寺院の祭壇のかたわらに飾られているのである。

Die Eifel ▶ Der Pfeil zu Prüm

63 沈んだ城

▼ラーハ湖

ラーハ湖は古都アンデルナッハの西方に当たり、ゆがんだ形の盆地状の渓谷の中にある。ここにはまったく陰鬱な伝説が伝えられている。ずっと昔のことであるが、この湖水の中央に岩山の島があり、その上に城が築かれていた。この城およびその住人についてはきわめて悪い評判が伝えられ、それはライン地方全体に知れわたっていた。城主はいわゆる強盗武士であった。彼の気質はその城が築かれていた岩山の岩と同じように荒々しく、彼の魂は、その城をとりまいている湖水の底と同じように暗くどす黒いものであった。しかも当時は、国王の権威も確立されていない暗黒時代であった。ライン河沿いの街道を旅する平和な商人たちは、いつ強盗武士の略奪に会うかもわからないので常に不安と恐怖におののいていたが、特にラーハ湖上の難攻不落の岩山の上に城を構えていた強盗武士の名は、彼らの間でも恐怖のまとにされていたのであった。

壮麗な城内の広間は、しばしば騒々しい酔漢どもの乱痴気さわぎや、恥知らずな娼婦たちの嬌声で満たされるのであったが、他方同じ城内の塔の下の土牢の中では衰弱しきった捕虜たちが帯剣の追剥武士に向かって涙とともに助命の嘆願を繰り返しているのであった。

こんなことが繰り返されているその間に、ついにある日のこと神は悪党どもにまで警告を与え、ついで罰を加えたもうたのである。湖水の岸近く世間から隔絶された森の中に一人の隠者が住んでいた。信仰に厚い神のしもべであるこの老人は、島の上に居を構えている騎士たちの無頼の所業をよく知っていた。それでこの罪深い人々の盲いた魂に神様が慈悲の光で眼を開いてやって下さるように、熱誠をこめて祈りを捧げていたのである。騎士たちがライン河沿いの街道で略奪を行なって、たくさんの獲物といっしょに鎖につながれた哀れな商人たちを引きずって意気揚々と引き上げてくるような時に出会ったりすると、老人はたまらなくなって直接騎士に嘆願を試みることもしばしばあった。しかしいつも粗野な嘲笑で一蹴され、騎乗の武士たちは彼を尻目にかけて行ってしまうので、森の隠者はやむを得ず、すごすごと彼の隠れ家に帰って行くのであった。

ある晩のこと、またも城内の大食堂は、酔いしれた強盗武士たちの歓声と自堕落な娼婦たちの恥知らずな哄笑によって満たされていた。折しも入口の扉が左右に開かれたと見ると、その閾《しきい》のところにやせ衰えた老人の姿が現われた。それは騎士たちも皆知っている例の森に住んでいる隠者であった。

「騎士よ！　神様がわたしをここにつかわされたのである。おまえにおそろしい危険が迫っているということを神様が夢の中でお告げになった。だから、わたしは暴風雨の中をおかして小舟を操り、苦心惨憺ここに来て、おまえと放縦な仲間たちに警告するのである」と、老人は脅かすように言葉をつづけた。城主も大胆な隠者の気迫に圧倒されたが、じっと暗い目つきで睨みかえした。しかし、老人はすこしも恐れず、なおも近くに歩み寄って警告するようにそのごつごつした右手を高く差し上げた。すると騎士は今までそばに抱き寄せていた美しい女をつき放すと見るや、たちまち剣を抜いて呪の言葉とともにぐさとばかりに老人の胸を刺したのであった。ばったりたおれて息をひきとった老人の死体を家来たちは部屋の外へ引きずって行った。

1830年頃のラーハ湖とマリア・ラーハ修道院（古い絵葉書）

氷のような沈黙が部屋いっぱいに広がっていた。蒼白なひきつった顔で騎士は、今殺人が行なわれたばかりの血の流れている床に目を注いでいた。杯を前にした客人たちもまたいずれも茫然自失の態であった。その死の静寂の中に突然雷鳴の響きが伝わってきた。それは戦場の矢叫びのようでもあり、また遠雷のごとくでもあった。そしてまもなくつんざくような青白い電光が広間の中を白々と照らし出した。暗黒の夜を通して、何か大ぜいの人々の泣声とも思えるような悲しげな叫びが聞こえた――そしてありとあらゆる自然の暴威が戦場の矢叫びのように荒れ狂っている最中に、彼は息を引きとったのであった。

　やがて朝となり、東の空に黄金色の光がさしそめたが、湖水の中の岩山の小島は消えてなくなっていた。そして傲慢な騎士の城もまた見えなくなっていたのである。今日その城が建っていたと云われる場所には、暗い渦がまいているばかりである。そして夜ともなれば不幸な魂が湖水の周辺にさまよい出てくるということである。夕闇のせまるころ、この付近を訪れると湖水の底の方から不気味な人の泣き声のようなものが聞こえてくるといわれている。いずれにもせよ、樹木の鬱蒼とした六つの火山に取りまかれているこの火口湖には、誰も近づかないように気をつけているのである。

64 アルテンアールの最後の騎士

▼アール渓谷Ⅰ

かつてライン地方で強豪を誇っていたアルテンアールの古城がそびえていた山の峰は、今日悲しい廃墟におおわれている。この山頂の城を数百年の長きにわたって支配していた騎士の一族については悲しい物語が残されている。この城の最後の城主は傲岸不屈の勇者であり、ライン地方の庇護者として皇帝からさしつかわされた大僧正の権威を認めることを、どうしても肯んじなかった。一方、大僧正の方も彼に劣らず傲岸な高圧的な人物だったので、皇帝によって認証された権威を屁とも思わないような騎士に対する敵意はしだいに深められて行くばかりであった。

こういう状態がそのままで長続きするはずはなく、やがて両者の敵意は明らかな決戦の火となって燃え上がった。そしてアルテンアールの誇り高き城は大僧正とその同盟軍とによって十重二十重に取り囲まれることとなった。山上に屹立する城を取り囲む攻撃軍はまるで鉄の環のように強力であったが、城主はてんで意に介するようすはなかった。攻囲軍は難攻不落とも思われるこの城に何度も攻撃を加えたけれども、いつもその度ごとに空しく撃退され、いたずらに血まみれな犠牲者の数を加えるばかりであり、大僧正もただ自軍の不甲斐なさに歯がみするばかりであった。彼はこの崖の上のそれほど大きくもない城が攻略できないことが口惜しくてたまらず、いつの日かこの城を征服するまでは一生涯かかっても戦い抜く決心を固めていた。一方アルテンアールの城主の方も同様に徹底的に抗戦する決意を固めているのであった。そして両者いずれも名誉を重んずる勇気において、互いにひけをとるものではなかったのである。

アルテンアールの古城址　G. キンケルの著書（1858年）より

こういう状態であったから戦いは膠着のままいつのまにか数ヵ月経ってしまった。攻撃をかける度ごとに騎馬武者を初め多数の死傷者を出すばかりで、いっこう埒があかないので、攻囲軍の間にはしだいに憤懣の気がみなぎってくるのであった。うちつづく攻撃の失敗に対する不満の念はしだいに僧正軍側の戦列の間に広がり始め、ついに傭兵や家臣の中からも効果の上がらない攻囲に嫌気がさしていつとはなしに逃亡する者も出てくるような始末であった。そしてある日のこと、ほとんど絶望的と言っても良いくらいの英雄的な総攻撃が空しく城側から撃退された時には、攻囲軍の間から反乱が起こりそうな状態にまでなってきた。

　大僧正の同盟者たちは、彼に向かってこの誤った作戦計画を撤回しろとまでせまってきた。しかし、さすがに僧正はこれを冷然と受け流した。

「君たちが逃げて行くなら勝手にしたら良かろう。しかし、今こそわが軍の最強力な援軍が来つつあるのだ。それは『飢餓』だ。もう城兵は餓死寸前の状態に追いこまれて

B. ヴェーニヒ画、1908 年

いるんだ。もうすこしの辛抱だ、わが軍は絶対に勝つ。わたしは固くそれを信じている！」と僧正は薄笑いを浮べつつ語った。

ところが彼のすぐそばに座っている者の中から反対の言葉が漏れて来た。酒の加減で大胆になっていた不平の騎士は彼らの棟梁である僧正に向かって手痛く反対の口論をしかけてきた。そして少なからぬ者たちがそれに同調し始めた。これを見てさすがの僧正も先ほどの薄ら笑いはどこへやら、真剣な面持で命令的に、「諸君！　もう一度、最後の、総攻撃を加えよう！　これが最後だから頑張ってくれ！」と言って、暗い表情でその場を去って行った。

暁の霧がアールの渓谷を閉ざしていた。山麓の陣中には何となくざわめく戦気とでもいうようなものが動いていた。しかし山上のアルテンアールの城は、黄金色の朝の太陽を背に静まりかえっていた。城壁の間にはただ沈黙があるのみであった。ところが突如とざされた城内の中庭からラッパの音が聞こえて来た。そしてつづいて引き降ろされた城の釣橋の上を馬蹄の響きをとどろかせつつ、まっ白なマントをひるがえしてアルテンアールの城主が馬を躍らせて飛び出してきた。たくましい騎士は馬上の英姿颯爽と、かぶとの飾り羽を朝風になびかせつつ進んで来る。そして今しも地平線を離れた朝日の光は銀色の胸甲にまぶしくきらめいていた。

たけり狂う駒の手綱を引きしめつつ、攻囲軍の多勢を尻目にかけて、騎士は高々と右腕を上げて、物を言わんとする合図をした。彼は良く通る大音声を張り上げて言った。

「今ここに現われたおれと、この馬とは、城内に残った最後の生き物である。飢餓が、このおれからすべてのものを奪い去ったのである。妻も、子どもも、家来もだ！　彼らは降服するよりはまず死を選んだのだ！　おれもいずれは彼らの後を追うて行くのだ。だが、最後の瞬間まで、おれは誰からも命令されないぞ！　あくまで自由な人間だぞ！」と。

気高い動物は拍車を当てられてさお立ちになった。そして勢い良く一飛びしたかと見えたが、やがて激しい水音がこれにつづいた。馬も騎士もいっしょにアールの泡立つ水流の中にのみ込まれてしまったのである。

これを見ていたすべての者は恐怖の念に襲われた。この恐しい知らせを聞いて、攻撃軍の棟梁である大僧正の陰鬱な顔はまるで死人のように青ざめてしまった。そして同時に彼は軍をひいて引き上げて行ったのである。彼の後には反乱を起こした騎士たちがつづいて去った。

この時以後アルテンアールの城は荒れるにまかされることとなったのである。誰もこの死神にささげられた城の中に入ろうとする者はなかった。そして何世代も住む人もなく時が経つ間に、いつとはなしに城壁も崩れ去り、かつてははなやかに飾られていた広間も跡かたもなく消え去ってしまったのである。

65 ワルポルツハイムの聖ペテロ

▼アール渓谷 II

銘酒として評判の高いアール地方の暗赤色のブドウ酒の中でも、ワルポルツハイムでとれるものは特に逸品として昔からその名を知られている。ワルポルツハイムの大杯に魅せられた酒飲みたちが、一杯機嫌で夜道を歩いて「斑牛《ブンテ・クー》」のそばを通りかかると、必ずいたずら者の悪鬼のコボルトにつかまってひどい目に合わされるという話は今始まったことではないが、中でも正直な田舎者のおやじさんであったクラウスとフェルテンの二人が酔っぱらって夜道を歩いていた時にコボルトにばかされた話は、ライン地方の詩人の筆によって、いともおもしろおかしく伝えられているのである。フェルテンが右側によろけて崖の縁につまづいてぶっ倒れ、クラウスは左側によろけてアールの河の中に頭から突っこんだことを、詩人キンケルは、次のような詩句で歌っている。

一人は透明な血のように赤い酒に酔っぱらい
ゆでだこそっくり
もう一人は河の流れの中に座り込み
赤楊《エルレ》の幹にしがみついてアップアップ

いる。
とまあこんな調子で面白く歌に読まれて

しかし、これはみな火のようなアールの酒の精であるワルポルツハイムの悪鬼コボルトの仕業なのである。

まあこれほどへべれけになったというわけではないけれども、ワルポルツハイムでは、聖ペテロもまたこれと似たような目にあわされた話が伝えられている。それはブドウの収穫も大変に良かったある年のある日のことであるが、主御自ら若い鍵持ちの聖ペテロをお供にアール渓谷をたずねられ、あちこちのブドウ酒倉で御休息になった時のことである。アール酒のこくのある味がすっかり御意にかなったため、聖ペテロはすっかり良い気持に酔ってしまった。主は時おり注意を促されるように目で警告を与えられたのだけれども、彼はいっこうお構いなしに

「斑牛（ブンテ・クー）」と呼ばれる岩鼻　G. キンケルの著書（1858 年）より

ぐいぐい酒杯を重ねてしまった。そのために頭が重くなったことはもちろんであるが、それよりも腕にさげていた天国の鍵の方がなお一層重く感ぜられるようになってしまった。彼らはある知り合いのブドウ酒作りの家に上がりこんだわけであるが、その家のブドウ酒はまた一段とこの天国の大酒家たちの口に合ったために、予定よりも長居をしてしまった。そうしているうちに、ワルポルツハイムの人々に休息の時間を知らせる夕暮の鐘の音が聞こえてきたので、主は優しい中にもきびしさのこもったまなざしで聖ペテロに向かい、もう出発しようではないかと促された。

若いペテロはもう一度最後の大杯を息をもつかずに飲みほしたが、まだたくさん飲み残しの酒があるのを名残り惜しそうに眺めながら、それでもいつものように従順に主の後に従って出て行った。彼は天上では今ごろ大ぜいの亡者たちが天国の入口に押しかけているころだと思っ

大祭司の僕の耳を切り落とす聖ペテロ　《キリストの捕縛》（1520年頃、ディジョン美術館蔵）部分

たので急がなければならなかった。彼らがあの「斑牛《まだら》」のそばを通り過ぎた時、天国の門番であるペテロは、大切な天国の鍵を先刻の親切な酒屋さんのところに忘れてきたことに気がついて、びっくりしてしまった。

彼はかつて大祭司の僕《しもべ》であったマルクスという男の耳を切り落としたためにひどく叱られたことを思い出して、すっかり憂鬱になってしまったが、それでもすぐ遠い道をものともせずに引き返した。ところがたちまちいたずら者の悪鬼コボルトの悪ふざけのわなに引っかかってしまった。聖ペテロにはどうしても道がわからず、ただ同じところをぐるぐる円を描いてまわるばかりですっかり迷ってしまった。そのうちにはるか彼方から主がお呼ひになっている声が聞こえてきたので、彼もやむを得ずあきらめて引き上げてしまった。

それから聖ペテロがどうしたかということについては、伝説も触れていない。何しろとてつもなく遠い天国のことではあり誰も見てくるわけにもいかなかったのだから仕方のないことだろう。しかしワルポルツハイムの酒亭の主人の方は間もなく重い大きな鍵が残されているのに気がついたし、彼らがどういうお客さんであったかということもはっきりわかったのであった。彼は気の小さいまっ正直な農民だったので、以後その店をかのお客様方に差し上げることにした。そして天国の鍵の方はいつまでもこの出来事を忘れないように店の入口にぶらさげて置くことにしたのである。もしあなたがワルポルツハイムの聖ペーター亭を訪れるなら、今日でもその鍵を自分の目で見ることができるだろう。

Das Ahrtal ▶ St. Peter von Walporzheim

66 糸の懸橋

▼アール渓谷III

昔アール河の岸にノイエンアールの城が建っていたが、ちょうどその真向かいのけわしい山の上にはランツクローンの城がそびえていた。双方の城主はきわめて親密な間柄であった。彼らはお互いに行ったり来たりするのに便利なように、アール河の上に橋をかけて城と城とを結んだのであった。しかし双方ともに孫の代になると、祖父たちの時代のような親密な関係は失われてしまった。両方の家族はお互いに激しい敵意に燃えてにらみ合う仲となってしまい、橋を渡る馬蹄の響きも絶えて聞かれなくなってしまった。この橋を行ったり来たりする騎士もなく、貴婦人もなくなってしまったのである。誰も利用する者がないままに、橋はだんだんあちこちが崩れかけてきたが、別にこれを直しにくる石工もなかった。

一度くずれかけた石材はさらにくずれて行く。雨や暴風雨はゆるみかけた彎曲部《アーチ》をさらにいため、ついにその部分はアールの河流に没してしまった。ただ両岸の橋脚だけが破壊をまぬかれていた。人々がとりのけることさえも忘れ去ったような橋脚は、まるで沈黙の衛兵か何かのように流れに脚を洗わせたまま、あちこちに突立っていた。

そうしている間にまたさらに長い年月が流れ去った。そしてランツクローンの城には若くりりしい騎士が生い立ち、同じころノイエンアールの城には美しい姫君が花の顔《かんばせ》を誇る時代が訪れたのであった。そして二人の視線が交わる時、そこに閃くものは、かつて彼らの父祖の間でかわされたような憎しみではなく、ひそかな愛の訴えだったのである。二つの城の間に渡されていた橋はとうの昔にくずれ去りアールの河床に沈んでしまい、この二つの城の間にこれという抜け道もなく、また河に浅瀬もなかったけれども、ランツクローンの騎士とノイエンアールの姫の心はお互いにちゃんとわかり合うことができたのであった。これはただ若い両人だけが知っていたことであった。優しい姫はしばしば窓辺に出て、憧憬に満ちた目を対岸の城に向けるのであった。そして彼女の高鳴る胸のひそかな願いは、流れを越え谷をわたって愛する人のもとへと送られていたのである。

ある日のことまたも彼女は同じ場所に座って対岸を眺めていたが、たまたま悪戯好きの道化師がそばに近づいて来て、ほんとうにおもしろい思いつきを彼女の耳にささやいた。それを聞いた彼女はほんとうにうれしさのあまり目を輝かせたのである。早速城内の武器庫から弩弓を持って来させ、矢には丈夫な撚糸の球を結びつけその糸の端を窓の縁にしっかりと固定した。そして祈禱の言葉を口ずさみながら思いをこめて、発止とばかり対岸の城に向かって矢を射込んだのである。こうして糸の懸橋がかけられた後、二人の恋はさらに新しい智恵を生み出した。すなわち、この紐に小さな輪を通しこの輪を行ったり来たりさせることが出来るようにしたのである。羊皮紙にこまごまと記された手紙が、重大な誓いの言葉を綴った文字が、この空中にかけられた紐の橋を伝わって頻繁にやりとりされたのである。

アール渓谷には時に暴風雨が訪れることもあったが、暴風雨もこの愛の発明に敬意を表してか、細い糸の懸橋を断ち切るような乱暴はしなかった。アール渓谷を越えて行く鳥たちもやはり同じよ

アール渓谷の風景　J. W. シルマー画、1832 年

うに糸の懸橋を大切に扱っているように思われた。特にツバメは彼らのひそやかな愛に特別の敬意を払っているように思われた。

二人の恋人の間の文通が、こういう方法でどれくらいつづけられたかということについては伝説にも明らかにされてはいない。しかし、この両人の恋愛のおかげで長い間の両家の不和な対立状態が解消され、ついにある日のことランツクローンの騎士がノイエンアールの姫君とめでたく華燭の典をあげることになったという話は、はっきり今日まで伝えられている。かくて一度は崩れたままに放置されていた両城の間の懸橋もふたたび立派に建て直され、昔どおり美しい姿を流れに写すこととなった。橋の上にはふたたび馬蹄の響きが聞こえ、大ぜいの騎士や貴婦人がこの上を行ったり来たりするようになった。

しかし、これもまたしばらくの間のことであって、やがて他の多くのライン地方の豪族たちと同じように、両家の家系もいつとはなしに絶えてしまった。ランツクローンとノイエンアールの両城もまた廃墟となり、両城をつないでいた橋はふたたび風雨の中にくずれ去ってしまった。もう今ではこの橋の一片の石材すら見られなくなってしまっている。両方の城跡さえもきわめてわずかな痕跡をとどめている程度に過ぎないのである。

Das Ahrtal ▶ Die Fadenbrücke

67 ノイエンアールの楽師

▼アール渓谷Ⅳ

ロナルトは背の高い金髪碧眼の優雅な気質の人物であったが、同時に器楽および声楽のいずれにも堪能な達人であった。ある日のこと、その日はあたかもノイエンアールの城主がはなやかな饗宴を催している日であったが、たまたまこの城の入口の吊橋のそばに来合わせた彼は得意の竪琴に合わせて歌曲を演奏し始めた。姿の見えない歌手のみごとな演奏は満堂の騎士や貴婦人たちの心を奪い、これがために宴会場は水を打ったように静かになってしまった。ノイエンアールの城主は小姓を呼んで、旅の楽師をここへ連れて来るようにと命じた。呼ばれて彼は静かに部屋に入って来たが、あくまで背が高く金髪碧眼の優雅な彼の姿態を見て、満堂の紳士諸君はいずれも満足そうであったが、婦人たちの中には早くも彼のおのずから備わる気品と優雅さに茫然と見とれている人もあった。

それらの婦人たちの中の一人に、城主の一人娘がいた。彼女は早く母を失い、父親の愛を一身に受けて育てられて来たのであるが、今日はあたかも彼女の誕生日を祝う集まりが行なわれていたのであり、なかば少女、なかば令嬢というまさに花の蕾の年ごろだったわけである。彫刻で飾られた立派な椅子から立ち上がって歌手を手招きしている城主に向かい、楽師は鄭重に身をかがめて挨拶をし、列席の騎士や婦人たちに対しても丁寧に会釈をした。

「楽師よ！　当年十七歳になったわが娘のために一曲きかせてはもらえまいか」と、城主は声をかけた。

楽師は一瞬姫の姿に目を向けたが、その目にはありありと讃嘆の色があふれていた。一方内気な彼女は、はっとしたようであったがすぐ目を伏せてしまい、そのほおにはさっと薄赤く血のけがさすのがうかがわれた。彼は直ちに竪琴をとり直し、その調子を整えると、まず表敬の曲をかなで始めた。演奏はきわめて巧みであり、歯切れの良い彼の歌い方は特に聞く者の耳に快い響きを与えた。彼女はなお恥かしそうに自分の膝の上ばかり見ていたが、そのほおの色はますます赤くなって行くばかりであった。ただ一度だけ楽師が、彼女の双の瞳を夜の彷徨人《さすらいびと》を照らす二つの星にたとえて讃美する詩を歌った時、ちらと彼の方を見上げたが、彼の青い目に視線が合うやいなや、すぐふたたびつつましやかに目を伏せてしまった。彼女は恥かしさのあまり自分が何を考えているのかさえもわからないような風情であった。大ぜいの客人たちがいっせいに拍手喝采するのを聞いて初めてわれに帰った思いであった。気がついた時には彼女の父親が大きななみなみと注がれた酒杯を歌手に渡しているところであった。楽師は受け取ったその酒杯をまず彼女に向かってあげ、次に父親に、さらに客人たちに向かってあげた後にゆっくりと唇に当てた。このことがあってから後、彼女はもはや彼女自身の心の主人であることが出来なくなっていることを感じたのであった。

ノイエンアール遠景　G.キンケルの著書（1858年）より

「楽師よ！　貴公は今後この城にとどまって、娘のロートラウトに竪琴を教えてやってはくださらぬか？」と、酒に酔って上機嫌のノイエンアール城主は尋ねていた。彼女は父親の言葉を聞いて夢ではないかとさえ思ったが、彼は、自分は到底その資格がないというようなことを述べて一応遠慮はしていたが、結局、城主の厚意を感謝しその申し出を受けることとなった。

こうして彼は城内にとどまることとなったのである。美しいロートラウトの胸の奥底深く、ある恐怖に似た感情が生まれてきた。それはあたかも小さな子どもが花のいっぱい咲いている牧場に通ずる小道に知らず知らず誘い込まれて行く時に感ずるあのためらいがちな恐れにも似たものであった。彼女にはこんな時に何事も打ち明けて相談にのってもらえるような母親がなかった。だから複雑な感情の交錯に悩みながらも、歌と音楽とによって淋しさをまぎらすことしか知らない父親のこのみに従う他にはすべがなかったのである。まるで鶯が喉の中に住んでいるのではないかと思われるほど美しい声の持主であった彼女にとって、声楽を習うことは、すこしもむずかしいことではなかった。しかし竪琴の方はなかなかそうはいかなかった。優しい彼女の指では竪琴の糸は思い通りの響きを発してはくれなかった。父親は高い肱掛椅子に悠然とよりかかって気持良さそうに娘の練習に耳を傾けていたが、彼女は緊張のためにほおを紅潮させ時々おびえた小鳥のようにおずおずした目で楽師の方を見やるのであった。そしてその視線が楽師のそれと交わる時、彼女はなお一層どぎまぎするのであった。

彼女のたどたどしい演奏に対して彼はきわめて寛大でありかつ辛抱強かった、決してしかるようなことはせず絶えず彼女をはげましてやった。そしていつも終わりには自作の曲を歌い、情感のこもった詩曲を素晴らしい竪琴の伴奏に乗せて聞かせるのであった。そういう時には、かたわらの高い肱掛椅子に身を寄せている城主自身もほんとうに心の底から感動して聞き惚れずにはいられなかった。そして彼女は何とも言えない恥じらいの当惑とでもいうような感情でいっぱいになった。彼女自身はなぜそうなるのかわからなかった。彼の歌はもうずっと前から彼女の心の底にまでしみ通るようになっていた。彼女の心の中で初恋が羽ばたきを始めていたのであった。愛は彼らの心をますます固く結びつけるとともにその勝利の翼を二人の者の上に大きく広げるのであった。城内の静かな庭園の一隅に大きく枝を広げている菩提樹の下で、楽師のロナルトは、その腕に城主の娘を抱擁したのであった。

しかし恋の喜びは、しばしばあまりにも短く、悲しい悩みに変わりやすいものである。美しいロートラウトもやはりこの運命をまぬがれることはできなかった。可愛い娘が楽師の腕に抱かれているのに気がついた城主の驚きは尋常一様ではなかった。騎士は烈火のごとくに憤り、まるで猛獣のように楽師に襲いかかったが、この時父と愛人との間に悲痛な叫び声とともに割って入ったのは、女としての愛に目ざめたやさしい乙女であった。彼女の唇を漏れる言葉を聞いて、誇り高き城主はまさに鉄槌に打ちのめされる思いであった。唇を震わせ両ほおを火のようにほてらせながらも、気高い姫は自分たちの愛について父に告白した。

楽師は蒼白になりつつも毅然として城主の前に足を踏んばって立っていた。

「わたしは旅の楽師にすぎません。しかしだからといって名誉を知らぬ者ではありません。わたしたちの心の中に咲いた花は、神様の手によって植えられたものです。父上だからといって乱暴にこの花に手を触れることは許されないのです。神様はきっと守って下さるに違いありません。わたしはふたたび旅に出ますが、今後とも自分の心を捧げることにきめた婦人のために、詩歌を歌い、あるいは剣をとって戦うことを誓います。しかし、他日貴族となってこの城へ帰って来た時には、わたしを愛している姫を妻として与えていただきたい。この次わたしは必ず騎士として貴殿にお目にかかる決心であります。そうならない限り二度とここへ現われることはないでありましょう！」

彼の熱情あふれる激しい言葉を、城主は黙然と聞いていた。姫はただそのそばに泣きながら立っているだけであった。ロナルトは彼女の手をしっかと握りしめた。

「さらば、姫よ、愛するロートラウトよ、わたしを待っていて下さい！」

そう言って彼は樹木の繁みの中に消えて行った。彼女は声を上げて泣くばかりであった。

法皇と教会とに対して行なわれた数多の非行に報い、あわせて神聖な誓いを実行に移すために、赤ひげ皇帝はすでに老境にあったにもかかわらず強大な十字軍の先頭に立って聖地に侵入することとなった。ドイツ国内の諸地方から奮起した無数の勇士たちがまるで洪水のような勢いで彼の後について行った。この誇り高き大軍はまず小アジアの入口に当たるギリシアの町ビザンチウムを攻略した。しかしつづいて草原を進軍してキリキアのサレフ河に来たとき、あの有名な悲劇にぶつかったのである。ここでバルバロッサ皇帝は溺死し、その英雄的な生涯を閉じることとなってしまったので、悲しみに沈んだ十字軍の戦士たちの目はひとしく彼の子息のハインリヒに注がれることになった。この皇帝ハインリヒ六世こそは真に鉄のごとき軍司令官であった。そして彼の軍隊の進むところには常に影の形に添うごとく勇壮な軍歌が次々に作曲され歌われたのであった。それらの歌曲の中の若干のものは今日に至るまで残り伝えられているほどである。

　皇帝の側近に仕えた多くの人々の間では、それらの歌曲のすべては、必ずしも皇帝自ら作曲されたものではなく、皇帝の寵愛の深かった金髪碧眼の若武者で竪琴にかけても剣技にかけてもすぐれた腕前のロナルトという青年によって作られたものであることが知られていた。彼は素晴らしい剣技の達人であり、しばしばトルコ人との一騎討で美事に敵を屠り勇名をとどろかせていた。

　ところがある日、十字軍が特に素晴らしい戦果を上げたとき彼は勝利の詩を作曲し、自分で竪琴を弾じてこれを歌って聞かせた。この歌はたちまち十字軍の陣営に広がり、詩歌に秀でたハインリヒ皇帝の耳にとまった結果、皇帝はこの歌手を側近に仕えさせることとしたのである。この日以来彼に対する皇帝の恩寵に真に至らざるなしと言っても良いほどの優遇であった。しかし、この優遇をもってしてもロナルトの魂の憂愁を取り除くことはできなかった。皇帝直属の楽師に選ばれた彼は、しばしば主君のために素晴らしい歌曲を朗詠させられたが、そんな時にも突然途中で調子が狂い詠唱をやめて天幕の外にすごすごと出

皇帝フリードリヒ・バルバロッサの死　A. レーテル画

て行くようなことがあった。ある晩のこと赤ひげ王の子息であった皇帝は、彼が一人で憂愁に沈んでいるのを発見し、かねがね他の者たちの言動からおよそ推察していたことではあったが、彼の悩みを聞いてやることになったのであった。

このことがあってから数日の後、十字軍は当時難攻不落を誇っていたトルコ軍のアコンの堅城に対し総攻撃を加えることとなった。ロナルトは終始ハインリヒ皇帝の側で善戦した。一人のトルコ兵が長い蛮刀を閃めかしてまさに皇帝の頭に一撃を加えようと迫ってきた時、ロナルトはその敵兵の頭骸骨を一撃のもとに粉砕してその危急を救ったのであった。その晩ハインリヒ皇帝は参集した戦士たちの前で、自から騎士号授与式をあげた。彼にはロナルト・フォン・ハルフェンシュタインという称号が与えられ、彼の紋章としてはトルコ軍の蛮刀とキリスト教徒の軍刀とが重ねられた上に七絃琴を置いた図柄が選ばれた。そして命を助けられたお礼として皇帝はライン河の岸に彼のために城を造ってやることを約束し、その城は永久にハルフェンエック(琴が城)と名づけることとされた。

ところがその直後にアコンの陣営には黒死病《ペスト》が蔓延することとなり、多数の十字軍の勇士がこのために生命を失ったのであるが、それらの悲しい運命の人々の中に皇帝自身も含まれることとなってしまったのであった。楽師でありかつ勇士であるロナルトはまさに断腸の思いであった。

東方の国に遠征していたドイツ人たちは、レオポルト公を軍司令官とする部隊に編入されていたが、今しもこの部隊から離れた只一騎の十字軍戦士は空しく打ちのめされた姿でライン河に沿う道を引き揚げつつあった。彼はあちこちで、赤ひげ皇帝は東方の国で溺死したのではなく、なお回教徒の国に生きており、ふたたび荒廃したドイツ帝国に復帰する機会を待っているのだという噂があるがほんとうかと、たびたび人々から質問を受けた。しかし彼はこれらの質問に対しては、ほとんど答えもせず、ひたすら馬を急がせてライン河岸に沿うて旅をつづけた。そしてついにアール河の銀色の流れが目の前に浮かび上がる付近まで来た時、騎馬武者は初めてうれしそうな叫びを上げ忠実な愛馬に拍車を当てた。今、夕陽を浴びて森道の彼方にそびえている城こそは、かつて彼が一介の旅人として通りかかり、城門のはね橋の畔《ほと》りで琴を弾じ歌を歌ったところであり、そしてまた純潔な乙女の瞳の中に天国を見出したところなのである。

日暮れに訪れてきた客があることを門番は城主に報告した。彫刻で飾られた肱掛椅子に身を沈めて悲しい物思いに沈んでいた騎士はそれを聞いて立ち上がった。しかし、彼にはその他国者の来客が誰であるのか見当がつかないのであった。

「騎士閣下、わたしはロナルトです。恵み深きハインリヒ皇帝のおかげでわたしはアコンの陣営で騎士に列せられ、今こうやって貴下の令嬢ロートラウトに求婚するためにはるばる帰って来たのであります」

「彼女は死神に求婚されたのだ。ちょうど二カ月前に彼女はわたしの手から奪われてしまったのだ」とうめきながら城主は顔をそむけた。悲痛な叫びが薄暗い広間に響いた。

低いささやきが言葉少なに取り交わされた。愛する男の遣瀬《やるせ》ない悲しみと、帰らぬ愛娘の死をいたむ父親の繰り言とがしばしばつづけられた。やがて客人は城中の庭園に出て香りの高い花に埋められた一隅へと歩み寄った。二カ月ほど前に菩提樹の根元に築かれた新しい塚――そこには城主の愛する娘が葬られているのであった――の前に彼は長い間じっとたたずんでいた。夜の闇が涙に泣きはらした彼の目を見えなくし、魂の苦痛を和らげてくれるまで。

その場から彼は姿を消してしまった。二度と城主に会うこともなくいずこへともなく去って行ったのである。

赤ひげ皇帝の十字軍遠征に加わった戦士たちが帰国した後、西欧諸国ではもっぱら英国の王子リチャードの英雄的行動が賞讃の的とされ、彼の勇敢さを象徴する獅子心王という名は広く諸国に流布された。恐怖というものを知らぬ指揮官として、彼の勇名はトルコ人の間にも知れ渡っていた。それと同時にリチャード王子のそばを離れず劣らぬ勇敢さを示したドイツ人騎士のこともまた敵味方の間に有名であった。彼の若いに似合わぬ勇敢な戦闘ぶりは、リチャードも高く評価していた。

それで帰国の後には、彼を自分の臣下の中に加えようと考えていたのである。しかし、事はそのようには運ばなかった。リチャードの戦友として、いかなる場合にも敵の刃に傷つけられたことのなかった彼も、ついに運悪く敵の槍先にたおされることとなってしまった。王子は戦友を助け起こして
「ロナルト！　おれの無二の戦友よ！」と呼んだけれども、もう彼の耳には何も聞こえなくなっていた。ノイエンアールのかつての楽師は、小アジアのフリジアの戦野を彼の最後の安息所に選んだのであった。ハルフェンシュタインという家名も彼一代限りのものとなってしまい、かつて夢見られていたハルフェンネックの城（琴が城）もついに造られることがないままに消えてしまったのである。

68 眠る王様

▼ジークタール

ジークブルクの近くのウォルスベルク山の巨大な岩窟の中に、赤ひげ王が生きたまま眠っているという話がある。彼はその巨大な頭を石の卓《テーブル》にもたせかけ、右の手には剣のつか頭をしっかと握っている。城内の厩舎には秣槽《まぐさおけ》がずらっと並んでおり、そこには立派な軍馬がつながれている。そしてこれまた大ぜいの家来たちや武士たちが一様に魔法にかけられたまま眠っているというのである。時々この付近に来合わせた鍛冶屋が不思議な手に導かれて岩窟の中に連れ込まれることがある。こんな時にはこの岩窟の城内に繋がれている軍馬の蹄鉄の修理をさせられるのであるが、しかしその仕事をやり終わると、必ずお礼金をたんまり頂戴できるという話である。

ある時一人の若い鍛冶屋がフランクフルトからドイツ（ケルン対岸の地）へ向かう途中ジークブルクでひと休みするつもりで旅をつづけていた。夜道を歩きつづけ、ちょうど明け方彼がウォルスベルクの森のそばを通っていると、一人のいかにも古風な衣裳をつけた老人が現われて来て、彼に向かって良い酒代にありつける仕事があるのだがやって見る気はないかと尋ねるのであった。若い鍛冶屋は呑気な男であったと見え、二つ返事で承知の旨を答えた。するとその老人は彼を山道へと導いて行ったが、途中三カ所ほど城門のようなところを通り抜け、さらに円天井の長い廊下のような通路を連れて行かれた。途中気がつくとそのアーチ型の天井はたくさんの宝石で飾られており、そ

地下で目覚める皇帝フリードリヒ・バルバロッサ　キュフホイザー記念碑、1896 年
ジークタールと同様の「眠る王様」の伝説が残る地として、
キュフホイザー、トリフェルス、ウンタースベルク、カイザースラウテルンなどが知られる。

れらの石は世にも不思議なきらめきを帯びているのであった。そしてもう一度新しい門をくぐらされると、そこには鋼鉄の鎧に身を固め右手に大きな鉞《まさかり》を持った巨大な番兵が立っていた。しかし彼らは二人ともそのひげだらけの顔を胸に埋めて眠っていたのであった。彼らが近づいてくる足音に二人とも目をさましたようであったが、案内の老人が何か一言いうと彼らはまた眠り込んでしまった。

二人が入って行った部屋は、まるで寺院の伽藍のように天井の高い広間であった。この広間の中ほどの一段高い石の座席の上に武勇かくれもない王が眠っているのであった。そしてその周辺には彼の家臣たちがやはり皆眠っていた。通路の近くに飼料をいっぱい入れた秣槽が並べられており、そこに立派な軍馬がたくさんつながれていた。老人は職人に向かって、これらの軍馬の蹄鉄をなおすようにと命令した。彼はざっと見渡して、この仕事はたっぷり四、五日はかかると思ったが、それでも元気に仕事にとりかかった。老人はす早く彼の左側に来て馬の脚を持ち上げて手伝ってくれた。彼が鉄槌をふるって仕事にかかるとその音は岩窟の中に反響してものすごく響きわたるのであった。しばらく熱心に仕事をつづけていたが、やがて彼も疲労してきたため、その鉄槌を取り落してしまった。それを見て老人は彼に休むようにと言って腰かけ代わりに一枚の楯を出してくれ、何か疲労恢復のための飲物でも取って来ようと言って姿を消した。そしてしばらくすると、黄金色の角製の杯を持って来た。老人の後からついて来た金髪の巻毛の可愛らしい少年が銀色の酒壺から鍛冶屋の手にした杯にお酌をしてくれた。彼はそれを一息に飲みほしたが、その微妙な味わいはたとえようもない逸品であった。これを飲むと何ともいえない不思議な元気が出て来て、彼はふたたび鉄槌を手にすると今度は一気に仕事をつづけて、ついに最後の一頭まで蹄鉄を打ち終わることができた。

仕事が済んだことを見届けた老人は、彼に使い古しの蹄鉄を片付けるように目で合図をした。そしてふたたび職人を外へ連れ出して、ていねいに礼を述べてから城門の扉を閉じてしまった。表に出て見るとライン河に注いでいるジーク河の河口の辺りが夕陽に照らされて、眩しく輝いている。あたりのようすは何だかほんの数時間働いて出て来たばかりのような感じなので鍛冶屋は何だか妙な気持がしてならないのであった。それで彼はもう一度振りかえって背後を見ると、先刻出て来たばかりのはずの城門は消えて見えなくなってしまっている。職人は先刻の老人が仕事をすれば酒代をたんまりくれると約束しながら一銭もくれなかったことを思い出した。しまったと思って、ポケットの中を探ると使い古しの蹄鉄が一つ出て来た。ところがその蹄鉄をよくよく見ると不思議な光沢を帯びている。手でこすって見るとますます光を増してくるではないか。蹄鉄が光って見えるのは、決して単なる夕陽の反射ではない。もう日が沈んでしまっても、まだ蹄鉄は光を失わない。職人はそれがほんとうの金で出来ていることに気がついたのである。

たいへんな幸運に躍り上がって喜んだ彼は、その足で早速旅館に飛び込んだのであった。そこで彼の不思議な冒険を聞かされた旅館の主人や居合わせた客人たちは、いずれも蹄鉄にも負けないくらい大きな目玉をひんむいて驚いたのである。その後この職人は裕福な武具鍛冶屋となり、なお彼がここへ来た最初から目をつけていたこの旅館の娘と結婚して長くジークブルクの住人になったのである。その後彼と同じような幸運をつかもうと試みた連中はかなりあったけれども、眠る王様の家臣である老人を見かけた者は絶えてなかったということである。

Das Siegtal ▶ Der Schlafende König

69 伽藍建立

▼アーヘン1

その昔カール大帝がそれまで本拠としていたファルツを出てアーヘンに向かって進撃しつつあった時、偶然通りかかった森の中で突然彼の乗馬が鋭いいななきとともに躍り上がったので何事かと思って見ると、その足もとに泉が流れ出していた。馬から降りてその泉に手をつけて見ると、何とそれは熱い温泉であった。爾来このカール大帝によって発見された温泉に幾千人もの人が療養のため集まるようになったというのである。信仰心の厚かった皇帝はこの温泉をまったく神慮に基づく尊い贈物であると考え、早速その場所に神に捧げるお堂を建てる決心をした。彼の乗馬の足跡があった場所を中心に寺院の円形建物を造ってこれを記念することにしようと考えたのである。壮麗な寺院を建立するための工事は早速着手せられ、毎日その壁がだんだん高く築かれて行くのを、老齢の皇帝は楽しんで見守っていた。しかし、残念なことに彼の在世中に工事を完成することはできなかった。

建築に従事していた人々は皆彼の死を心から悲しんだ。当時の西ヨーロッパ最強の帝国の帝王カロルス・マグヌスの跡を継いだ息子は、親に似合わぬ不肖の暗君で、王位を保つためには自分の子どもたちとさえ戦いを交えなければならないような有様であった。カール大帝によって着手された数多の事業もいずれも未完成のままであった。アーヘンの寺院建立《ドーム》もまたその例外ではなかった。

カール大帝によるアーヘンの温泉の発見　A. レーテル画

未完成の壁や塔はそのまま荒れるに任されているような始末であった。アーヘンの市参事会の面々はキリスト教徒の協力を得てなんとかこの工事をつづけようと思い、寄付を募って見たが、なかなか思うようには集まらず、寺院の工事を完成することはできなかった。

市の長老たちはしばしば集会を開いて、どうすれば資金の欠乏を免がれて寺院の建立を完成できるかということを論議した。寺院を建てるためには資金資材も大切であるが、良い忠告というものはそれ以上に尊いものである。彼らがまたも集会を開いて市参事会で相談をしているところへ、一人の見慣れない人物が訪れて来た。彼は重大なことを皆さんにお知らせしたいと言うのであった。会議の席に招じ入れられたその男は誠に重大なことを言い出した。というのはアーヘン市の参事会に対し寺院《ドーム》を完成するために必要な資金を彼が立替えようということを申し出たのである。市のお偉方である長老たちは、この見慣れない服装の、妙に尖ったあごひげの男をいかにも信用出来かねるという態度をありありと見せていた。しかし、その男の方は長老たちの探るような目つきなどはいっこう意に介するふうもなく、平然としかしどこまでも礼儀正しくその申し出を繰り返すのであった。

「わたしは尊敬する皆様方が、さしあたりお困りになっておられる資金をお立替えしたいということを申し上げているだけであって、決して後になって利子をつけて返していただこうなどと考えているわけではございません（これを聞いて参事会の人々は驚きかつまた喜んでいるようすであった）。しかしわたしの申し出をそのままお受けになることが、皆様方の市民としての誇りを傷つけるということでございますならばここで一つ小さな条件をつけさせていただきたいと存じます。それは何かと申せば、工事が完成し、落成式が挙行される日に、たまたま第一番にこのお堂の中へ足を踏み入れた者の肉体と魂とをわたしに下さるということをお約束いただきたいのでございます」

これを聞いて市参事会の面々の何人かは、びっくりして椅子から飛び上がった。また一部の人は慌てて十字を切るのであった。それは、こんな条件を持ち出す者は地獄から来た悪魔の化身以外にはあり得ないと思われたからである。威厳の固まりのような市長さんは、目を怒らせて、「ここから出て行きなさい」と激しく叱責した。「おまえさんはここには要らない人間だ」と。

しかし相手はいっこう平気な顔で相変らずつっ立っていた。

「尊敬する皆様方、皆様の信仰心に対して敬意を払わないわけではございません。しかし、何でまた皆さん、こんな下らないことにこだわるのですか？　よく考えていただきたい。わたしはたった一つの生物を犠牲にすることを要求しただけですぞ。世間を御覧なさい。戦場では父親と息子が、あるいはまた血を分けた兄弟が、いや何千人という人たちが、権力欲のためにお互いに殺し合いをやっているじゃありませんか？　この世の中ではたった一人の欲望のために幾千という人たちの生命が犠牲にされることさえあるのです。わたしは大ぜいの人たちの幸福のためにたった一人の生命を犠牲にすることを申し上げているに過ぎないのです。すこし冷静に考えていただけば、どちらがそろばんに合う話であるかは、どなたにもすぐおわかり願えることと存じます」

顔を見合わせて考え込んでいる長老たちのようすから勝算ありと判断したこの見慣れぬ服装の男は、悠然とあたりを見回していた。初めは躊躇していた人々も次から次へとその考えを変え、ついに一人残らずこの申し出を受ける気持になってしまった。それで契約は成立し巨額の資金をこの男が立替えることにきまったが、長老たちはそれでもほんとうに莫大な建築資金が手に入るかどうかについては、なかなか安心ができない面持であった。ところが、その日のうちに、本物の立派な金貨が約束どおり届けられて来たので、アーヘン市の参事会は歓喜の渦に巻き込まれたのであった。

アーヘンの伽藍建築にふたたび大ぜいの石工や大工が集まってきた。彼らは遅れた工事を取りかえすため懸命に働いたので、お堂の完成は日一日と近づいてくるのであった。そうこうしている間に三年の月日が過ぎ、ついに大寺院の落成式を挙行する日がやってきた。落成記念日にはアーヘン市をあげて喜びの祭典を催すこともきまった。俗界・宗教界双方の貴顕紳士が諸方から大ぜい集まってきたが、いずれも口をそろえて素晴らしい寺院の建築はもちろんのこと、敬虔な市民の協力や市参事会の長老たちの賢明さを褒め讃えるのであった。しかし、市参事会の会員たちは心おだやかではなかった。市の長老たちはいずれも秘密は洩らさないという約束はしていたが悪魔との約束を忘れるわけにはいかなかったからである。けれども彼らの中の一人は気の弱い人物で、ひそかに自分の妻君には秘密を洩らしていたのであった。それでその瞬間から秘密の噂はたちまち町中に広がり、アーヘンではすでに何百という人たちがそのことを耳から耳へとささやき合っていたのである。

さていよいよ落成式の日になると、各地から僧院長や僧正たち、騎士や殿様方が、いずれも綺羅を飾って寺院へ向かう荘厳な行列に参加するために集まってきた。この日の行列はまったく前代未聞と言ってもよいにぎやかさで、たくさんの旗や幟は風にはためきラッパの音は空高く響き渡った。しかし輝くばかりの武装をし、あるいはまた色彩も綾な正装を身にまとった人々も心の中はまったく不安に脅えているのであった。それはいつ突然空の一角から醜いしかめ面の馬の脚と蝙蝠のような翼を備えた怪物が舞い下りて来るかもしれないと思うので、人々はかわるがわる不安げに朝焼の空を見上げるのであった。

やがて群集の間に動揺が広がってきた。綺麗に掃き清められた街路を、市の長老たちを先頭にした行列が静々と歩みを進めて来たが、彼らの最先頭にはたくましい四人の兵隊が布で覆われた獣の檻を運んでくるのである。これは聖フロリアン寺院の僧院長が、悪魔の裏をかいて吠え面をかかせてやろうというので考え出した計略だったのである。

行列はお堂の前に到着した。新しい神の殿堂の前には行列の最先頭を承わる四人の兵隊が獣の檻を持って立ち止まった。そしてその覆い布をはずしたところを見ると、鉄格子の中には歯をむき出した一匹の狼が吠え狂っているではないか。まず二人の兵隊が剛力を発揮して寺院の入口の扉を左右に押しあけた。そして他の兵隊は槍の先で獣をまっ直ぐに寺院の内部へと追いこんだのである。

たちまち寺院の内部からは恐ろしい物音が聞こえてきた。入口の物かげに悪魔は獲物を待って身をひそめていたのであるが、獣が入って来たので遮二無二飛びついたわけである。ところが途端に野獣がものすごい吠え声を上げたので、彼は初めてアーヘンの市民に一ぱい喰わされたことに気がついたのであった。いまいまし気に唾を吐いて悪魔は哀れな狼の首をへし折り、それを引きずって何やら呪いの言葉を呟きながらその場を去って行った。薄暗い堂内には嫌な硫黄瓦斯の悪臭が漂っていた。

　しかし後からつづいて入って来た群集の歓呼で寺院の広間は割れんばかりのどよめきに満たされ、鐘の音とラッパの響きは神の恩寵を称えて響き渡ったのであった。

　すっかりアーヘンの市民に裏をかかれた悪魔の棟梁ウリアンは、かんかんに怒って呪の言葉を吐き散らしながらその場を去って行った。哀れな狼の魂を代償に与えることによって彼を欺いたアーヘンの市民たちは、しかし後悔しなければならないこととなった。悪魔は海辺にやって来た。そして憤怒に燃えた目で灰色の砂浜や暗緑色の海の波を眺めている間に恐ろしいことを思いついた。彼は僧侶も騎士も市の長老たちもまた平凡な市民の男や女たちも、およそアーヘンの市民は全部埋め殺してやろうと考えたのである。

　彼は神通力を発揮して海岸の砂山の一部をもぎとった。そしてそれを肩にかついでふたたびアーヘンに向かう道へ引きかえしたのである。しかし道のりは遠いし、さすがの悪魔も大汗をかく始末、そのうえ担いでいる荷物が砂山だから向かい風に飛び散る砂塵は血走った目の中へ飛びこんでくる。それでもゼルゼル渓谷まではたどりついたが、ここで彼もあえぎながらひと休みせざるを得なくなった。いかな悪魔の神通力でもこの荷物は少々重すぎたのである。

　そこへちょうど一人の萎びたシワだらけのお婆さんが通りかかったが、彼女はこの妙な荷物を担いでいる見慣れない男のようすに疑いを抱いた。けれどもかかり合いになっては面倒と思ったかわざと気がつかないふりをして通り過ぎようとしたところ、悪魔は彼女に気がつき呼びとめて、ここからアーヘンまではまだどのくらい距離があるかと尋ねた。彼女はあらためて彼のようすを見直した。この時さっと彼女の頭の中に閃めいたことがあった。彼女はもう七十二歳の高齢であったが、さすがに年の功というものはありがたいもので、この妙なようすの男は人間の敵であることに気がつき、これは何かアーヘンの市に行って悪いことをしようと企んでいるに相違ないと睨んだのである。老婆は早速いかにも悲しそうな顔つきをし、さも心から同情しているような調子で答えた。

「そりゃ、だんなさん、あなたは道を間違えていらっしゃるんじゃありませんか。ここからアーヘンまではまだまだたいへんな距離ですよ。まあわたしのこの靴の傷みぐあいを見て下さい。これは今朝早く靴屋の親方から受け取ったばかりだったんですが、なにしろひどい道を一日中歩いて来たもんですから、御覧のとおりのありさまなんです」

　悪魔の化身はすっかり老婆の言葉にだまされてしまい、彼は背負っていた砂山を投げ出し、アーヘンの市の悪口と呪詛の言葉を繰り返しながら、かんかんに怒ったままその場から去って行った。シワだらけのお婆さんは、もうすぐそこがアーヘンの市の城門であることも気がつかずに悪魔が去って行ったことを心から喜びながら、十字を切るのであった。

　老婆が巧みに悪魔を欺いて災難を防いだその場所には今日もなお砂山が残っている。そしてこの地方では長い間の言い慣わしで、その砂山を今でも災難除けの山「ロースベルク」と呼んでいるのである。また悪魔の爪にかけられた哀れな狼については、その犠牲を記念するためにアーヘンの人々は寺院の大扉にその画を彫刻として残させたのである。それに扉の内側には今もなお傷跡が残されているが、これはだまされて怒った悪魔がその時に蹴飛ばした跡であると言われている。

Aachen ▶ Der Münsterbau

アーヘンの伽藍とカール大帝　A. レーテル画
カール大帝の宮廷礼拝堂を核に、ゴシック様式による内陣などが
14 世紀半ばから 15 世紀初めにかけて増築された。

70 ファストラーダの指輪　▼アーヘンII

フランク王国のカール大帝の生涯はまったく多種多彩な伝説によって飾られているが、ファストラーダに関する伝説もまたそれらの中の一つなのである。当時カール大帝は現在のスイスに当たるヘルヴェチア地方にも立派な宮廷を所持していた。チューリヒの湖水の岸に皇帝の居城はあった。その場所はかつてキリスト教の殉教者フェリックスとレグラとが十字架を守って殺されたところであったので、皇帝は彼らの死を記念する柱を建てさせた。そしてその柱に小さな鐘を吊して置き、誰でも悩みを持ちあるいは訴えごとをしたいと考えた者はそこへ来て綱を引けばその鐘を鳴らすことができるようにこしらえさせた。カール皇帝自身もしばしばチューリヒの宮廷に滞在していたので、みずから訴願者の訴えや陳情に耳を傾け、裁断を下すことも一再ならずあった。

ある日のこと、その小さな釣鐘が鳴ったので、皇帝が出て見たところ不思議なことに誰の姿も見えない。翌日のお昼ごろまた同じように鐘が鳴ったので出て見たが、相変わらず誰の姿も見えないのである。そこで皇帝は近侍の小姓に命じて柱の近くの木かげに隠れてようすをうかがわせることにした。お昼ごろになると湖岸の砂浜から一匹の蛇が出て来て、その蛇が綱をひいて鐘を鳴らしたのであることがわかった。

小姓の報告を受けて皇帝はすぐその場所に行って、この不思議な訴願者を見てすっかり驚いてしまった。しかし彼は、真面目な態度で「たとえ動物であろうが人間であろうが、いやしくもこの鐘を鳴らして訴えた者に対しては、正義の審判を受けさせなければいけない」と宣言した。

蛇は皇帝の宣言を満足げにうなづいて聞いているようすであったが、やがて自分の穴の方へと帰って行った。カール皇帝はなぜ蛇がこんなことをするのか、その理由を知りたいと思ったので熱心にその跡を追って行った。するとその穴の中の蛇の卵の上に、けたはずれに大きな蝦蟆《ひきがえる》が頑張っているのが発見された。しかもその蝦蟆は蛇が自分の穴に入ろうとするのを邪魔しているのである。皇帝は早速近侍の者に命じてその蝦蟆を殺させた。

それから幾日か経ち、カール皇帝はもうこの不思議な事件のことを忘れていた。ところがちょうど皇帝が食事をしている最中に、思いがけなく蛇が広間に入って来て、列席の人々が茫然としてい

ファストラーダとカール大帝　A. レーテル画

る間に、皇帝の座席に這い上がり、三度おじぎをするような恰好をした上に、皇帝の大きな酒杯の中に宝石を一つ落すと、また急いでいずこともなく去って行った。それは現われた時と同様に消えてなくなったのもまったくあっというまのわずかな時間のことであった。

カール大帝が驚いて宝石を酒杯からとり出して見たところ、それはまったく素晴らしいダイヤモンドであった。彼は早速それを金の指環にこしらえさせて、愛する妻のファストラーダに贈ったのである。ところがこの宝石は不思議な魔力を備えていることがわかった。美しいファストラーダがこれまでも皇帝に愛されていたことは言うまでもないことだが、この指環を彼女がはめるようになってからというものは、皇帝の彼女に対する愛情はなお一層深いものとなり、まるで金剛石の帯で縛りつけられでもしたように片時も彼女のそばを離れたがらないようになった。皇帝は、かつての東フランク伯の令嬢であった彼女とこのダイヤモンドの魔力によって固く固く結ばれたのである。

カール皇帝のファストラーダに対する愛は日増しに深まる一方であり、はた目にはほとんど病的だと思われるほどに激しいものとなった。ところが運命は皮肉なもので、このような幸福は長くつづかず、彼女はまもなく病気になり、まことにはかなく世を去ることとなってしまったのである。天にも地にも代え難く思っていた愛妻を失った皇帝の悲しみは筆舌に尽し難いものがあった。彼は昼も夜も嘆き悲しんで愛妻の棺のそばに座ったままであった。あまりにその悲しみ方がひどいので側近の家臣たちは皇帝の健康を心配し始めた。皇帝は悲嘆に沈んでいたばかりでなく、愛妻の遺体を埋葬することを承知しないので、これには周囲の者たちも困惑した。宝石の魔力は、ほんとうに目に見えない帯で彼を死んだファストラーダに結びつけているものとしか思えないのであった。

ランスの大僧正テュルパンはこの話を聞いて深く悲んだ。そして神に助けを求めたのである。この高徳の僧正が熱心に神に祈りを捧げている間に一つの夢を見た。それはファストラーダの手にはめられた指環が五彩の光を発し、その光の糸が皇帝の身体を十重二十重に取り巻いているありさまであった。この夢で僧正は、かつて蛇がとどけて来た宝石に不思議な魔力が秘められており、この指環を所持している者のそばに皇帝が常に縛られるようになっているのであるということに気がついたのである。

翌日の朝、まだ暗いうちに起きた老僧正のテュルパンはカールが夜どおしファストラーダの棺のそばで泣き明かしていた部屋の中へそうっと入って行った。深い悲しみにとらわれていた皇帝は棺の前にひざまづいたままでいたが、棺おおいの布で自分の顔をおおっていたので、僧正が入ってきたことには気がつかなかった。僧正は静かに十字を切りながら死者のそばに近付き、その冷たい手をとって、そっとその黄金の指環を抜きとった。途端に皇帝は目をさましたが、何も言わずに老僧の前にひざまづき、うやうやしくその手をおしいただいて接吻をした。そして何一つ文句を言うことなく、亡くなった奥方を埋葬することを承知したのであった。それでファストラーダは、マインツの聖アルバンの寺院に鄭重に葬られた。奥方の死んだ後までも彼を縛っているかのように思われた魔力の紐帯は、僧正がその指環を抜きとった瞬間から解かれたのである。

それ以後フランクの皇帝はランスの大僧正に対し特別の敬意を払うようになった。カールはテュルパンが去ることを許さなかった。いつでも側近にあって友人としてまた顧問として彼を助けるように頼んだのである。信仰心の篤い僧正は、この与えられた地位をひたすら国家の利益のためにのみ利用した。そして数多の功績を残したのである。しかし、彼は自分が皇帝の信頼を得るに至った理由を良く知っていたので、そのことが何となく気になり、しばしば自分のやったことを後悔していた。

　ある時カール皇帝に随行して西部ドイツ地方を旅行している途中で、彼は例の指環をそうっと河の流の中に投げ棄てた。それでその指環はもう二度と捜し出すことはできなくなってしまった。ところが、あたかもその時から、フランク国王は不思議な魔力で、その土地に引きつけられ、そこから離れられないようになってしまった。皇帝はその土地に王城を建てさせることにした。そしてカール大帝の王城の周辺には間もなく繁華な市街が栄えるようになったのである。この都市こそアーヘンであった。アーヘンはカールの最も愛する都となった。爾来彼はしばしば杖をひいて城内を散策したが、特にあのファストラーダの指環が投げ込まれた河岸の付近ではしばしば立ち止まって、じっと過去の愛の思い出に浸りつつ、川の流れに見入るのであった。

川面をみつめるカール大帝　A. レーテル画

71 アルテンベルク僧院の建立

▼ベルク地方（ベルギッシェス・ラント）

デューン渓谷にアルテンベルクの僧院が建立されたのは、ケルンの伽藍の礎石が置かれた時からわずか七年後のことであって、これにまつわる敬虔な信仰の物語は、ケルンのお堂に劣らず有名な話である。

ここの伽藍も完成するまでには約一世紀を要している。そして完成後は約六百年の間善男善女の信仰の対象とされていたが、不幸にして火災にあってその一部は破壊されてしまった。しかしその後、王室の援助によって一八四七年にふたたび昔のとおり再建され今日にいたっている。こんなわけでアルテンベルクの僧院は八百年の長きにわたるその歴史を誇っているのであるが、その創立当時のことについては、次のような伝説が今に至るまで語り伝えられているのである。

十二世紀の初めごろアルテンベルクの城には二人の兄弟が住んでいた。それはベルク伯家のアドルフとエーベルハルトの二人であった。ウッペル河とその支流であるデューン河の流域はすべて彼らの所領であった。当時リムブルクとブラバントの両公家は互いに血なまぐさい争いをつづけていた。そしてブラバントの家は結局、敵方の急襲を受けて大ぜいの家来ともども亡ぼされてしまったのであるが、ベルク伯家の二人の兄弟たちはこの攻撃軍の方に味方していたのであった。しかも敵

アルテンベルクの伽藍（旧修道院聖堂）

将ブラバントの当主を殺したのは他ならぬベルク伯家のエーベルハルトであった。彼自身もこのために顔面に大きな傷を受けたのであるが、それよりも彼の良心の傷みと後悔の方がさらに大きかった。個人的には何の怨恨もなかった人を殺したことが気になって、死んだ人の顔が忘れられず、絶えずその幻影に悩まされて彼はおちおち眠ることもできなかった。

それで帰国の後、彼はひそかに城を去り、巡礼の姿に身をやつして贖罪のために諸国の聖域を行脚することとなった。彼はローマで両使徒のお墓に参詣した後、当時諸国から多数の巡礼者が集まるので有名だったスペインの聖徒ヤコブスの墓に詣でた。それからさらにブルゴーニュに行き、そこで彼は農奴になってモリモンのシトー派修道院所属の搾乳場で働くようになった。

一方ベルク伯家では、兄のアドルフが熱心に愛する弟の行方を捜し求めてはいたがむだであ

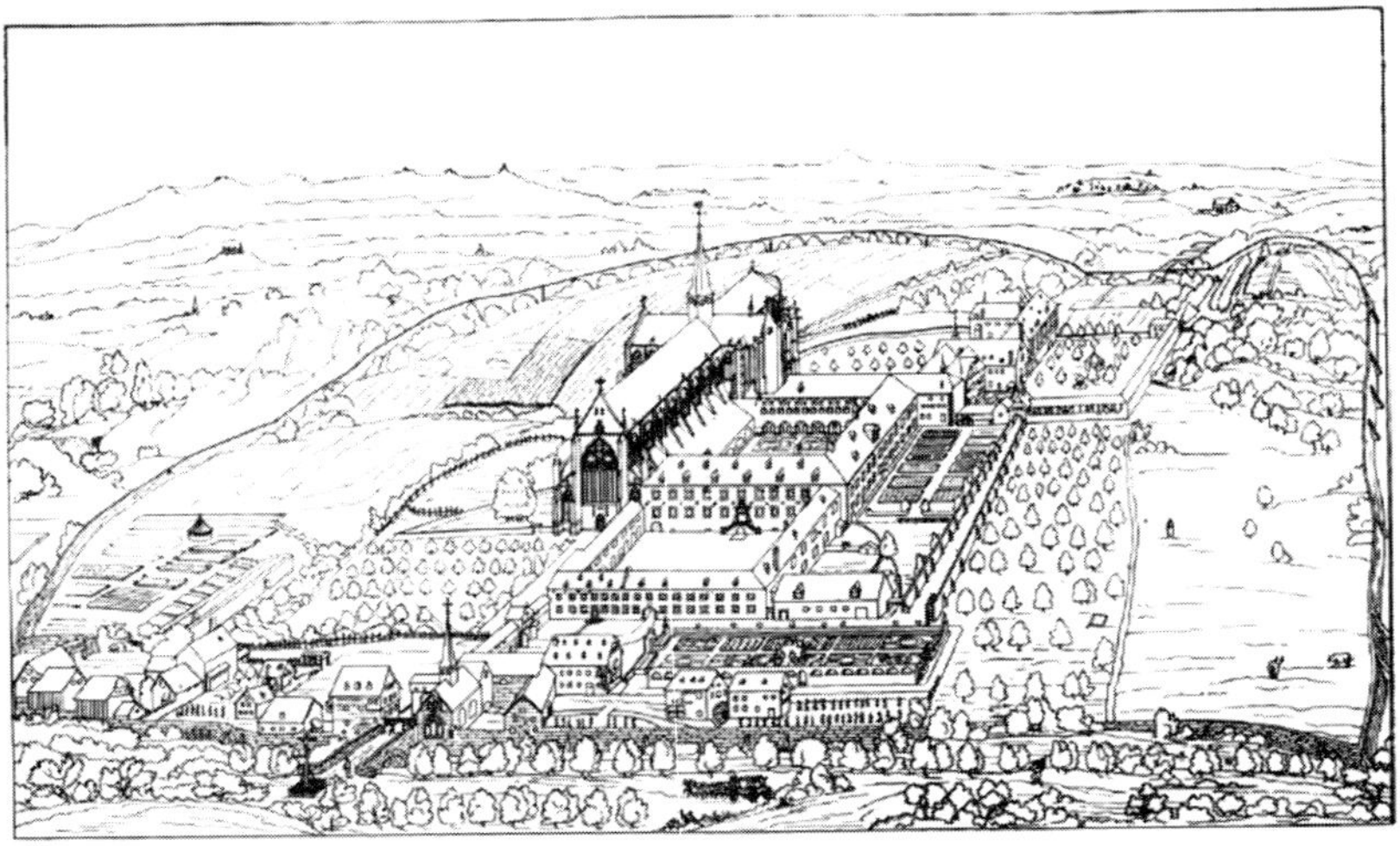

アルテンベルク修道院全景（1707年）

った。弟の方はみずから進んで農奴の階級に身を落とし、しかもそれに満足していた。しかし運命は彼をそのままにはしておかなかった。ある日のこと二人の武士がその搾乳場にやって来た。彼らはいずれも巡礼に出て道に迷った者たちであった。偶然そこで豚の世話をしていた牧童に向かって彼らは道を尋ねたのであるが、その武士たちはあらためてその農奴をつくづく凝視したのである。二人の武士はいずれもかつてベルク伯家の家臣だった者たちであった。彼らの質問に答えた豚飼いの男は南国の方言を使ってはいたけれども、その声はまぎれもなく失踪したエーベルハルト伯に相違ないと思われるのであった。彼の顔もまっ黒に日焼しており、かつシワが深く刻まれてはいるが、それでも彼らが良く知っていた傷跡もはっきりと認められるのであった。武士はいずれもその名を名乗ったが、彼はただ肩をすくめただけで、なかなか話をしようとはしなかった。しかし、ついに望郷の念にたえがたくなって、自分の名を明かし、感動に胸をふるわせながら二人の忠実な家来たちを両腕にしっかりと抱きしめたのであった。

来訪してきた二人は早速この牧場の雇主に会って、今まで彼がただの農奴だと思って使っていた男のほんとうの身分を知らせた。これを聞いた牧場主は彼の敬虔な贖罪の仕方にすっかり感動し、直ちに僧院に赴いてこのことを院長に話し、ぜひ彼を修道院に引きとってくれということを頼んだ。その結果エーベルハルトは僧団に加入し神のしもべとなることができたのであった。それからしばらくして彼は僧院長の許可を得て故郷のライン地方に帰り、なつかしい兄に会うこととなった。僧院長が、出発に際して彼に祝福を与えてくれたおかげで、彼はまもなくアルテンベルクの城に通ずるなつかしい森の小道を通り抜け、城門の近くへたどりつくことができた。誰かが彼の到着を知らせたので、兄のアドルフ伯は期待に胸をふくらませながら迎えに出て来た。そして二人の兄弟は言葉すくなくお互いにしっかりと久しぶりに抱き合ったのである。

まもなくこの城の近くに修道院が建立された。その初代の僧院長はエーベルハルト・フォン・ベルクであった。その後彼の兄もまた、その領土や領民を息子たちに譲って隠居の身となり、彼に次いで修道僧の生活に入ることとなった。二人の兄弟はアルテンベルク修道院でいっしょに生活をした。そしてまたわずか数週間の差でほとんど同時にこの世を去ったのであった。それは赤ひげ王といわれたフリードリヒ皇帝の時代のことである。アルテンベルクの寺院の中にはこの二人の兄弟の墓がある。そして二人の墓は一枚の共同の大きな大理石の板でおおわれているのである。

Das Bergisches Land ▶ Gründung der Abtei Altenberg

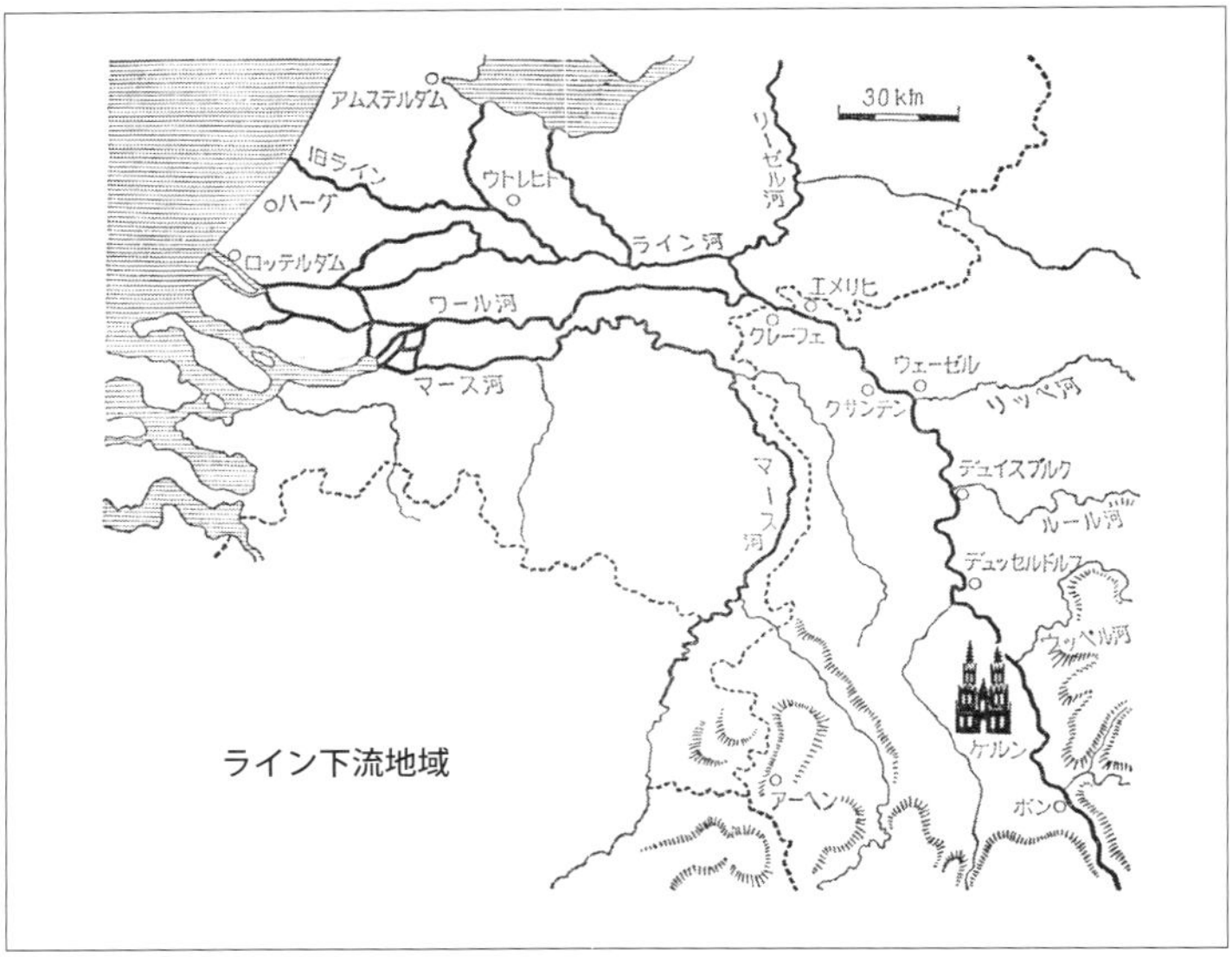
アムステルダム
30 km
リーゼル河
旧ライン
ハーグ
ウトレヒト
ロッテルダム
ライン河
エメリヒ
ワール河
クレーフェ
ウェーゼル
マース河
クサンテン
リッペ河
デュイスブルク
マース河
ルール河
デュッセルドルフ
ウッペル河
ケルン
アーヘン
ボン
ライン下流地域

第V部

ライン下流地域

クサンテンから
ザイデル海まで

Der Niederrhein

von Xanten bis zum Zuidersee

72 ジークフリート

▼クサンテン

ジークフリート。ライン下流が生んだこの素晴らしい英雄の名を語る時、目を輝かさない者はいないであろう。彼がその生涯を通じて示した恐怖を知らぬ勇気と何者にも奪われることのなかった誠実こそは、およそゲルマンの血統に生きる者にとって代えがたい至宝であるといわねばならない。それだからこそ、この角質化された皮膚の所有者であったといわれるジークフリート（ザイフリードなども）の伝説は、最も古いものであるにもかかわらず、数千年を経てもなお、すべてのドイツ人の胸の中にいつまでも若々しく不滅の生命をもって生きているのである。

後にアド・サントスと呼ばれるようになったこの地方の古い小都市にそのころ堅固な王城が築かれていた。ここは四世紀の中ごろローマの勇将でキリスト教の信仰のために戦死した聖ヴィクトルを司令官にいただくテーベ軍団が拠点にしていたところである。ライン下流のこの王城に、それは年代もはっきりしない大昔のことであるが、ジークムント王とジークリンデ妃という夫妻が住んでいた。彼らの息子はジークフリートと名づけられた。王子としてたいせつに育てられていたにもかかわらず、この少年は生まれつき大胆不敵であり、いわゆる不覊奔放な性格の持主であった。

十三歳の春、この勇敢な少年はもうクサンテンの父親の居城にじっとしていることはできなくなってしまった。幼少のころから勇敢な英雄巨人の冒険の物語や、武士たちの戦闘の話などに深い興味をおぼえていた彼は、ついに自身でそういう冒険をやって見たくてたまらなくなったのである。それである日のこと、若いジークフリートは、ひそかに城を抜け出し、一人でライン河の流れに沿うて上流に向かって放浪の旅に出たのである。まもなく彼は自分の勇気を試す機会にぶつかった。

ジーベンゲビルゲの麓で、彼は幾多の名剣を鍛えたことで有名な刀剣鍛冶のミーメに出会った。若い王子は彼の巧みな技術にすっかり惚れこんでしまい、ぜひ自分を弟子にしてその技術を教えてもらいたいと頼みこんだ。そして幸いその願いは聞き届けられたので、ジークフリートはここに留まることとなった。しかしまもなくこの勝気な少年は鍛冶屋の職人たちから嫌われ始めた。元来短気な性質でもあったので、かっとなるとすぐ激情にまかせては彼らを砂置場の砂の中に叩き込む、あるいはまた、ものすごい力で拳骨を喰らわせて背中に何日間も消えな

熊をとりおさえるジークフリート　P. v. コルネリウス（1783-1867）画

いような青あざを残す。なにしろ力が強いので、ある時などは、彼が力まかせにハンマーを振るったために鉄の支柱はたたき折られ鉄砧《かなしき》は地中にめり込んでしまうというようなことも起こった。

なにしろ力がばかに強いうえに疳癖の不羈奔放な性格なので、さすがの親方も参ってしまい、ついになんとかして彼を追払ってしまおうと決心するに至った。それで、そこへやれば二度と森の鍛冶屋には戻って来られないということを承知のうえで、彼は若者に山へ行って石炭を袋にいっぱい採ってくるようにと命じた。

山奥の森のその場所には恐ろしい龍が住んでいて、誰でも道に迷ってその付近に近づいた者は例外なく龍の餌食になることを親方はよく知っていたからである。ジークフリートは石炭を焼いてコークスを造るためのかまどを見つけて点火した。赤い炎が森の木立の中で音を立てて燃え上がり始めた。すると突然そこへ鋭い爪の生えた四つ足の怪物が現われてきた。怪物はその鱗でおおわれた身体をのたうちながら、血のしたたるような舌をひらひらさせて新米の炭焼きの若者を一呑みにしようと迫ってきた。しかし、若い英雄はすこしも恐れず戦意に目を輝かせつつ、早速かまどの中から火のついた丸太ん棒を取り出し、炎々と燃えさかるその丸太を今しも彼を一呑みにしようと大きく開かれた龍の口の中へ喉元深く突っ込んだ。怪物は苦痛の呻き声を上げて大地にのたうちまわりつつも、その長い尻尾で彼に打ってかかり、同時に強力な前足の爪で彼を引き裂こうとかかってきた。けれどもジークフリートは巧みに身をかわして敵の攻撃を避け、ついに機会を捉えて大きな石で龍の頭をたたきつぶしたので、さすがの怪物も呻き声を上げて伸びてしまった。

彼はその大蛇にも似た龍の身体を燃えさかる炎の中に投げこんだ。すると驚いたことに、熱に溶かされた怪物の脂肪がまるで泉の流れるように迸り出て来て、足下の土を沼か何かのようにぐちゃぐちゃにしてしまった。この時そばの菩提樹の枝でさえずっている小鳥の声が聞こえて来たが、それは次のように語っていた。

あなたの皮膚を角か鱗のように
固くしなさい
そうすれば、切られても、突かれても
不死身になれるのです
英雄よ
龍の膏血に身をひたしなさい

これを聞いたジークフリートは、すぐに着ていた衣服を脱ぎすて、まっぱだかになって龍の脂肪と血潮の中にその強靭な四肢をひたしたのである。この時たまたま菩提樹の葉が一枚ひらひらと落ちて来て彼の肩にはりついたが、その部分だけを残して彼の全身の皮膚はこの時以来角質化して、いわゆる不死身の人間となることができたのである。

意気揚々と引き上げて来た不死身の英雄は龍の頭を鍛冶屋にたたきつけた。そして彼を欺して殺そうと企んでいた狡猾な鍛冶屋をやっつけてしまった。そしてみずから新しい剣と鋼鉄の胸甲を鍛え上げた。新しい武器を身につけた彼は、ミーメの厩舎からいちばん駿足の馬を引き出すと、その馬に鞍をつけ、それに乗って、さらに新しい冒険を求めて旅をつづけたのである。角質の不死身となったジークフリートは何日も長い旅をつづけた。

彼は山を越え河を渡りついに海へ出た。そこで船に乗った彼は、強風にあって押し流され、愛馬とともに岩山の海岸に流れ着いた。愛馬のレンナーも勇敢であったが、そこからさらに炎の海を押し渡って彼らは魔法にかかった城に到着した。若いジークフリートもさすがにいささか当惑して暫く佇んでいると、ふたたび森の小鳥の美しいさえずりが聞こえてきた。小鳥は次のように告げていた。

呪縛を解くのです、進みなさい！
英雄の勇気をもって、飛び込むのです
炎の燃えさかる中へ！
絶世の美女が、あなたを待っています。

小鳥のささやきを耳にした英雄は、たちまち愛馬に拍車を当てた。馬は燃え上がる炎の窒息しそうなガスに苦しんで棹立ちになり、白い泡を噛んだ。しかし、ジークフリートは勇敢に馬を進めた。ぱちぱちと音を立てて燃えている炎の海に馬をおどらせて飛び込んだ。呪縛は解けた。彼は素晴らしく壮麗な魔法の城の前に出ることができた。彼が城の中へ入って部屋部屋をのぞいて見ると、驚いたことに、馬は厩舎の秣槽の前で眠っているし、馬丁たちもみな眠っている。台所では料理番がこれまた眠っている。彼はさらに城内の広間に入って行った。そこには思いもかけないようなものがあった。寝台の上に雪のようにまっ白な衣裳を身にまとい、光り輝く宝石の装飾を金髪につけた、神のように美しい婦人がそこに眠っているではないか。

龍退治のあとのジークフリート　H. トーマ画、1889 年

彼女のバラ色の唇に若い英雄が口づけを与えると、金髪の王女ブリュンヒルデは目をさまし息を吹きかえした。数百年にわたる魔法の呪縛が解かれたのである。そうして彼女が自分を救ってくれた勇敢な彼の愛の求めに応じようとした時、ゲルマンの戦いの女神ワルキューレによっていかにそれが邪魔されなければならなかったか、また英雄ジークフリートの抵抗も神々の娘たちの誘惑の前にはいかにもろくついえ去ったか、またその後、ふたたび小鳥の教えによってニールハイムの巨人や小人たちのことを聞いてニーベルンゲンの宝や隠れ頭布《ずきん》を手に入れることとなり、ますます天下無敵になったことや、あるいは彼がついに勇気をふるい起こして王女の呪縛を断ち切ることができるに至ったことなど、それらのすべてについては、伝説の中に妖しくも美しく織りなされており、今日なお、あらゆる人々によって語り継がれているのである。

ジークフリートは、なお幾多の有名な冒険を繰り返していくのであるが、常にその雄々しい精神力によってあらゆる危難に打ち勝っている。特に彼がニーベルンゲン地方を旅した際に、狡猾た小人が隠し持っていた宝を、魔法の隠れ頭布とともに奪いとったことは有名な話である。その後、彼もやがて望郷の念にとうわれることとなり、ついにライン下流地方の城へ帰ることとなった。彼は数カ月後に帰郷し数々の出来事を報告した。城主ジークムントおよび妃ジークリンデの喜びはたいへんなものであった。こうしてクサンテンの王子、若きジークフリートの冒険物語は終わったのである。

若きジークフリートの冒険物語は勇壮な歓呼の中に幕をあけ、はなやかな凱旋の歓呼の中に幕を閉じることとなっている。その伝説の中には、あらゆる人間の感情が盛り込まれている。最高の快楽、最深の悲哀、熱い愛情、燃える憎悪、英雄的行為とこれに対する裏切り、卑怯未練と雄々しい勇気などが渾然としてさながら一大交響楽を奏でている感がある。そして最後は悲痛なすすり泣きの中に、不死身の英雄ジークフリートの素晴らしい中世的物語は終わっているのである（第14話も参照）。

Xanten ▶ Siegfried

73 白鳥の騎士

▼クレーフェ

クレーフェの城の中の古い砦の上に立っている風見の旗には白鳥の絵が描かれている。それはかつてこの風光明媚であったクレーフェ一帯を支配していた領主一族の紋章が白鳥であったことに由来している。この白鳥の騎士の伝説は不滅の巨匠の手によって立派な交響曲にまで作られているので、風見の白鳥の絵とともに永遠に忘れられることはないであろう。

その昔、クレーフェの城は深い悲しみに沈んでいた。この城の女主人であるエリザベート公妃の悲しみと困惑は特に深いものがあった。彼女の愛する夫の葬儀がようやくすんだばかりであるというのに、早くも家来の一人が反逆を企て、この城の支配権を奪い取ろうとしはじめたからである。不敵な反逆者はそのうえ美しい夫人をも自分のものにしようと考え、彼女も夫を亡くして頼りない身の上になったのだから、早く思い切って自分の妻になる方が身のためであるというような言い方で彼女に迫って来るのであった。

若い未亡人は誰か家来たちの中に自分を助けてくれる者はないかと探し求めてみたがむだであった。謀叛人はこの城内には一騎討ちで自分に歯の立つような相手はいないことを良く知っていたので、誰でも自分のやることに文句のある者は申し出ろ、いつでも相手になって決闘による神の審判《さばき》を受ける覚悟があると豪語するのであるが、情ないことに誰も彼女のために決闘を申し込むほどの勇気のある者はいなかったのである。

夫人にとっては、ただ悲しみの日々が過ぎて行くばかりであった。謀叛人の力によってライナウ城下の人民は完全に抑えられており、彼と結婚の式をあげなければならない日はしだいに近づいて来た。そしてついにその日になった。青ざめた顔を未亡人の覆布《ベール》に包み誇り高き身体に喪服をまとって、彼女はラインの河岸に下って行った。そこには綺羅を飾った騎士たちやお祭り騒ぎにわき返っている人民たちが広場いっぱいにひしめいているのであった。やがて恐れられていた反逆者が光り輝く鎧に身を固めて現われてきた。人々を射すくめるような目を輝かせながら命令的な口調で、公妃を妻とし、この城の主人となる決意であるということを大衆に向かって宣言した。めくら同然の貴族たちはただ喝采を送るばかりである。群集の中には若く美しい未亡人に対して同情の目を注ぐ者もないではなかったが、彼らは無力であった。

反逆者はふたたび大きな声で彼の宣言を繰り返し威嚇するような目つきで群集を見まわした。誰でも未亡人のために彼に決闘を申し込む者があれば相手になろうということを声高らかに彼は告げた。けれども誰も申し出る者はいない。夫人の青ざめた顔色はなおいっそう青白さを加えるのみである。

彼は三度繰り返してクレーフェおよびゲルデルン公の夫人、ブラバント公女のために矛をとって戦う者はおらぬのかと大声叱呼した。

ただ沈黙があるばかりであった。未亡人は悲しい絶望のうちに胸にかけた珠数にそっと手を触れ口の中で神の救いを求めて祈りを捧げた。彼女の珠数には小さな銀製の鈴がついており、この鈴は不思議な力を備えていて、それが立てる音は小さくはあったが相当遠くまで聞こえるのであった。

白鳥の騎士　W. v. カウルバッハ（1805-1874）画

なおも彼女が珠数の十字架に指を触れて祈りつづけていると、突然ライン河の流れの上に小さな舟が見えてきた。その舟が近づいてきた時、その場の人々はみないっせいに驚きの声を上げた。美しい小舟は金の鎖につながれたまっ白な白鳥によってひかれているのであった。小舟の中には、また光り輝く銀色の胸甲を身にまとった一人の騎士が立っていた。輝くかぶとの下からは金髪の巻毛がのぞいており、彼の青い目は河の岸に射るような強いまなざしを注いでいた。そしてその右手は力強く剣のつかを握りしめていた。

まもなく小舟は群集のたむろしている審判の広場の前に止まった。騎士が岸に上がって白鳥に目で合図すると、白鳥は小舟をひいたまま、静かにライン河を下っていずこへともなく去って行った。見慣れない騎士の姿を見て群集は恐れて道をあけた。騎士は群集の中を悠然と歩みを進め、夫人の前に来るとその場にひざまずいて鄭重に挨拶した。そして今度は倣慢な反逆者の方に向き直ると声高らかに、クレーフェおよびゲルデルン公の奥方、ブラバント公女のために彼と決闘しようということを宣言したのである。

謀叛人は一瞬蒼白になった。しかしたちまち元気をとり戻し、剣の鞘を払って傲然と身構えた。剣は交えられ、戛然《かつぜん》として鋼鉄の響きがとどろきわたるのであった。巨人のように、ものすごい力の敵手の攻撃を巧みに身をかわしながら恐れげもなく渡り合っているその見慣れない騎士の姿に、群集は驚嘆しつつもみな心の中で声援を送っていた。すると突然鈍い叫び声とともに謀叛人が地面にたおれた。見知らぬ騎士の巧みな一撃が彼に致命傷を与えたのであった。万雷のような歓呼は広場を満たしさらにラインの河波に反響した。

正義は勝った。神は審判を下したもうたのである。感動のあまり泣きながら公妃はその騎士の前にくずれ折れた。しかし、彼は彼女を助け起こしその美しい婦人の前にあらためてひざをついて、その手に接吻し結婚の申し込みをした。

公妃エリザベートの上にはふたたび幸福が訪れてきた。彼女の感謝は愛となり、その愛は優しいいたわりによって報いられた。しかし、彼の親切な青い目になお理解しがたい一抹の雲がかかっているような気がしてならなかった。というのは白鳥の騎士は彼女に対し、たとえ結婚しても決して彼がどこから来たか、また何という家門の者であるかということは質問しないでくれと頼んでいたからである。いよいよ結婚式をあげる日が来た時、彼女は今後決して彼の故郷や家名を尋ねるようなことはしないということをあらためて約束させられた。妙な誓いだと思わないわけではなかったが、彼のいかにも堂々とした騎士らしい態度を信頼してこの約束をしたのであった。

夫人は約束したことを忠実に守った。そして幾年かが過ぎ去った。幸福な生活の間に三人の男の子まで恵まれた。彼らはいずれも将来有望な騎士の卵としてすくすくと育って行った。しかし、若い息子たちの花のような生長ぶりを見るにつけても、彼女は数年前夫との間にとりかわした約束のことが思い出され、それが心に重くのしかかってくるのをどうすることもできなかった。それはまさに母性の苦しみであった。彼らの愛の賜物である息子たちの父が高貴な家の出であるということを、そしてその家名を何とかして子どもたちに知らせてやりたいという母としての願いは抑えようのないものがあった。まして夫の立派なようすから考えても、名門の出であることは疑いない事実だと思われるので、なおいっそうその思いはつのる一方であった。いずれ息子たちは世に出て父親の名とその紋章とに光を添えなければならないのに、どうしてそれを知らせることがいけないのであろうか？　考えれば考えるほど母親の心にかかる疑いの雲は消しがたいものとなるばかりである。こんなに彼を愛しているのに、なぜそれを聞いてはならないのか？　なんとかして夫の家名と出身を知りたいという欲望はだんだん心の中で大きくなり、とうとうある日のこと、我慢しきれなくなった彼女は、さりげない調子で夫にこのことを質問したのであった。

ところがその途端に、誇り高き英雄はさっと顔色を変えた。そしていかめしい面持で苦しげに、「ああ！　おまえはなんという不幸な女なのだろう。そしてわたしもまたなんと哀れな人間なのだろう。おまえの質問のために、わたしたちの幸福は破られてしまった。わたしたちは永久に別れなければならないのだ」と語った。

彼女が絶望のあまりに泣き叫んでいる時、彼は重い足どりで、一人静かにラインの河岸へと歩んで行った。そして銀の角笛を彼が吹くと、どこからともなく緑の波をおし分けて一羽の雪のように白い白鳥が美しい小舟をひいて近づいて来た。騎士は悲しみに沈みつつその小舟に乗り込んだ。そ

クレーフェの「白鳥城」（古い絵葉書）
この物語は聖杯伝説と結びつき、円卓の騎士パルツィファルの息子ローエングリンが「白鳥の騎士」に重ねられることも多い。

してもう二度と振り向こうとはしなかった。舟は青暗く暮れて行く河面を音もなく下流へ向かって去って行ってしまった。

白鳥の騎士は二度と戻って来ることはなかった。奥方の悲しみは誰も慰めることはできなかった。そしてまもなく彼女はこの世を去ったのである。他国の騎士によって創始されたこの家系は、その紋章として白鳥をつけることとされた。今日でもクレーフェの寺院の中にある墓石の一つに、騎士とその足許にうずくまる白鳥とを彫刻したものがあることは、この地方へ旅行した者はみな知っている。そしてクレーフェの城の中には、白鳥の塔と呼ばれる望楼が今も残されているのである。

74 スタフォーレン

ザイデル海

ライン河口には、昔バルト海にあったといわれている伝説の町ウィネータと同じようにやはり不思議な町があった。ここの商人たちは大洋の支配者であり、この港町のスタフォーレンには世界中の富が集められているといってもよかった。彼らの家屋敷はいずれも宮殿のように立派であり、その内部の部屋部屋はまるでアラビアンナイト（千一夜物語）に出て来る王様カリフの住居にも劣らないくらい飾り立てられていた。しかし、それらのスタフォーレンの富有な商人たちの中でも、リヒベルタといわれる婦人は他の人たちが足許にも寄りつけないくらいの大金持であり、そのうえ彼女はたいへんな美人でもあり、またきわめて気位の高い女であった。

彼女のもとへは毎日のようにいろいろな贈物が届けられたので、その財産はどんどん増えて行く一方であった。しかし彼女にも足りないものがたった一つあった。それはいわば婦人の美徳ともいうべきもので、およそ婦人の魂はこの美徳の光によって初めて明るいものとなり、その周囲にも暖かい雰囲気をかもすこともできるのであるが、彼女にはこれが欠けていたのである。光のない闇の世界には恐ろしい夜のけだものたちがはいまわるのと同じように、リヒベルタの暗い愛情の欠けた心の中にはいろいろと醜い感情が生まれてくるのであった。自分の幸福を誇る倣慢な感情と他人の幸福をねたむ嫉妬の念とが彼女の心の中で手を握り合うのであった。

ある日のこと、この高慢な女商人は盛大な宴会を催した。その饗宴の最中に一人の外国人が彼女の屋敷を訪れてきたのである。彼は遠い国から来た者であり、世界中のいろいろな国を経めぐって来たが、今日、富有なスタフォーレンに来て、この町最高の資産家でもあり美人でもある御婦人に敬意を表しに来たというのであった。お世辞を喜ぶ高慢な婦人は、早速その見知らぬ外国人を招じ入れさせた。その客人は、はるか東方の国からやって来た老人であったが、彼は自分の国の習俗に従ってまず食パンと塩とをいただきたいと所望した。

婦人はすぐにそれらの物を持参するようにと命令したが、この家はあまりにぜいたくな凝ったお料理ばかりを準備していたため、そんな貧しい人たちの食物であるただの食パンのようなものは用意してなかったのであった。

客人は静かに席についた。そしてやがて彼の長い旅行や体験について、さらにまたいろいろな成功や失敗について語り始めた、が、いつのまにか談話の中心は、地上の幸福というものがいかに果かなく、とるにたりないものかというようなことに移って行った。他の客たちはいずれも彼の雄弁に魅せられて傾聴していたが、高慢な女主人はだんだん不機嫌になってきた。なぜかといえばその老人は、彼女の美しさについても、その莫大な富についてもまったく関心を示さず、一言もお世辞らしいことを言わなかったからである。すっかり自尊心を傷つけられた彼女は、とうとうたまらなくなって、いったい自分や自分の家についてどう思うかということを尋ねてみた。すると老人は彼女の家屋敷がまるで王侯の宮殿のように立派なものであるということについて一応の讃辞を述べはしたが、しかしこの地上でいちばん大切な宝とこの家にたくさんあるような金銀財宝とを混同してはいけないというようなことを申し添えた。

リヒベルタはなんとかしてこの老人に自分の気入るようなお世辞を言わせようといろいろ話しかけてみたが、どうしても思いどおりにはならなかった。一方、老人の方も彼女の執拗な質問ぜめには閉口したようすであったが、やがて他の客からも色々な質問が出はじめたのを機会に謝辞を述べてその場を去って行った。

広い海を一艘の美しいフリゲート艦が帆にいっぱいの風をはらんで走っていた。ただ不思議なことに、この船の艦長は目的地がどこなのか知っていなかった。彼はただ女主人であるスタフォーレンのリヒベルタから、世界のあらゆる国々をめぐって、この地上の最高の宝といわれるものを捜し求めて来いと言われていたのであった。リヒベルタに雇われた人々はこうして所在も正体もはっきりしない宝を求めて東に西に航海をつづけていた。ところがある日のこと、海が荒れて波をかぶったため、積んでいた食糧の一部がすっかりだめになってしまった。あいにくそれは毎日の常食用の食パンであったために、まもなく皆はたいへん苦しまなければならないことになった。主食の欠乏に困惑した艦長は、いくら真珠や金銀を持っていても、野の宝ともいうべき食糧の価値には比すべくもないことに気がつき、かつてあの東方の外国人が言った暗示的な言葉の意味を初めてはっきりと理解しえたのであった。

彼は早速ある港で上等な小麦をたくさん買い込んで、それを満載し喜び勇んで故郷の港へと舳先を向けた。そして彼は女主人に対して自分の経験したことを報告し、この地上最高の宝というのは母なる大地の産物である主食のことに他ならないことを悟ったという話をした。

女主人は彼の話を、なにを馬鹿なことを言うのかというような嘲笑を浮かべて聞いていたが、や

スタフォーレンの女　H. ホルバイン（子、1497-1543）画

がてこの船乗りに対し、その積荷はいったいどちら側の舷から積んだのかと尋ねた。彼が右舷から積みましたと答えると、彼女はすぐにそれじゃその荷物は左舷から海の中へ捨てさせなさい、と昂然たる態度で命令を下した。スタフォーレンの港は大騒ぎであった。金持のリヒベルタ夫人のところへ大ぜいの貧乏人が押しかけて来て、せっかく船員が夫人の命令で海の遠くから運んで来た積荷の小麦をむざむざと海中に捨てさせるようなことはしないでくれと口々に嘆願した。しかし彼女は嘆願などはてんから問題にしなかった。興奮した群集がののしりわめいている目の前で、貴重な贈物であるる小麦はどんどん波の底に捨てられてしまったのであった。ところが小麦の穀粒はあたかも種をまいたのと同じような結果を生じた。まるできのこでも生えるのと同じように、その場所には海の底から穂のない

葉がいっぱい生えて付近一帯に繁茂しはじめた。それはしだいに広がって、ついにスタフォーレンの港の出入口は泥土や海藻や砂などの広大な起伏のためにふさがれてしまい船の出入ができなくなってしまった。その当然の結果として町もすっかりさびれてしまった。絶望的になった貧しい人々は憤激のあまりリヒベルタを町から追い出してしまった。神罰をこうむった彼女は、巨万の富を一夜のうちに失い、ついに貧窮の中に死んでいったということである。しかし海の方は、かつて良港であった湾の姿をそのままになお堰堤に囲まれた形を保っていた。しかしその後暴風雨の夜、堰堤もついに破られ町全体もすっかり海水におおわれて地上から姿を消してしまった。ライン河口がザイデル海に接している付近に、かつてこの町が繁昌していたのであるが、船員たちの語るところによれば、今でも海が静かで水が澄んでいる時に、この付近を通って見ると、かつて風雨の晩に海底に沈んだスタフォーレンの町の城壁や何かが水底に見えるという話である。今日ザイデル海の入口の東寄りにあるフリースランドのスタフォーレンは、その後に別に新しくできたものである。ここはほんの小さな漁村に過ぎないが、やはり砂丘にじゃまされて、良い港にはならないのである。したがって伝説に残っているライン河の同名の港湾都市のように巨大な富を集めた大きな町になることなどは、とうてい考えられないことである。

Zuidersee ▶ Stavoren

索引

【ア】
アイフェル（地方／連山） 231, 322-326
アヴィニヨン 177
赤ひげ王／皇帝（フリードリヒ・バルバロッサ） 130, 134, 308, 346-348, 350, 351-354, 371
悪魔 266-274, 300-303, 357-362
アコン 348
アースマンスハウゼン 58, 106, 112
アースマンスハウゼン酒 173, 208-215
アーデルグンデ姫（ライネック城の） 208-215
アーヘン 78, 127, 351-367
アール河 333, 338
アール渓谷 318, 330-350
アール酒 335
アルテンアール 330-333
アルテンベルク修道院 368-371
アルノルト・フォン・ゾルンホーフェン 122
アルフォンス（カスチリアの／皇帝） 127
アルブレヒト（皇帝） 143
アルベルトゥス・マグヌス 285-291
アンゼルム（ケルン大僧正） 208-215
アンデルナッハ 59, 188-201, 217, 327
インゲルハイム 77, 82-92, 217
インゲルハイム酒 210
ウィクトル（聖人） 374
ウィースバーデン 74, 300-303
ウィスペル河（ささやき河） 116
ウィネータ 387
ウィリギス（マインツ大僧正） 71-73
ウィレム（ホラントの／皇帝） 127, 288-290
ウィンケルマン，ハンス（フランクフルトの） 297-299
ウェステルワルト 231
ウェッテラウ 296
ウェルフェ（ゲルフ／法皇党） 127, 131, 133, 134
ウェンツェル（皇帝） 171-174
ウォータン（ゲルマンの最高神） 56, 119, 239, 240
ウォルスベルク山 351
ウォルムス 58, 60-68, 222, 244
ウッペル河 368
ウリアン（→悪魔） 300, 360
うるわしの城（シェーンブルク） 135-140
エギンハルト（アインハルト） 82-92
エッシェンハイマー塔 299
エッツェル王 67, 68
エーベルバッハ修道院 74-76
エーベルハルト・フォン・ベルク 369-371
エーベルンブルク（野猪城） 312-314
エルトヴィレ 74
エンマ 82-92
オッペンハイム 157
オーベルウェーゼル 135-140

【カ】
カイゼルシュトゥール 28
カウプ 124-134, 口絵 6
カシウス（聖人） 254-256
カストール（聖人） 185, 187
カッツェンエルンボーゲン家 141
カノッサ 202
カムメルベルク 116-118
カール・マルテル 188, 192
カール大帝（カロルス・マグヌス） 77-80, 82-92, 127, 185, 216, 222, 223, 355, 356, 362, 363-367

カール４世（皇帝） 172, 254
カール（バーデン・ドゥルラッハ辺疆伯）48-50
カールスルーエ 28, 48-50
巨人（ジーベンゲビルゲの） 230-232
――（ニーデック城の） 43, 44
――（ニールハイムの） 379
キリスト 318-321
キンケル，ゴットフリート 334
クサンテン 374-380
グータ姫（ファルケンシュタインの） 124-129
クッペンハイム 45, 47
グーテンフェルス城 124-129, 口絵６
クリエムヒルト 63-68, 口絵２
グリート 280-284
クレーフェ 381-386
クレメンス礼拝堂（カペレ）104-107, 109, 110, 112
クレメンス寺院 104, 107
クロイツナッハ 304-306, 312
グンター王 63-65
クンツ・フォン・シュトロームベルク 305
クンツ・フォン・シュワールバッハ 208-215
刑吏 295, 297
ゲオルク（聖人） 310, 311
ゲオルク・ブレームゼル 141-148
ケーニヒスシュトゥール（王の座） 171-173
ゲノフェーファ 188-201, 217, 口絵３
ゲープハルト（ハイステルバッハの） 247
ゲルハルト・シェルム・フォン・ベルゲン 296
ゲルハルト・フォン・リール（ケルンの棟梁） 263-275
ゲールムント（ドラッヘンブルクの） 244
ケルン 59, 124, 128, 207, 209, 213, 257-291
ケルン大僧正（大司教）／選挙侯 171, 172, 206-208, 243-246, 255, 263
賢者の石 180
皇帝党（ワイプリンゲル／ギベリン／シュタウフェン派） 127, 131, 133, 134
強盗騎士 104, 105
コッホブルンネン（ウィースバーデン）301-303
ゴデスベルク 59, 243
コブレンツ 59, 185-187, 217
コボルト 334-337
ゴーロ（ファルツ伯家老） 189-200
コンスタンティヌス大帝 254
コンラート３世（皇帝） 93, 95, 119, 157, 251, 252
コンラート４世（皇帝） 126
コンラート（ファルツ伯） 130-134
コンラート・バイエル 167-170
コンラート・フォン・イーゼンブルク（トリール大僧正） 179-184
コンラート・フォン・ホッホシュターデン（ケルン大僧正） 263

【サ】

ザイデル海 387-391
サレフ河 346
ザンクト・ゴア 141, 217
サン・ゴタール（ザンクト・ゴットハルト／サン・ゴッタルド） 16-19
ジークムント（ジギスムント／皇帝） 172
シェルム・フォン・ベルゲン家 296
シェーンブルク城 135-140
ジーク河 59, 354
ジークタール 351
ジークフリート（ニーベルンゲン伝説の） 60-68, 374-380, 口絵２
ジークフリート（ファルツ伯） 188-201, 217
ジークブルク 351, 354
ジークムント 63, 67, 374, 380
ジークリンデ 374, 380
七人の処女（シェーンブルクの） 135-140
ジーベンゲビルゲ 59, 230-253, 255, 375, 口絵８
シュタウフェン派（皇帝党） 133, 134
シュターレック城 119-123
シュテルンベルク（シュテレンベルク）城 157-166
シュトラスブルク（ストラスブール） 29, 33-42

シュトルツェンフェルス（城）179-184, 口絵5
シュパイエル　30, 51-53, 58
シュポーンハイム（城）　307-311, 316
スタフォーレン　387-391
聖堂騎士団（テンプラー）　175-178
セイレーン　137
ゼーリゲンシュタット　92
ゾーネック（砦）　104, 113-115

【タ】
タウヌス連山　58
ダウン（アイフェルの）　322
チューリヒ　363
ディートリヒ・フォム・ベルゲ（ケルン大僧正）　243-246
テーベ軍団　256, 374
テュルパン（ランス大僧正）　365, 366
デューン河　368
ドイツ騎士団　23-26
トゥージス　20-22
ドゥルラッハ　48
トーマ湖　14, 15
トマス・アクィナス　285
ドムレッシュ　20-22
ドラッヘンフェルス　219, 227, 230, 233, 236-242, 265, 口絵4, 8
ドラッヘンブルク（城）219-221, 224-228, 242, 243-246
トリール　266-268
トリール大僧正（大司教）／選挙侯　120, 121, 171, 172, 179, 184, 315-317

【ナ】
ナーエ河　305
ナーエ渓谷　304-314
ニーデック城　43, 44, 216
ニーベルンゲン伝説　60-68
ニーベルンゲンの宝　64, 68, 276, 379
猫が城（ネコ城）　142
鼠が城（ネズミ城）　142
鼠の砦（モイゼトゥルム）　99-103
ネッカー河　30, 58
ノイウィート　59
ノイエンアール　338-350
ノンネンウェルト修道院　227, 口絵4

【ハ】
ハイステルバッハ修道院　247-253
ハイデルベルク　30, 54-56, 58, 175
ハイムブルク城　104
ハインツェル（ハインツヘン）の小人　276-279
ハインリヒ4世（皇帝）　51-53, 202-207
ハインリヒ5世（皇帝）　52, 53
ハインリヒ6世（皇帝）　346-349
ハインリヒ・フラウエンローブ（フォン・マイセン／ミンネゼンガー）　69, 70
白鳥の騎士　381-386
ハーゲン　65-68, 口絵2
バーゼル　28, 31, 32
バッカス　119
ハットー（2世, マインツ大僧正）　99-103
パッフェンガッセ　300
バーデン（バーデン・バーデン）　45-47
バハラッハ　119-123
バハラッハ酒　174
バルバロッサ（→赤ひげ皇帝）　346, 347
ハンス・ザックス　318
ハンメルシュタイン（城）　202-207
ヒュッフェルスハイム　304
ヒルデガルト（ビンゲンの）　123
ヒルデグント（ドラッヘンブルク城の）　219-228
ビンゲン　58, 99-103, 123
ヒンメロート修道院　233, 234
ファストラーダ　363-367
ファルケンシュタイン家　93, 95, 96, 124, 125, 128, 129
ファルケンシュタイン城（→グーテンフェルス城）　127, 128
ファルツ砦（ファルツグラーフェンシュタイン砦）　130-134, 口絵6

ファルツ伯（ライン宮中伯） 119-123, 130-134, 150, 153-155, 172-174, 188-201, 217
フィリップ4世（フランス王） 175
フォム・ベルゲ（家） 143
ブドウ酒（→ワイン） 58, 74-76, 77-81, 119, 172-174, 208-215, 304-306, 315-317, 318-321, 334-337
フライブルク 28, 29
フラウキルヒ（マイエン郊外） 200, 201
フランクフルト・アム・マイン 294-299
フリードリヒ3世（皇帝） 254
フリードリヒ・バルバロッサ →赤ひげ王
プリニウス 300
プリュム 325-326
ブリュンヒルデ 64, 65, 379
ブルグント王国 58, 60, 68
ブレームゼル（リューデスハイムの） 157
ブレームゼル, ゲオルク 141
ブレームゼル, ハンス 93-98
ブレームゼル城 93-98
ブロイシュタール 43, 44
ブロール 208
フンスリュック 307
フン族 60, 67, 68
ペーター・フォン・アスペルト（マインツ大僧正） 176-178
ヘッセン方伯 141
ペテロ（聖人） 318-321, 334-337
ベルク地方（ベルギッシェス・ラント） 368-371
ベルク伯 368-371
ベルゲンの悪党 294-296
ベルナール（クレルヴォーの） 93, 95, 158, 234, 235, 251, 252
ベルンカステル 315-317
ベルンカステル・ドクトル（ワイン） 315-317
ヘレナ（コンスタンティヌス大帝の母） 254
法皇 51, 175, 177
法皇党（ウェルフェ／ゲルフ） 127, 131, 133, 134
ボーエムント（トリール大僧正） 315-317
ホーエンレティエン城 20-22
ボース・フォン・ワルデック 305, 306
ボッパールト 157, 167-170
ボーデン湖 14, 23-26
ボニファチウス（聖人） 326
ホルスリーク 238, 239
ボルンホーフェン（修道院） 166
ボン 254-256
ホンネフ（バート・ホンネフ） 233-235

【マ】

マイエン 188, 189, 193, 201, 217
マイナウ島 23-26
マインツ 28, 58, 69-73, 123, 300, 301, 366
マインツ大僧正（大司教）／選挙侯 71-73, 74, 99, 120, 122, 123, 171, 176-178, 179
マインハルト・フォン・ダウン 304
マテルヌス（聖人） 236
マリア（聖母） 287
マリア・ラーハ（修道院） 329
マリエンベルク（修道院） 164, 165, 167-170
メヒティルディス（ハイムブルクの） 311
メヒティルディス（ブレームゼル城の） 93-98
モイゼトゥルム（鼠の砦） 99-103
モーゼル河 59, 318
モーゼル渓谷 315-321
モーゼル酒 213
モリモン修道院 369

【ヤ】

ヤーン・フォン・ウェルト（騎兵大将） 280-284
ヨハニスベルガー酒 77-81
ヨハニスベルク 58, 77-81
ヨーハン・フォン・シュポーンハイム 304

【ラ】

ライネック城 208-215
ライヘンシュタイン城 104, 107, 109, 110
ライン（父なるライン, 河神） 154, 155, 口絵7

ラインガウ　77, 78, 80, 82
ライングラーフェン城（クロイツナッハ）304
ラインシュタイン城　108-112
ライン伯　304, 306, 313, 314
ラインファル（ラインの滝）　14, 15
ラインフェルス城　141-148
ラーネック城　175-178
ラーハ湖　327-329
ラーフェンスベルク家（ナーエガウの）307-311
ランツクローン城　338-341
リエージュ　52, 205, 207
リチャード（コーンウォールの／皇帝）127-129
リチャード（獅子心王）　308, 350
リーツァ（福者）　185-187
リヒベルタ（スタフォーレンの）　387-391
リヒモーディス（アドゥフトの）　257-262
リーベンシュタイン城　157-166
龍　240, 241, 376, 377
リューデスハイム　58, 77-80, 93-98, 99, 141
リンボルト　238-242
ルイ 14 世　175
ルートヴィヒ（敬虔王）　185-187, 325
ルドルフ 1 世（皇帝）　104, 105
ルーネン（ルーン文字）　54, 55
ループレヒト（ドイツ王，ファルツ伯）172-174
ルペルトゥスベルク修道院　123
レーヴェンブルグ　247
レオポルト公　349
レクスハイム　306
レマーゲン　59
レーメル　294
錬金術　180
レンゼ（レンス）　171-174
ロースベルク　361
ロタール王　325
ロートラウト姫（ノイエンアールの）344-349
ロナルト・フォン・ハルフェンシュタイン　342-350
ローランツエック　216-229, 230
ローランツボーゲン　218, 227, 229, 口絵 4
ローラント　216-229
ロルヒ　116-118
ローレライ　59, 149-156, 217, 口絵 1
ロンスヴォー　222, 223, 225

【ワ】
ワイプリンゲル（ギベリン／皇帝党）　127
ワイン（→ブドウ酒）　74-76, 77-81
ワインフェルトの旧火口　322-324
ワルキューレ　54, 379
ワルポルツハイム　318, 334-337
ワルポルツハイム酒　210, 213, 334

■ Wilhelm Ruland の „Rheinisches Sagenbuch“ について

本書の「序」に言及されているルーラントの著書について簡単に紹介しておく。

2002 年に「ライン渓谷中流上部」（ビンゲン〜コブレンツ間）が世界遺産に指定され、その後も「ドイツ観光街道」の 1 つとして「ライン伝説街道」（マインツ〜デュッセルドルフ間）が設定されるなど、今なおドイツ有数の観光資源としてその魅力を失わないライン河だが、同街道の公式ガイドブックによれば、19 世紀初頭以降の、ドイツ語圏におけるライン河への関心の高まり背景に、流域の伝説集もまた早くから編まれてきたという。先鞭をつけたのは、『ニーベルンゲンの歌』の現代語訳などで名高い K. ジムロックによるアンソロジー（Karl Simrock: Rheinsagen aus dem Munde des Volks und deutscher Dichter. Bonn 1837）。伝説収集の成果とロマン派の詩人たちの創作とを巧みに織り交ぜた同書を皮切りに、多くの類書が競うように刊行されたが、そうした伝統を生かしつつ、題材の取捨や取り上げる史跡のバランス、さらには判型（ベデカー社の等の旅行ガイドなどに近い携帯に便利なサイズ、縦 180 × 横 120cm）にも工夫をこらすなど、徹底して観光を意識した編集・造本によって、同ジャンルきっての商業的成功を収めたのが本書である。
著者の W. ルーラント（Wilhelm Ruland, 1869-1927）は、ドイツの文筆家、ジャーナリスト。ライン河畔、ボンの生まれで、歴史関係の啓蒙書を得意とし、20 冊を超えるこの系統の著書があるほか、晩年はミュンヘンの日刊紙の編集長などを歴任。本書英語版の序（1906 年）には、みずからラインの観光船に乗船、自著が船内で販売・愛読されているさまを目撃するエピソードが紹介されており、その人気ぶりがしのばれる。（編集部）

◀初版本（1896 年刊）と英語版（無刊記、1906 年序）

【図版出典】
W. O. von Horn : Der Rhein. Seine Geschichte und seine Sagen. Eltville am Rhein 1881
W. Schäfer : Rheinsagen. Berlin 1908
W. Schäfke : Rhein Romantik. Bonn 2001
M. Imhof : Der Rhein. Kunst und Kultur von der Quelle bis zur Mündung. Darmstadt 2004
P. Forster (Hrsg.): Rheinromantik. Kunst und Natur. Wiesbaden 2013
M.-L. von Plessen (Hrsg.): Der Rhein. Eine europäische Flussbiografie. München/London/New York 2016
G. Kinkel : Die Ahr. Landschaft, Geschichte und Volksleben. Bonn 1858
Straßburg und seine Bauten. Straßburg 1894
G. Spitzer (Hrsg.): Ludwig Lichter. Der Maler. Dresden/München/Berlin 2003
Moritz von Schwind. Klassiker der Kunst in Gesamtausgaben, Bd.9. Stuttgart/Leipzig 1906
Alfred Rethel. Klassiker der Kunst in Gesamtausgaben, Bd.17. Stuttgart/Leipzig 1911
Wikimedia Commons

＊巻末ならびに各章冒頭の地図は、本書初版のものを再掲。

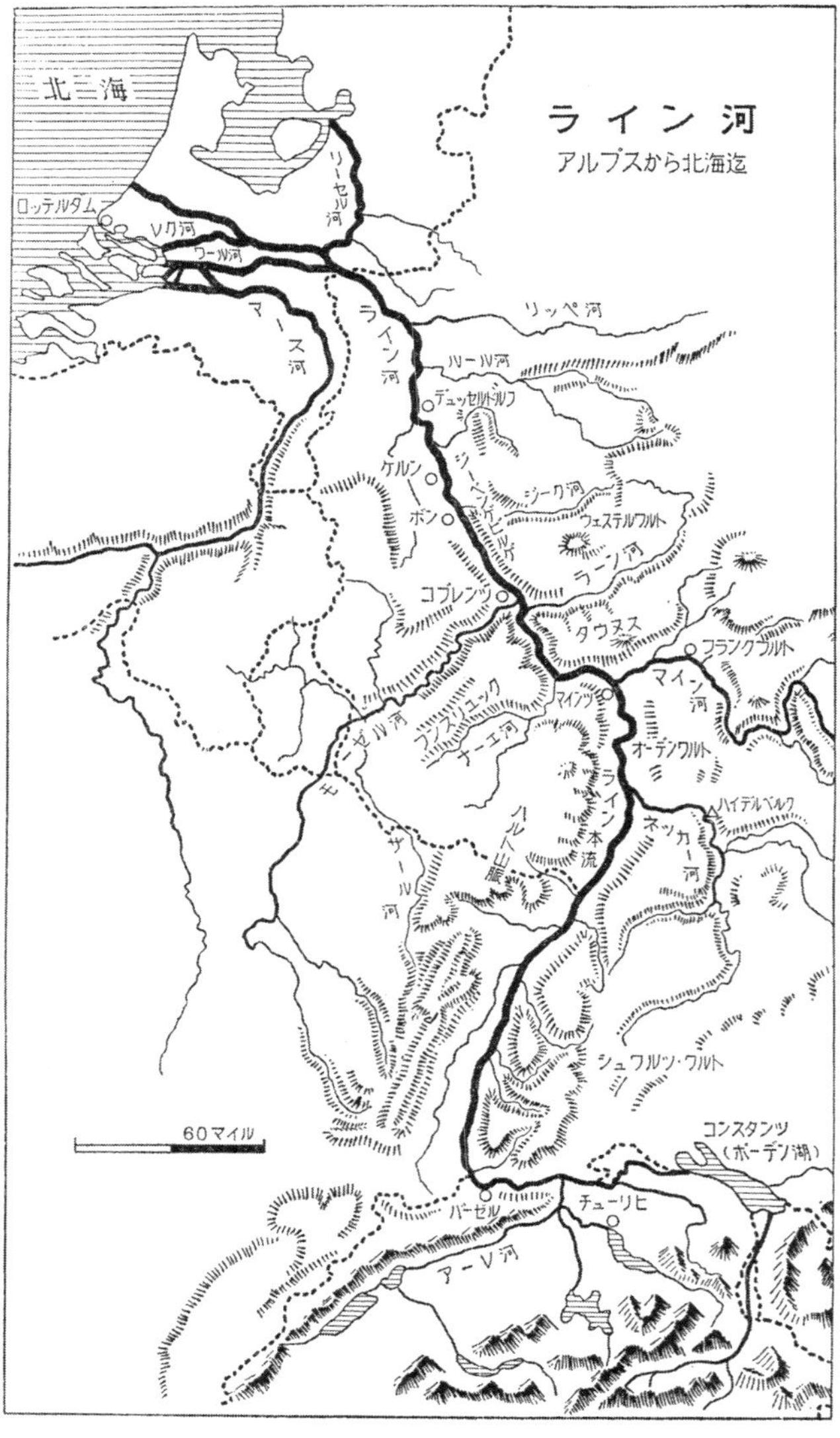
ライン河
アルプスから北海迄
北海
リーセル河
ロッテルダム
レク河
ワール河
マース河
ライン河
リッペ河
ルール河
デュッセルドルフ
ケルン
ボン
ジーベンゲビルゲ
ジーク河
ウェステルワルト
ラーン河
コブレンツ
タウヌス
フランクフルト
マイン河
マインツ
フンスリュック
ナーエ河
モーゼル河
オーデンワルト
ライン本流
ハイデルベルク
ネッカー河
ハルト山脈
ザール河
シュワルツ・ワルト
60マイル
コンスタンツ
（ボーデン湖）
バーゼル
チューリヒ
アーレ河

［著者紹介］
吾孫子豊（あびこ・ゆたか）
1908年東京に生まれる。父は大審院判事の吾孫子勝。
1932年東京帝国大学法学部卒業。同年鉄道省に入り、その後興亜院、大東亜省、運輸省に勤務。1949年日本国有鉄道設立に伴い、総裁室文書課長として着任。第4代十河信二総裁（1955-63年）の懐刀として（1956年より労務担当の常務理事、1959年より副総裁）、三河島事故など度重なる大事故の処理や、志免炭坑閉山をはじめとする対労組折衝の最前線に立ち奮闘。副総裁退任（1963年）後は、運輸調査局理事長、運輸審議会会長等を歴任。1970年没。
主な著書に、『支那鉄道史』（生活社、1942年）、『戦後の欧州鉄道』（共著、交通経済社、1953年）、『窓の光を求めて』（遺稿集、私家版、1972年）などがある。

ラインの伝説　ヨーロッパの父なる河、騎士と古城の綺譚集成

2017年 1月25日　初版第1刷発行

著　者　吾孫子豊
発行者　八坂立人
印刷・製本　モリモト印刷(株)

発行所　(株)八坂書房
〒101-0064 東京都千代田区猿楽町1-4-11
TEL.03-3293-7975　FAX.03-3293-7977
URL.: http://www.yasakashobo.co.jp

ISBN 978-4-89694-229-3